Jochen Wolf / Herbert Paul / Thomas Zipse

Erfolg im Mittelstand

Jochen Wolf / Herbert Paul / Thomas Zipse

Erfolg im Mittelstand

Tipps für die Praxis

Bibliografische Information der Deutschen Nationalbibliothek
Die Deutsche Nationalbibliothek verzeichnet diese Publikation in der
Deutschen Nationalbibliografie; detaillierte bibliografische Daten sind im Internet über
<http://dnb.d-nb.de> abrufbar.

1. Auflage 2009

Alle Rechte vorbehalten
© Gabler | GWV Fachverlage GmbH, Wiesbaden 2009

Lektorat: Stefanie A. Winter

Gabler ist Teil der Fachverlagsgruppe Springer Science+Business Media.
www.gabler.de

Das Werk einschließlich aller seiner Teile ist urheberrechtlich geschützt. Jede Verwertung außerhalb der engen Grenzen des Urheberrechtsgesetzes ist ohne Zustimmung des Verlags unzulässig und strafbar. Das gilt insbesondere für Vervielfältigungen, Übersetzungen, Mikroverfilmungen und die Einspeicherung und Verarbeitung in elektronischen Systemen.

Die Wiedergabe von Gebrauchsnamen, Handelsnamen, Warenbezeichnungen usw. in diesem Werk berechtigt auch ohne besondere Kennzeichnung nicht zu der Annahme, dass solche Namen im Sinne der Warenzeichen- und Markenschutz-Gesetzgebung als frei zu betrachten wären und daher von jedermann benutzt werden dürften.

Umschlaggestaltung: KünkelLopka Medienentwicklung, Heidelberg
Druck und buchbinderische Verarbeitung: Krips b.v., Meppel
Gedruckt auf säurefreiem und chlorfrei gebleichtem Papier
Printed in the Netherlands

ISBN 978-3-8349-1352-4

Vorwort

*Mein Sohn, sey mit Lust bey
den Geschäften am Tage,
aber mache nur solche,
daß wir bey Nacht ruhig
schlafen können.*

[Thomas Mann, Buddenbrooks][1]

Wir haben ein Buch konzipiert mit dem Zweck, einfache Regeln und Erfolgswissen für wichtige Managementprozesse und betriebliche Funktionen in mittelständischen Unternehmen zusammenzustellen.

- Dieses Buch soll leicht verständlich sein.
- Dieses Buch soll schnell lesbar sein.
- Dieses Buch soll direkt umsetzbare Tipps liefern.

Es muss nicht zwingend von Anfang an gelesen werden. Vielmehr kann jeder Leser sich diejenigen Tipps aus der Zusammenstellung (vgl. S. 171) aussuchen, die ihm eine schnelle Hilfestellung für seine aktuell anstehenden Herausforderungen liefern. Insoweit sind die Tipps zwar nach den wesentlichen, für mittelständische Unternehmen relevanten Funktionen und Spezialthemen gegliedert, stehen aber innerhalb dieser Strukturierung jeweils isoliert. So wird sichergestellt, dass alle Tipps einzeln lesbar und verständlich sind, ohne auf vorhergehenden Tipps aufzubauen oder nachfolgende Tipps zum Verständnis zu benötigen.

Alle Praxistipps basieren auf den langjährigen, eigenen Erfahrungen der Autoren, die als Führungskräfte in Unternehmen, als Managementberater, Hochschullehrer und als Vertreter in Beiräten und Aufsichtsräten arbeiten und gearbeitet haben. Es geht also um umsetzungsorientierte, bewährte Tipps von Praktikern für Praktiker und nicht um ein geschlossenes Konzept zur Führung mittelständischer Unternehmen.

Die Tipps mögen im einen oder anderen Fall durchaus nach dem ersten Lesen auch ein Kopfschütteln hervorrufen, weil sie nicht immer der üblichen Denkweise entsprechen. Aber jeder Tipp hat in der Praxis in einer Reihe von Fällen nachhaltig seine positive Wirkung gezeigt.

---

1 Mann (1990), S. 482

Bekanntlich sind nicht immer die Unternehmen langfristig erfolgreich, die alles so machen wie die anderen. Die Mutigen probieren Neues aus – sie werden vom Erfolg belohnt!

Zum überwiegenden Teil haben die Praxistipps einen eindeutigen Aufforderungscharakter. Einige Tipps beschreiben interessante Erkenntnisse, die sich als Anregungen für die Ableitung entsprechender Regeln eignen. Die Auswahl und Zusammenstellung der Tipps hat ohne Frage subjektiven Charakter. Wie jedes Regelwerk, so können auch diese Regeln nicht jeden Einzelfall aus der betrieblichen Praxis erfassen. Sie erheben deshalb keinen Anspruch auf Vollständigkeit.

Die Praxistipps sollen Hilfestellungen geben für alle Unternehmen mit den besonderen Merkmalen einer mittelständischen Struktur und Arbeitsweise. Sie richten sich an:

- Eigentümer, Gesellschafter und Beiräte mittelständischer Unternehmen,
- Geschäftsführer, Bereichsleiter und Abteilungsleiter in mittelständischen Unternehmen,
- Unternehmens- und Steuerberater, Wirtschaftsprüfer und Rechtsanwälte mit mittelständischen Mandanten,
- Dozenten und Studierende an Hochschulen und ähnlichen Bildungseinrichtungen mit Interesse an praxisorientierten Fragestellungen des Mittelstands.

Das Buch besteht aus drei Teilen:

Zunächst wird ein knapper Überblick über die Bedeutung des Mittelstands gegeben. Außerdem werden die Besonderheiten der Unternehmensführung in mittelständischen Unternehmen erörtert.

Die Praxistipps bilden den Hauptteil des Buchs. Folgende Themen werden behandelt: Führung (Strategie, Organisation, Personal und Systeme), operative Kernfunktionen (Forschung & Entwicklung, Marketing/Vertrieb, Einkauf, Produktion/Logistik), finanzielle Steuerung (Finanzierung, Controlling, Revision) und ausgewählte Spezialthemen des Mittelstands (M & A/Due Diligence, Internationalisierung, Corporate Governance).

Im Anschluss daran findet sich eine Zusammenstellung weiterführender Quellen und Informationen zum Thema Mittelstand.

Es wird auf eine geschlechtsneutrale Darstellung wie z. B. „Unternehmer/Unternehmerinnen" oder „UnternehmerInnen" verzichtet. Grundsätzlich wird die männliche Form verwendet, um eine bessere Lesbarkeit zu erreichen.

Abschließend möchten wir unseren Dank aussprechen:

- Der BWK GmbH Unternehmensbeteiligungsgesellschaft, Stuttgart, dem Fachbereich Wirtschaft der Fachhochschule Mainz und der Groundlook Consult, Lindau, für die wohlwollende Unterstützung dieses Projekts,
- Ralph Frank, Werner Müller, Peter Schwering, Christian Marc Wolf, Kim Carina Wolf für die kritische Durchsicht des Manuskripts sowie ihre Hilfe beim Korrekturlesen,

- Katrin Zipse für die Bearbeitung des Textes, Katharina Grewenig für die Hilfe bei der Zusammenstellung der weiterführenden Quellen und Pairush Sakuldechthana für die Erstellung der Grafiken.

Im August 2009   Jochen Wolf, Herbert Paul, Thomas Zipse

Inhaltsverzeichnis

Vorwort 5

Abkürzungsverzeichnis 11

Das Phänomen Mittelstand – Bedeutung und Begriffsdefinition 13

1. Der Mittelstand und seine wirtschaftliche Bedeutung 13

2. Was ist ein mittelständisches Unternehmen? 14

3. Charakteristika für die Führung von mittelständischen Unternehmen 17

Tipps 19

1. Führung 20
   1.1 Strategie 20
       1.1.1 Strategieentwicklung 20
       1.1.2 Strategieumsetzung 25
   1.2 Organisation 28
       1.2.1 Struktur 28
       1.2.2 Kultur 30
   1.3 Personal 34
       1.3.1 Personalbeschaffung und -einsatz 34
       1.3.2 Entgeltregelungen 41
   1.4 Systeme 44

2. Operative Kernfunktionen 49
   2.1 Forschung und Entwicklung 49
       2.1.1 Innovation 49
       2.1.2 Entwicklung 53
       2.1.3 Zusammenarbeit 55
   2.2 Marketing und Vertrieb 58
       2.2.1 Marktforschung und Segmentierung 58
       2.2.2 Kundenorientierung und Kundennutzen 60
       2.2.3 Marketing- und Vertriebssteuerung 66

2.3 Einkauf 75
    2.3.1 Prozesse 75
    2.3.2 Methoden 77
2.4 Produktion und Logistik 79
    2.4.1 Planung und Steuerung 79
    2.4.2 Umsetzung 84
    2.4.3 Überwachung 91

3. Finanzielle Steuerung 94
   3.1 Finanzierung 94
      3.1.1 Auswahl der Finanzpartner 94
      3.1.2 Zusammenarbeit mit Finanzpartnern 97
      3.1.3 Liquidität 101
   3.2 Controlling 103
      3.2.1 Selbstverständnis 103
      3.2.2 Planung und Budgetierung 105
      3.2.3 Reporting 107
      3.2.4 Tochtergesellschaften 112
      3.2.5 Investitionsprojekte 114
   3.3 Revision 116

4. Ausgewählte Spezialthemen 119
   4.1 M & A und Due Diligence 119
      4.1.1 Grundfragen 119
      4.1.2 M & A-Prozess 122
      4.1.3 Due Diligence-Prozess 126
      4.1.4 Integration 129
   4.2 Internationalisierung 131
      4.2.1 Internationalisierungsstrategie 131
      4.2.2 Steuerung und Umsetzung 134
      4.2.3 Personalthemen 139
   4.3 Corporate Governance 142
      4.3.1 Beirat 142
      4.3.2 Nachfolge 147
      4.3.3 Familiengesellschafter 150

Weiterführende Quellen zum Mittelstand 153

Abbildungsverzeichnis 163

Literaturverzeichnis 165

Die Autoren 169

Zusammenstellung der Tipps für die Praxis 171

Abkürzungsverzeichnis

BilMoG	Bilanzrechtsmodernisierungsgesetz
BMWi	Bundesministerium für Wirtschaft und Technologie
CAD	Computer Aided Design
CFROI	Cash Flow Return on Investment
CIM	Computer Integrated Manufacturing
CVA	Cash Value Added
EAT	Earnings after Taxes
EBIT	Earnings before Interest and Taxes
EBT	Earnings before Taxes
ERP	Enterprise Resource Planning
EVA	Economic Value Added
FMEA	Fehlermöglichkeits- und Einflussanalyse
IfM	Institut für Mittelstandsforschung
IFRS	International Financial Reporting Standards
KMU	Kleine und mittlere Unternehmen
REFA	Reichsausschuss für Arbeitszeitermittlung (ehemals), jetzt: REFA Bundesverband e. V.
ROCE	Return on Capital Employed
RONA	Return on Net Assets
ROS	Return on Sales
US-GAAP	US-Generally Accepted Accounting Principles
WIP	Work in Progress

Das Phänomen Mittelstand – Bedeutung und Begriffsdefinition

Das Thema „mittelständische Unternehmen" steht immer wieder im Mittelpunkt des öffentlichen Interesses. Politiker betonen gerne und oft die Bedeutung des Mittelstands für die Bundesrepublik Deutschland und seine Rolle als „Perpetuum mobile" der wirtschaftlichen Entwicklung. Zahlreiche wissenschaftliche und praxisorientierte Publikationen beschäftigen sich mit dem Phänomen Mittelstand.

1. Der Mittelstand und seine wirtschaftliche Bedeutung

Das Institut für Mittelstandsforschung (IfM) in Bonn geht für 2007 von etwa 3,6 Millionen mittelständischen Unternehmen in Deutschland aus, die 20,9 Millionen Arbeitnehmer beschäftigen.[2] Das IfM listet plakativ einige wichtige Schlüsseldaten für kleine und mittelständische Unternehmen (KMU) auf:

- KMU umfassen 99,7 % der steuerpflichtigen Unternehmen,
- KMU erzielen 38,3 % der steuerpflichtigen Umsätze,
- KMU beschäftigen 70,6 % aller Arbeitnehmer,
- KMU bilden 83,0 % aller Auszubildenden aus,
- KMU erwirtschaften 47,2 % der Nettowertschöpfung in Deutschland.

Der Mittelstand gilt somit als zentrales Element der deutschen Marktwirtschaft. Das hohe Interesse an mittelständischen Unternehmen schlägt sich in den letzten Jahren auch in einer Reihe von Studien und Veröffentlichungen nieder. Das IfM, gegründet von der Bundesregierung und dem Land Nordrhein-Westfalen, ist hier sicherlich an erster Stelle zu nennen. Seine

---

[2] Diese und die folgenden Zahlen stammen aus www.ifm-bonn.org, Stichwort: Definition und Schlüsselzahlen des Mittelstands, Abrufdatum: 31.07.2009

Aufgabe lautet: „Lage, Entwicklung und Probleme des Mittelstandes zu erforschen und die Forschungsergebnisse der Öffentlichkeit zugänglich zu machen."[3] Es verfügt über eine breite Datenbasis und hat eine Reihe von grundsätzlichen Studien zu Mittelstandsthemen veröffentlicht.[4]

Nachdem die Beratungsgesellschaften den Mittelstand als wichtige Klientel entdeckt haben, sind seit Mitte der 90er Jahre in Anlehnung an den Bestseller von Peters/Waterman „Auf der Suche nach Spitzenleistungen"[5] verschiedene Exzellenz-Studien durchgeführt worden. Zielsetzung solcher Studien ist die Erforschung von „Erfolgsgeheimnissen" mittelständischer Unternehmen anhand von empirischen Befragungen. Auf dieser Grundlage werden dann Erkenntnisse und Lehren abgeleitet, die zeigen sollen, was erfolgreiche Mittelständler richtig machen und was andere Unternehmen von ihnen lernen können.

Vermutlich am bekanntesten sind in diesem Zusammenhang die „Hidden Champions" von Herman Simon. Er hat 1996 in seinem Buch „Die heimlichen Gewinner: Die Erfolgsstrategien unbekannter Weltmarktführer" die Strategien von mehr als 500 kleinen und mittelständischen Unternehmen mit Spitzenleistungen, den so genannten „Hidden Champions", erforscht und auf dieser Basis strategische Empfehlungen entwickelt. Eine überarbeitete Auflage ist 2007 erschienen.[6] Die mittelständischen Weltmarktführer haben erstaunliche Ergebnisse erzielt, weil sie flexibler, unbürokratischer und näher an den Kunden sind als viele Großunternehmen.

2. Was ist ein mittelständisches Unternehmen?

Trotz der herausragenden Bedeutung des Mittelstands gibt es offensichtlich keine allgemein anerkannte Definition dieses Begriffs. Grundsätzlich lassen sich für eine Definition quantitative und qualitative Kriterien heranziehen.

Quantitative Kriterien können sich auf die Höhe des Umsatzes und des Gewinns, die Zahl der Mitarbeiter oder die Marktanteile beziehen.

Das IfM definiert Mittelstand über die Größen „Beschäftigtenzahl" sowie „Umsatz" und bildet drei Größenklassen, wie die Abbildung 1 zeigt.

---

[3] www.ifm-bonn.org, Stichwort: Aufgaben, Abrufdatum: 31.07.2009
[4] Die Publikationsliste ist einzusehen unter www.ifm-bonn.org, Stichwort: Publikationen, Abrufdatum: 31.07.2009
[5] Vgl. Peters/Waterman (2003)
[6] Vgl. Simon (2007)

Unternehmensgröße	Zahl der Beschäftigten	Umsatz [EUR p. a.]
Klein	bis 9	bis unter 1 Million
Mittel	10 bis 499	1 bis unter 50 Millionen
Mittelstand (KMU zusammen)	bis 499	bis unter 50 Millionen
Groß	500 und mehr	50 Millionen und mehr

Abbildung 1: KMU-Definition des IfM Bonn (seit 01.01.2002)[7]

Die Definition der Europäischen Union orientiert sich neben der Beschäftigtenzahl und dem Umsatz zusätzlich an der Jahresbilanz. Weiter nennt die EU das Merkmal der Konzernunabhängigkeit, d. h., weniger als 25 % der Anteile dürfen von einem großen Unternehmen gehalten werden, um unter die KMU-Definition der EU zu fallen.

Beide Definitionen stimmen überein im Hinblick auf die obere Umsatzgrenze für mittelständische Unternehmen. Ein Unterschied besteht bei der Beschäftigtenzahl – hier zieht die EU die Obergrenze für mittelständische Unternehmen schon bei 250 Mitarbeitern (vgl. Abbildung 2).

Unternehmensgröße	Zahl der Beschäftigten	Umsatz [EUR p. a.]	Bilanzsumme [EUR p. a.]
Kleinstunternehmen	bis 9	bis 2 Millionen	bis 2 Millionen
Kleinunternehmen	bis 49	bis 10 Millionen	bis 10 Millionen
Mittleres Unternehmen	bis 249	bis 50 Millionen	bis 43 Millionen
KMU zusammen	unter 250	bis 50 Millionen	bis 43 Millionen
Und das Unternehmen darf nicht zu 25 % oder mehr im Besitz eines oder mehrerer Unternehmen stehen, die nicht die EU-Definition eines KMU erfüllen			

Abbildung 2: KMU-Schwellenwerte der EU (seit 01.01.2005)[8]

Im Allgemeinen scheint sich die Definition der EU durchzusetzen; sie ist mittlerweile auch von der Kreditanstalt für Wiederaufbau (KfW), der Förderbank des Mittelstands, übernommen worden. Trotzdem finden sich auch andere Definitionen von Banken, Verbänden, Forschungsinstituten oder Behörden, die sich an ihrer jeweiligen Klientel orientieren.

---

[7] Vgl. www.ifm-bonn.org, Stichwort: Definition und Schlüsselzahlen des Mittelstands, Abrufdatum: 31.07.2009
[8] Vgl. www.ifm-bonn.org, Stichwort: Definition und Schlüsselzahlen des Mittelstands, Abrufdatum: 31.07.2009

Die quantitativen Definitionen haben nur einen begrenzten Nutzen, insbesondere weil die Grenzen willkürlich gezogen sind. Sie liefern erste Ansatzpunkte, greifen aber zu kurz und sind nicht zufriedenstellend. Folgt man beispielsweise der EU-Definition, so wird ein Unternehmen mit 600 Mitarbeitern und 60 Millionen EUR Umsatz nicht mehr zum Mittelstand gezählt, obwohl es in seinen Charakteristika und seiner Politik durchaus mittelständisch geprägt sein kann.

Qualitative Kriterien für kleine und mittelständische Unternehmen stellen oft auf die Rolle des Unternehmers ab, der sich tagtäglich mit seinem unternehmerischen Handeln aktiv den Chancen und Risiken, die eine wirtschaftliche Selbstständigkeit mit sich bringt, stellen muss. Er steuert eigenverantwortlich den Managementprozess über die zentralen Managementfunktionen der Planung, der Organisation, des Personaleinsatzes, der Führung und der Kontrolle. Windau und Schumacher betonen die Rolle der Unternehmerpersönlichkeit und argumentieren, dass „… das Mittelstandsunternehmen – anders als die am Reißbrett konstruierten und administrierten Großkonzerne – als ein wirtschaftlich-sozialer Organismus mit ‚Eigenleben' zu verstehen ist"[9]. Die Identität zwischen Unternehmerpersönlichkeit und Unternehmen kann in der Regel an mehreren Faktoren deutlich gemacht werden:

- Einheit von Eigentum und Haftung, d. h. der Einheit von wirtschaftlicher Existenz der Unternehmensleitung und des Unternehmens,
- Verantwortlichkeit des Unternehmers für alle Unternehmensentscheidungen, z. B. in der strategischen Ausrichtung, in der Finanz- und Produktpolitik oder der Anwendung von Managementmethoden und -instrumenten,
- Ausgeprägt soziales Verhalten verbunden mit einer hohen Sorge und Verantwortung für die Belegschaft,
- Unabhängigkeit von einem Großunternehmen, wie dies die EU in ihrer Definition festhält.

Diese qualitativen Kriterien sind zur Definition eines mittelständischen Unternehmens besser geeignet als die eher willkürlichen Zahlenraster.

Für die Zielsetzung dieses Buchs wird deshalb auf die oben beschriebenen qualitativen Merkmale abgestellt. Dies schließt sowohl die direkt vom Eigentümer geführten Unternehmen als auch die Unternehmen ein, die von einer beauftragten Geschäftsführung geleitet werden.

---

[9] Windau/Schumacher (1996), S. 30

3. Charakteristika für die Führung von mittelständischen Unternehmen

Die folgenden Vorurteile sind oft anzutreffen: Mittelständische Unternehmen sind wenig professionell; sie werden „aus dem Bauch heraus" geführt. Große Unternehmen hingegen gelten als gut organisiert und professionell geführt. In der Literatur[10] finden sich dazu zwei unterschiedliche Thesen.

Die *Defizitthese* geht davon aus, dass kleinere Unternehmen erhebliche Mängel in der Unternehmensführung besitzen, beispielsweise in der Kenntnis der Methoden und ihrer Anwendung oder in den Informationssystemen. Bei dieser Betrachtungsweise steht vor allem der Einsatz von spezifischen betriebswirtschaftlichen Instrumenten im Mittelpunkt. Aufgrund von fehlenden Instrumenten jedoch auf geringere Leistungen oder Erfolgsaussichten zu schließen, ist falsch. Der Erfolg der „Hidden Champions" belegt nur zu deutlich die Erfolgspotenziale mittelständischer Unternehmen.

Die *Äquivalenzthese* hingegen unterstellt, dass kleinere Unternehmen den Problemen der Unternehmensführung in einer Weise gerecht werden, die dem Vorgehen größerer Unternehmen in nichts nachsteht. Sie setzen eigene Akzente in der Unternehmensführung und verwenden nicht oder nur ansatzweise das herkömmliche betriebswirtschaftliche Instrumentarium. Sie entwickeln andere Handlungsstrategien und Strukturen als große Unternehmen und erreichen damit keine schlechteren, sondern in vielen Fällen aufgrund ihrer hohen Flexibilität sogar bessere Ergebnisse.

Grundsätzlich gilt, dass die Äquivalenzthese wesentlich besser geeignet ist, um die Arbeitsweise von mittelständischen Unternehmen zu erklären. Die Unternehmensgröße stellt zweifelsohne eine wichtige Strukturdimension dar, die den strategischen Handlungsraum eines kleineren Unternehmens einschränkt. Aber trotzdem verbleiben einem mittelständischen Unternehmen genügend Handlungsoptionen, um erfolgreich zu arbeiten und in einigen Fällen großen Unternehmen sogar überlegen zu sein.

Während in einem Großunternehmen Manager die Unternehmensleitung übernehmen, obliegt die Unternehmungsführung in einem mittelständischen Unternehmen in der Regel dem Unternehmer oder unmittelbar von diesem ausgewählten Geschäftsführern. In welcher Form unterscheidet sich nun die Führung eines mittelständischen Unternehmens von der Führung eines großen Konzerns?

- Eigentümerorientierung

    Im Gegensatz zu einer großen Aktiengesellschaft, die in Deutschland – zumindest formaljuristisch – von einem kollegial angelegten Vorstand geführt wird, laufen in einem mittelständischen Unternehmen alle Fäden in einer Hand zusammen. Auch wenn eine Ge-

---

10 Vgl. Martin/Bartscher-Finzer (2006), S. 203 – 217

schäftsführung oder Unternehmensleitung aus einem Gremium mit mehreren Personen besteht, so trifft doch der Eigentümer-Unternehmer letztlich alle wichtigen Entscheidungen.

- Ausgeprägte Wertebasis

  Mittelständische Unternehmen verfügen oft über eine spezifische Unternehmenskultur. Diese Kultur ist in der Regel durch den oder die Gründer bzw. die Gründerfamilie geprägt und führt zu einer starken, von allen Mitarbeitern getragenen Wertebasis, die selten schriftlich festgehalten ist. Daraus resultieren im Vergleich zu einem großen Konzern eine sehr viel stärkere soziale Einbindung der Mitarbeiter in das Unternehmen und die bereits angesprochene Vorsorge und Verantwortung des Unternehmers für die Belegschaft. Die Mitarbeiter gehören sozusagen zur „erweiterten Familie".

- „Allrounder" als Führungskräfte

  Aufgrund der knappen Ressourcenbasis können sich mittelständische Unternehmen keine Spezialisten für einzelne Managementfunktionen oder den Einsatz teurer Unternehmensberater leisten. Gefragt im Management eines mittelständischen Unternehmens ist vielmehr der Allrounder oder Generalist, der pragmatisch vorgeht und mehrere Fachgebiete abdecken kann.

- Langfristige Ausrichtung

  Mittelständische Unternehmen können aufgrund ihrer Eigentümerstruktur häufig eine sehr langfristige Ausrichtung verfolgen, die oft über mehrere Generationen entwickelt worden ist. Solche Unternehmen unterliegen nicht den Zwängen des Kapitalmarkts und können Projekte planen und durchführen, die sich erst sehr spät amortisieren. Eine nachhaltige Unternehmensentwicklung hat Vorrang vor der kurzfristigen Gewinnerzielung.

- Veränderte Managementkonzepte

  Zahlreiche moderne Managementinstrumente sind für Großunternehmen entwickelt worden und aufgrund der geringeren Unternehmensgröße und Komplexität der Unternehmensabläufe für kleinere Unternehmen nicht oder nur sehr begrenzt geeignet. Im Hinblick auf die oben angesprochene Äquivalenzthese müssen mittelständische Unternehmen diese Instrumente an ihre Situation anpassen.

- Unterschiedliche Ressourcenausstattung

  Mittelständische Unternehmen verfügen in der Regel über geringere finanzielle Ressourcen, die ihre Handlungsoptionen einschränken und sie zu einer Konzentration auf bestimmte Marktnischen bzw. geografische Regionen zwingen.

Im Sinne der Äquivalenzthese führen diese Unterschiede zur Herausbildung von spezifischen Handlungsstrategien für den Aufbau und die Entwicklung strategischer Erfolgspotenziale. Solche Erfolgspotenziale sind vor allem in der Konzentration auf spezifische Marktnischen sowie in der schnellen und flexiblen Reaktion auf Veränderungen im Markt und damit letztlich in der Entwicklung eines loyalen Kundenstamms zu sehen.

Tipps

Die Praxistipps sind in vier Kapitel zur Führung, zu den operativen Kernfunktionen, der finanziellen Steuerung/Kontrolle und zu ausgewählten Spezialthemen aufgeteilt (siehe Abbildung 3).

Abbildung 3: *Überblick „Tipps für die Praxis"*

1. Führung

1.1 Strategie

1.1.1 Strategieentwicklung

Mehr Zeit nehmen für strategische Themen

In vielen mittelständischen Unternehmen ist die Ressource Management knapp. Oft fühlt sich der Unternehmer für alles verantwortlich und trifft nahezu alle Entscheidungen selbst. Dies gilt gerade dann, wenn der Unternehmer gegen Ende seiner aktiven Tätigkeit befürchtet, die Kontrolle über sein Unternehmen zu verlieren. Er wird selbst zum Nadelöhr in der Entscheidungsfindung, die dann zunehmend schwerfällig abläuft. Dies kann dazu führen, dass wichtige Marktchancen und interne Probleme zu spät erkannt und bearbeitet werden.

Eine Gefahr für die langfristige Unternehmensentwicklung ist vor allem dann gegeben, wenn operative Entscheidungen die strategischen verdrängen. Es gilt das Gresham'sche Planungsgesetz – Unwichtiges, aber zeitlich Dringliches verdrängt Wichtiges, aber zeitlich nicht als dringlich Wahrgenommenes. Der Chef unterliegt den Zwängen des Alltagsgeschäfts und vernachlässigt die Analyse von wichtigen Zukunftsfragen und die damit verbundenen Entscheidungen.

Diese Verhaltensweise lässt sich auf zwei Ursachen zurückführen:

1. Am Ende eines langen Arbeitstages steht ein Erfolgserlebnis – der volle Kalender mit operativen Themen ist abgearbeitet worden!
2. Manche Führungskräfte vermeiden die Auseinandersetzung mit unbequemen Strategiefragen, die oft mit einem hohen Maß an Unsicherheit und Komplexität verbunden sind.

Wie kann man dieses Problem lösen? Notwendig ist vor allem die Schaffung von Zeitautonomie – dies umfasst im Wesentlichen zwei Dinge: erstens die Einführung eines strikten Zeitmanagements und zweitens die frühzeitige Einplanung von Zeitblöcken, die (unverrückbar!) für strategische Fragen reserviert werden sollten. Der Unternehmer kann sich die notwendige Zeit dafür schaffen, indem er andere Aufgaben delegiert (vgl. S. 29).

Das Selbstbild extern verifizieren

Grundlage für jede Strategie ist ein objektives Verständnis der eigenen Stärken und Schwächen. Die strategisch relevanten Stärken und Schwächen sind relativ zum Wettbewerbsumfeld zu beurteilen. Gerade bei mittelständischen Unternehmen sind diese Analysen jedoch oft sehr subjektiv geprägt und führen häufig zu Fehleinschätzungen. Vor allem die eigenen Stärken werden gerne überschätzt, die eigenen Schwächen unterschätzt. Als Konsequenz kommen strategische Projekte nicht voran oder scheitern frühzeitig.

Um diese subjektiven Beurteilungen zu objektivieren, ist eine Außensicht, also eine Bewertung durch externe Dritte, notwendig. Hier bieten sich zwei Wege an, die einander ergänzen können.

- Benchmarking ist ein wichtiges Instrument, um vor allem die eigenen Stärken und Schwächen relativ zum Wettbewerbsumfeld besser einschätzen zu können. Benchmarking bezieht sich dabei auf den Vergleich wichtiger interner Unternehmensparameter mit den Daten von Wettbewerbern. Benchmarking im Mittelstand stößt jedoch erfahrungsgemäß auf eine Reihe von Problemen. Zunächst ist es schwierig, geeignete Partner für das Benchmarking zu finden, da gerade Mittelständler häufig große Vorbehalte gegen zu viel Einblick von außen haben. Und selbst wenn die Partner gefunden werden, stellt die Beschaffung der notwendigen Informationen eine Sisyphusarbeit dar.

- Ein externer Berater kann aufgrund seiner Erfahrung helfen, Markt und Wettbewerbstrends sowie Stärken und Schwächen des Unternehmens besser zu beurteilen und auf diese Weise blinde Flecken zu vermeiden. Weiterhin bietet ein Beirat (vgl. S. 142). ein sehr probates Mittel, subjektive Einschätzungen gemeinsam mit externen Dritten zu überprüfen.

Eine SWOT-Analyse bildet die Basis für die Strategieentwicklung

Viele Unternehmen nutzen im Rahmen der Strategiefindung eine SWOT-Matrix. Dieses Modell beruht auf einer Ermittlung der Stärken (S = Strengths) und Schwächen (W = Weaknesses) sowie der Chancen (O = Opportunities) und Risiken (T = Threats) des Unternehmens. Die SWOT-Matrix (vgl. Abbildung 4) ist eine relativ einfache grafische Darstellung der strategischen Ausgangslage.

	Stärken	Schwächen
Unternehmensanalyse	... ...	... ...
	Chancen	**Risiken**
Umfeldanalyse	... ...	... ...

Abbildung 4: SWOT-Matrix

Wichtig ist in diesem Zusammenhang der relative Aspekt (vgl. S. 21). Stärken und Schwächen bzw. Chancen und Risiken sind nie absolut, sondern immer nur in Beziehung zu den im Umfeld vorhandenen anderen Spielern zu beurteilen.

Mittelständische Unternehmen sind manchmal der Ansicht, mit der Aufstellung einer SWOT-Matrix und einigen oft sehr allgemeinen Überlegungen zur zukünftigen Ausrichtung des Unternehmens bereits eine Strategie formuliert zu haben. Das ist falsch, denn die eigentliche Strategiearbeit beginnt erst nach der SWOT-Analyse. Dann werden interne Stärken und Schwächen den externen Risiken und Chancen gegenübergestellt, um strategische Optionen zu entwickeln. Dieser Prozess verlangt ein hohes Maß an Kreativität und strategischem Denken. Das Ergebnis ist eine TOWS-Matrix (vgl. Abbildung 5).

Unternehmens- faktoren \ Umfeld- faktoren	**Opportunities** (3 – 5 Chancen aufführen)	**Threats** (3 – 5 Risiken aufführen)
Strengths (3 – 5 Stärken aufführen)	**SO-Strategien** Stärken einsetzen, um Chancen zu nutzen	**ST-Strategien** Stärken nutzen, um Risiken zu vermeiden
Weaknesses (3 – 5 Schwächen aufführen)	**WO-Strategien** Chancen nutzen, um Schwächen zu kompensieren	**WT-Strategien** Schwächen minimieren und Risiken vermeiden

Abbildung 5: TOWS-Matrix

Die aus dieser Matrix resultierenden strategischen Optionen sind so zu formulieren, dass eine maximale relative Differenz zum Wettbewerb aufgebaut werden kann. Dazu müssen die Kräfte eines Mittelständlers zielgerichtet relativ zur Position der Gegner und deren Stärken und Schwächen konzentriert werden.

Mit bestehendem Know-how neue Märkte bearbeiten

Dauerhaft existieren können nur solche Unternehmen, die über ein attraktives Portfolio von strategischen Optionen für die Gestaltung ihrer Zukunft verfügen. Die Nutzung vorhandenen Wissens und vorhandener Ressourcen spielt für mittelständische Unternehmen eine besonders große Rolle. Die unterschiedlichen Wachstumsmöglichkeiten können auf einfache Weise mit der Ansoff-Matrix erfasst werden. Ein Beispiel enthält die folgende Abbildung 6.

Märkte \ Produkte	Gegenwärtig	Neu
Gegenwärtig	**Marktdurchdringung** Marktanteil erhöhen	**Produktentwicklung** Verbesserte Produkte für vorhandene Märkte entwickeln
Neu	**Marktentwicklung** Neue Märkte mit vorhandenen Produkten erschließen	**Diversifikation** Mit neuen Produkten neue Märkte bearbeiten

Abbildung 6: Ansoff-Matrix

Die Marktdurchdringung bezieht sich auf den Ausbau einer bereits bestehenden Marktposition. Wenn das Marktpotenzial ausgeschöpft ist, kann weiteres Wachstum über die Produktentwicklung bzw. die Marktentwicklung erzeugt werden. Diese Multiplikationsstrategien setzen teilweise auf vorhandenes Know-how und benutzen bestehende Elemente des Geschäftssystems. Den Vorteil hat dabei zumeist das Unternehmen, das als Pionier die in der Multiplikation liegenden Chancen zuerst unternehmerisch erkennt und nutzt.

Für Mittelständler sind die Multiplikationsstrategien besonders geeignet. Die „Hidden Champions" verfolgen in diesem Sinne eine „weiche Diversifikationsstrategie".[11] Sie erweitern Schritt für Schritt sowohl die Produktpalette als auch die Märkte, die sie mit dieser Palette bedienen. Ausgangsbasis ist immer ein vorher definiertes und erfolgreich aufgebautes Kerngeschäft, das an seine Wachstumsgrenzen stößt. Das heißt, sie bewegen sich vertikal oder horizontal in der Matrix. Diese Form der Diversifikation ist sicher weniger risikoreich als eine gleichzeitige Expansion in neue Produktfelder und Märkte, die eher selten von Erfolg gekrönt ist. Die diagonale Bewegung in der Matrix sollte also vermieden werden.

---

11 Vgl. Simon (2007), S. 106 ff.

Über die Kontroverse zur Strategie finden

Eine Strategie lässt sich nur in wenigen Fällen rational planen und umsetzen. Ideen des Unternehmers, aus der Führungsmannschaft oder von anderen Mitarbeitern bilden die Grundlage einer Strategie und müssen zunächst grob analysiert und ausgearbeitet werden.

Danach erfolgt die eigentliche Strategiediskussion, die für die Qualität der strategischen Entscheidungen von großer Bedeutung ist. Hier gilt es, Für und Wider einer Option zu diskutieren. Damit werden zum einen Chancen und Risiken sehr viel klarer. Zum anderen ist in dieser Diskussion zu erkennen, wie hoch das Interesse der Führungskräfte an der Umsetzung einer Option ist. Unter Umständen ist es sinnvoll, einer Führungskraft die Rolle als Advocatus Diaboli zuzuweisen, um so eine kontroverse Diskussion in Gang zu bringen.

Nach der Diskussion muss der Unternehmer bzw. die Führungskraft klar entscheiden, welche Optionen in der Zukunft verfolgt werden und welche nicht. Bei einer drastischen Veränderung der Umwelt- oder der Unternehmenssituation müssen solche Entscheidungen gegebenenfalls revidiert werden. Aber solange eine solche Entscheidung gültig ist, müssen sich alle Führungskräfte daran halten.

Schließlich muss diese Entscheidung innerhalb des Unternehmens kommuniziert werden. Die Unternehmensstrategie muss dem mittleren Management und, in groben Zügen, der Belegschaft bekannt sein. In diesem Zusammenhang ist eine Verdichtung in einem Slogan durchaus sinnvoll. Ein gutes Beispiel lieferte vor vielen Jahren Komatsu mit dem Slogan „Kill the CAT!", um die strategische Stoßrichtung gegenüber dem Hauptkonkurrenten Caterpillar allen Mitarbeitern innerhalb des Unternehmens klar zu machen.

Zusammenfassend gilt: Ideen zur zukünftigen Strategie kontrovers diskutieren, nach Analyse und Diskussion eine eindeutige Entscheidung treffen und diese dann der Belegschaft kommunizieren.

Berater sorgfältig auswählen, einsetzen und überwachen

Die Haltung mittelständischer Unternehmen zu Unternehmensberatern ist zwiespältig. Viele Mittelständler versuchen, ihren eigenen Weg zu gehen, und sind Beratern gegenüber sehr misstrauisch. Dieses Misstrauen hat Robert Townsend einmal wie folgt definiert: „Das sind Leute, die sich Ihre Uhr ausleihen, um Ihnen zu sagen, wie spät es ist, und dann mit der Uhr abhauen."[12] Andere Mittelständler wiederum arbeiten oft und intensiv mit Beratern zusammen.

Der Einfluss eines Beraters auf die Unternehmensentwicklung kann große Wirkung haben – sowohl im positiven als auch im negativen Sinne. Unternehmensberatung ist Vertrauenssache. Für den Einsatz von Beratern sind drei Grundregeln zu beachten:

---

12 Townsend (1985), S. 252

Führung

- *Sorgfältige Auswahl des Beraters*
  Gerade weil Beratung auf Vertrauen basiert, sollte sich die Unternehmensleitung eines mittelständischen Unternehmens intensiv auf die Auswahl eines qualifizierten Beraters oder Beraterteams konzentrieren. Hierzu sollte man durchaus verschiedene Berater einladen und dann nicht nur den Senior-Berater, sondern – soweit ein Beratungsteam eingesetzt wird – auch die Teammitglieder evaluieren. Diese Gespräche müssen vorbereitet werden (Analyse der Lebensläufe der Berater und Fragenkatalog für die Gespräche). Auf diese Weise kann das Risiko, mit unqualifizierten oder nur wenig erfahrenen Beratern zusammenarbeiten zu müssen, deutlich reduziert oder sogar ausgeschaltet werden.

- *Klare Definition des Beratungsauftrags*
  Hat die Unternehmensleitung sich für einen Berater entschieden, gilt es im nächsten Schritt, den Projektauftrag, die Projektziele und den Projektprozess festzulegen. Dabei kommt es auf eine möglichst klare Definition der Ziele bzw. des Nutzens des Beratungsauftrags für das Unternehmen an. Hinsichtlich des Beratungsprozesses sind konzeptionelle Grundlagen und Vorgehensweise abzustimmen. Weiter ist abzuklären, in welcher Form der Berater Zugang zu Unternehmensressourcen hat und in welchem Umfang er diese Ressourcen nutzen kann. Ebenso sind die Vergütung und die Erstattung anfallender Sachkosten mit dem Berater zu regeln.

- *Kontinuierliche, intensive Begleitung und Überwachung*
  Weiter muss die Unternehmensleitung sich regelmäßig mit den Teilergebnissen der Arbeit des Unternehmensberaters auseinandersetzen. Auf diese Weise kann sie auch den Fortschritt des Beratungsprojekts beeinflussen und steuern. Letztlich ist darauf zu achten, dass die Unternehmensleitung die Kontrolle über das Projekt behält und der Beratungsprozess sich nicht verselbständigt.

Die Beachtung dieser Regeln kostet ohne jeden Zweifel Managementkapazität, aber ohne diesen Aufwand dürfte sich der Erfolg der Beratung in Grenzen halten.

1.1.2 Strategieumsetzung

Strategie heißt konzentrieren statt verzetteln

Die Konzentration auf spezifische Marktnischen ist typisch für mittelständische Unternehmen (vgl. S. 60). Mit dieser Konzentration werden zwei unterschiedliche Zwecke verfolgt: Der erste Zweck bezieht sich auf die Schaffung einer kritischen Masse in einem bestimmten Segment, um hier den Durchbruch zu schaffen und eine führende Stellung einzunehmen. Der zweite liegt in der festen Verankerung in diesem Segment. Auf diese Weise wird nicht nur ein wichtiger Durchbruch erreicht, sondern die führende Stellung soll möglichst lange gesichert werden.

Diese Fokussierung auf spezifische Marktnischen zieht die folgenden Konsequenzen nach sich:

- Der Fokus bedeutet in der Regel die Möglichkeit, eine dominante Markstellung einzunehmen.
- Der Fokus führt oft zu einem tief gestaffelten Angebot, verbunden mit einer weitgehenden Kontrolle der Wertschöpfungskette. Ein solches Sortiment steht im Gegensatz zu dem breiten Angebot eines Universalanbieters, der den gesamten Markt abdeckt.
- Der Fokus kann zwangsweise auch mit einer raschen Internationalisierung verbunden sein, wenn die Chancen des lokalen Marktes nach einiger Zeit ausgeschöpft sind.

Mit der Fokussierung wird strategische Stoßkraft geschaffen. In der Praxis ist oft zu beobachten, dass zu viele Ziele und Projekte gleichzeitig verfolgt werden, die alle auf eine beschränkte bzw. dieselbe Ressourcen- und Kompetenzbasis zurückgreifen. Die knappen Ressourcen werden dann nach dem Gießkannenprinzip verteilt. Letztendlich bewegt sich nichts; die knappen Mittel werden verschwendet.

Deshalb muss gerade im Mittelstand mit seinen begrenzten finanziellen wie auch personellen Kapazitäten die folgende Regel gelten: Die Kräfte auf wenige strategische Maßnahmen bündeln und diese konsequent verfolgen und umsetzen.

Mit Schwächen bewusst umgehen

Beim Vergleich eines Unternehmens mit seinen Wettbewerbern lassen sich – neben klaren Stärken – immer auch einige Schwächen feststellen. Es gibt nun grundsätzlich vier Möglichkeiten, mit diesen Schwächen umzugehen:

- Vorhandene Lücken bei den Ressourcen können manchmal mit entsprechenden Investitionen geschlossen werden. Dies dürfte für viele Mittelständler aber oft nur eine langfristige Perspektive sein, da kurzfristig die dazu benötigten finanziellen und personellen Ressourcen nicht bereitstehen.
- Die vermeintliche Schwäche kann gezielt als Stärke genutzt werden. Ein Paradebeispiel ist hier Harley-Davidson. Obwohl man die alte Motorentechnologie und das traditionelle Design durchaus als Schwäche betrachten kann, positioniert Harley-Davidson seit Jahren seine Motorräder erfolgreich als Lifestyle-Produkte; die potenzielle Schwäche wird zum Kernbestandteil des Produkts.
- Outsourcing kann zur Beseitigung der Schwäche als Lösung dienen. Im Zuge einer Auslagerung spezifischer Aufgaben werden die Ressourcen und Kompetenzen eines Partners genutzt; eigene Investitionen sind nicht mehr notwendig. Gleichzeitig gewinnt das Unternehmen an Flexibilität, weil das Kapazitätsrisiko an den Outsourcing-Partner weitergegeben wird.

Führung

- Darüber hinaus kann bewusst entschieden werden, die Schwäche zu akzeptieren und mit ihr zu leben; dann sind die Stärken weiter auszubauen.

Wenn ein Mittelständler z. B. im Wettbewerb mit einem international agierenden Unternehmen steht, so hat dieser auf den ersten Blick mit seiner ausschließlich lokalen Präsenz einen Wettbewerbsnachteil. Dieser Nachteil könnte zwar mit entsprechenden Investitionen in die Internationalisierung kompensiert werden, aber oft sind die notwendigen finanziellen und personellen Ressourcen in angemessener Zeit nicht zu beschaffen. Dann besteht nur die Handlungsalternative, die Schwäche „lokale Präsenz" zu akzeptieren und sie beispielsweise mit einer stärkeren Kundenorientierung, flexibleren Lieferzeiten oder einer besseren Servicequalität gegenüber den internationalen Wettbewerbern zu kompensieren. Entscheidend ist, dass der Mittelständler sich der Schwächen bewusst ist und aktiv mit ihnen umgeht.

Schlechtem Geld kein gutes nachwerfen

Als strategisch werden Projekte bezeichnet, von denen man annimmt, dass sie eine große Bedeutung für die Entwicklung und den Erfolg des Unternehmens haben. Projekte, wie z. B. der Einstieg in den chinesischen oder den indischen Markt, besitzen oft einen hohen Unsicherheitsgrad. Die Investitionen in diese Märkte gelten als strategische Ausgaben, um die Chancen eines zukünftigen Wachstums nicht zu versäumen. Erschwerend kommt häufig hinzu, dass es sich bei diesen strategischen Projekten um „heilige Kühe" handelt, also um Projekte, die unter der besonderen Protektion der Unternehmensleitung oder der Eigentümer stehen und die deshalb von jeder Rentabilitätsprüfung ausgenommen sind.

In der Praxis ist häufig die folgende Situation zu beobachten: Man investiert und investiert und hofft darauf, irgendwann einmal die Früchte dieser Investitionen zu ernten. Nach Ablauf einer gewissen Zeit hat das Unternehmen dann eine relativ hohe Summe ausgegeben. Diese Mittel möchte man nicht als verloren betrachten – es wird weiter investiert, um den Durchbruch zu schaffen. Diese bereits getätigten Investitionen werden als „Sunk Costs" oder irreversible Kosten bezeichnet. Sie sind in der Vergangenheit angefallen und haben keinen Einfluss auf die Gegenwart bzw. die Zukunft.

Für die Unternehmensleitung muss die Regel deshalb lauten: Diese Entscheidungen über zusätzliche Investitionen sind daher unabhängig von den Sunk Costs zu treffen (vgl. S. 114).

1.2 Organisation

1.2.1 Struktur

Sach- und personenbezogene Lösungen zulassen

Organisationen können entsprechend den zu bewältigenden Sachaufgaben strukturiert werden („ad rem"-Organisation). Gleichartige Aufgaben werden zu einem Arbeitsgebiet gebündelt. Mehrere Arbeitsgebiete bilden eine Abteilung, die von einem Abteilungsleiter geführt wird. Mehrere Abteilungen wiederum bilden einen Bereich mit einem Bereichsleiter usw. Auf diese Weise wird eine klar strukturierte, hierarchische Organisation geschaffen. Strukturen, Abläufe und Verantwortlichkeiten werden dann in entsprechenden Charts und Ablaufdiagrammen festgehalten.

Aber in der Realität funktionieren Organisationen nicht auf diese Weise, vor allem nicht in einem mittelständischen Unternehmen. In eigentümergeführten Unternehmen ist die Führungsstruktur oft auf den Unternehmer/Eigentümer zugeschnitten.

Deshalb scheint bei mittelständischen Unternehmen das „ad personam"-Prinzip zu dominieren, d. h., die Organisation wird um die handelnden Personen herum gebaut. Auf diese Weise entstehen manchmal Organisationscharts, deren Logik auf den ersten Blick nur schwer nachzuvollziehen ist. Zum Beispiel leitet der Chef einer mittelständischen Unternehmensgruppe gleichzeitig auch die Produktion der größten Tochtergesellschaft. Er ist der Ansicht, dass in der Produktion viel Geld verschwendet werden kann, und betrachtet sich als den erfahrensten Produktionsexperten in der gesamten Gruppe.

Bei Kenntnis der Sachlage können solche „ad personam"-Lösungen durchaus sinnvoll sein. Sie sind mit einer hohen Motivation der einzelnen Führungskräfte verbunden, können aber aufgrund von Machtkämpfen und bei mangelnder Kommunikation zu Konflikten und Chaos führen. Dies tritt sehr häufig bei der so genannten „Spaghetti"-Organisation auf. In diesem Fall wird die Organisationsstruktur von individuellen Lösungen dominiert.

In der Praxis hat sich immer wieder gezeigt, dass trotz ausgefeilter Organisationscharts nichts funktioniert, wenn die handelnden Personen sich nicht verstehen. Umgekehrt kann eine „schiefe" oder unlogische Struktur reibungslos arbeiten, wenn die Chemie zwischen den Mitarbeitern stimmt. Ingesamt gilt es für den Mittelständler, die richtige Balance zwischen sach- und personenbezogenen Aspekten zu finden.

Delegieren will gelernt sein

Der Entwicklungspfad eines Unternehmens beginnt mit der Gründungsphase, in welcher der oder die Gründer das Unternehmensgeschehen dominieren. Nach der Aufbauphase expandiert das Unternehmen. Dann wird in der Regel eine funktionale Organisationsstruktur mit einer Geschäftsleitung eingefügt. Aber auch in diesem Fall hat der Gründer das Sagen. Dies gilt vor allem, wenn der Unternehmer gegen Ende seiner Laufbahn fürchtet, die Kontrolle über sein Unternehmen zu verlieren.

Die Folgen mangelnden Delegierens sind bei Unternehmern wie Geschäftsführern gleichermaßen gravierend: Die Mitarbeiter sind demotiviert, weil sie nichts entscheiden können – gute Mitarbeiter verlassen das Unternehmen. Kunden und Lieferanten sehen im Chef den zentralen Verhandlungspartner. Der Chef ist selbst völlig überlastet, unzufrieden und leidet unter Dauerstress. Das Unternehmen wird schwerfällig und kann nicht mehr adäquat auf Marktanforderungen reagieren.

Zu lösen ist diese Problematik mit verschiedenen Maßnahmen:

- Bewusst solche Aufgabenbereiche delegieren, von denen man als Chef kein oder nur wenig Wissen hat. Mit Hilfe einer klaren Definition der Zielsetzung und von Zwischenberichten zu bestimmten Zeitpunkten ist es für den Chef möglich, die Kontrolle zu behalten. Trotz der Delegierung hat man als Chef die Möglichkeit, der getroffenen Entscheidung die Genehmigung zu versagen.
- Voraussetzung für das Delegieren und eine erfolgreiche Projektarbeit ist die Einstellung von guten Mitarbeitern bzw. Führungskräften, die selbst „ihren Mann stehen" und in der Lage sind, die ihnen übertragenen Aufgaben zu lösen.

Grundsätzlich gilt: So viel Entscheidungszentralisation wie nötig – so viel Delegierung wie möglich.

Regelmäßig hierarchie- und funktionsübergreifend kommunizieren

Um die richtigen Entscheidungen zu treffen, muss die Unternehmensleitung die Unternehmenssituation kennen und zutreffend beurteilen. Nur das sorgfältige Durcharbeiten der Wochen- und Monatsberichte reicht dazu nicht aus. Deshalb müssen individuelle Kommunikationsprozesse zwischen allen Hierarchieebenen und über die Funktionsgrenzen innerhalb des Unternehmens möglich sein. Solche Prozesse sollten von allen Beteiligten nicht nur geduldet, sondern aktiv gefördert werden.

Informationen nur aus einer Quelle zu beziehen, kann zu einer sehr einseitigen Sichtweise führen. Deshalb sollten möglichst viele unterschiedliche Informationsquellen genutzt werden. Der Umfang und die Intensität der Informationssuche werden natürlich von der Wichtigkeit der Entscheidung bestimmt. Ein solches Vorgehen ist nicht als Zeichen des Misstrauens zu verstehen, sondern die Notwendigkeit hierfür entsteht aus den unterschiedlichen Prioritäten und Sichtweisen des von einem bestimmten Problem betroffenen Personenkreises. Selbstverständlich lassen sich auf diese Weise auch Stimmungen und Strömungen im Unternehmen, Zufriedenheit und Unzufriedenheit sowie unterschiedliche Meinungsbilder frühzeitig erkennen.

Eine Führungskraft muss dafür sorgen, dass sie zumindest die Meinungen, die Einstellungen, die Fähigkeiten und das Verhalten der nachgeordneten Ebene kennt. Wichtige Projekt- und Strategiebesprechungen sollten deshalb in der Regel hierarchie- und funktionsübergreifend durchgeführt werden. In diesem Sinne wird eine „3-Ebenen-Kommunikation" möglich – der Chef auf der übergeordneten Ebene, die Kollegen auf der gleichen Ebene und der nachgeordneten Ebene sind involviert.

Die Organisation lebt

Viele Unternehmen besitzen Organisationscharts, Ablaufdiagramme und umfangreiche Organisationshandbücher. Solche formalen Instrumente sollen das Verhalten der Mitarbeiter in einem Unternehmen in eine bestimmte Richtung lenken. Sie sind insbesondere nützlich für die Einarbeitung neuer Mitarbeiter und für eine effiziente Abwicklung von Routineaufgaben. Aber diese formalen Instrumente haben auch gravierende Nachteile. Sie schaffen Bürokratie, behindern flexibles Handeln und Kreativität.

Organisationen sind mit lebenden Organismen zu vergleichen, d. h., sie sind nur dann überlebensfähig, wenn es ihnen immer wieder von Neuem gelingt, sich an Veränderungen der Umwelt auf eine effektive und effiziente Art und Weise anzupassen. Dies gilt vor allem für mittelständische Unternehmen, die häufig versuchen, ihren Betriebsgrößennachteil durch eine wesentlich höhere Flexibilität auszugleichen. Deshalb ist es insbesondere für einen Mittelständler wichtig, formale Organisationsregeln in bestimmten Zeitabständen zu überprüfen und bei Bedarf zu verändern.

1.2.2 Kultur

Unternehmen unterscheiden sich durch Menschen, nicht durch Technik

Unternehmen unterscheiden sich vordergründig durch ihre Technik, maschinelle Ausstattung oder Räumlichkeiten. Allerdings können all diese Faktoren am Markt eingekauft werden. Sie sind damit zugänglich für jeden Wettbewerber.

Wertvoller und langfristig bedeutsamer sind die Faktoren, die erst innerhalb des Unternehmens geschaffen werden müssen. Dazu zählen die Qualifikation und die Einstellung der Mitarbeiter, die Art der Zusammenarbeit, die Organisation des Unternehmens und die Einbindung der Mitarbeiter in die Entscheidungsprozesse. Diese Faktoren bestimmen den mittel- und langfristigen Erfolg.

In einer Organisation, die Veränderungen vorantreibt, die einen Rahmen für Fehler absteckt und Fehler innerhalb dieses Rahmens toleriert, können sich gut ausgebildete, disziplinierte und sozial kompetente Mitarbeiter sehr schnell weiterentwickeln, ohne in gefährliches Fahrwasser zu geraten. Mitarbeiter, die den Regeln widersprechen und gehört werden, aber diese Regeln bis zu einer Entscheidung über ihre Veränderung akzeptieren, und Mitarbeiter, die ihr Wissen und Können gemeinsam mit den Kollegen zum Schaffen neuer Abläufe, Organisationsformen und Technologien nutzen, sind die wirklich wichtigen Erfolgsfaktoren in einem Unternehmen.

Wie oben bereits angesprochen, sind alle Faktoren, die man erwerben kann, auch für den Wettbewerber käuflich oder kopierbar. Aber diejenigen Faktoren, die innerhalb eines langen Prozesses, manchmal auch gegen Widerstände erarbeitet werden, machen die Kultur oder „DNA" eines Unternehmens aus. Diese kann der Wettbewerber nicht einfach kaufen oder kopieren. Auf Basis einer solchen Kultur fühlen sich die Mitarbeiter mit dem Unternehmen verbunden; sie sind stolz darauf, für das Unternehmen zu arbeiten, und nehmen Verantwortlichkeiten jenseits ihrer Zuständigkeiten wahr.

Weg mit den Leitbildern – „Just do it!"

Leitbilder sind in den letzten Jahren auch im Mittelstand immer mehr en vogue. Vergleicht man solche Leitbilder verschiedener Unternehmen aus unterschiedlichen Branchen, so finden sich stets Aussagen zur Kundenfokussierung, Produktqualität, Mitarbeiterzufriedenheit, Umweltschutz, Gemeinschaftssinn etc. Werden diese Leitbilder nebeneinander gelegt, sind sie inhaltlich praktisch deckungsgleich, lediglich die Wortwahl ist unterschiedlich. Letztlich sind solche Leitbilder beliebig austauschbar und damit im Ergebnis nichtssagend.

Unternehmen, die ihre Kunden nicht mit hoher Aufmerksamkeit und Ehrlichkeit bedienen, können sich dauerhaft kaum im Markt behaupten. Unternehmen, die Produkte von minderer Qualität liefern, haben langfristig keine Überlebenschance. Im Leitbild werden – so hart es klingen mag – oft nur Banalitäten formuliert.

Gleichzeitig ist es erschütternd zu beobachten, wie wenig die in den Leitbildern festgeschriebenen Werte im Unternehmen tatsächlich gelebt werden. Trotz aller Leitbildaussagen werden vielfach Kunden schäbig behandelt, Mitarbeiter gemobbt oder die lokale Gemeinschaft gröblich vernachlässigt – es sei denn, ein Beitrag, beispielsweise zur Stadtentwicklung, kann werbewirksam in den örtlichen Medien ausgeschlachtet werden. Insofern wird man die Leitbilder „leid".

Hier lautet die klare Handlungsempfehlung an den Mittelständler: „Es gibt nichts Gutes, außer man tut es!"[13] Der mittelständische Unternehmer und seine gesamte Führungsmannschaft müssen, ohne große Worte darüber zu verlieren, die Werte vorleben, die für das Gesamtunternehmen gelten sollen. Dies bezieht sich auf die Wertschätzung des Kunden, die

---

13 Kästner (2008), S. 30 (Titel: „Moral")

Produktqualität, die Innovationsfreudigkeit, die Arbeitsbedingungen für die Mitarbeiter, den Umgang mit dem lokalen Umfeld etc. Auf diese Weise entwickelt sich eine Unternehmenskultur, die real gelebt wird und nicht nur auf dem Papier steht. Dabei müssen natürlich Mitarbeiter und auch Führungskräfte, die gegen die ungeschriebenen, aber aktiv gelebten Grundsätze verstoßen, zu einer Veränderung ihres Verhaltens veranlasst werden. Anderenfalls müssen solche Personen das Unternehmen verlassen.

Den Streit der Spezialisten kanalisieren

Eine neue Führungskraft, von außen eingestellt, gerät in einen Streit zwischen Spezialisten, den „alten Hasen", die innerhalb oder zwischen verschiedenen Standorten über eine neuartige Lösung streiten. Der Neue wird durchaus geschickt umgarnt, Meinungen werden ihm als Faktenwissen verkauft. Wie soll diese Führungskraft sich verhalten?

Jeder beginnt einmal neu in einer bestimmten Funktion. In aller Regel bringt der Neue für seine Aufgaben eine „Werkzeugkiste" mit, was Methoden der Führung und Grundlagen der Technik angeht. Niemand darf sich allerdings der Illusion hingeben, diese Führungskraft wisse und könne alles, was für die Übernahme der neuen Aufgaben notwendig ist. Produkte und Verfahren werden immer komplexer und verändern sich im Zeitablauf. Dies hat zur Folge, dass praktisch für jedes Produkt und Verfahren in jedem Unternehmen spezielles Wissen erarbeitet worden ist, das im Wesentlichen auf guten und schlechten Erfahrungen aufbaut. Dieses Wissen fehlt der neuen Führungskraft zu Beginn ihrer Tätigkeit.

Schrittweise und vorsichtig lernt die neue Führungskraft, welche Ideen, Argumente und Lösungen tragfähig sind. In diesem Prozess gewinnen die Mitarbeiter Vertrauen in die Führungskraft, Lösungen gemeinsam zu erarbeiten. Gleichzeitig wird bei allen Beteiligten das Bewusstsein dafür geschärft, dass die gefundene Lösung einer Nachprüfung standhalten muss. Aber auch die Führungskraft wird auf diesem Weg mit dem Potenzial der Mitarbeiter besser vertraut und lernt, wem bei welchen Fragestellungen ein Vertrauensvorschuss zu gewähren ist.

Bei der Einstellung ist unbedingt darauf zu achten, das die neue Führungskraft über das notwendige Handwerkszeug verfügt, um die richtigen Fragen zur Plausibilität zu stellen sowie andere Meinungen zu hören und zu beurteilen. Letzteres wird die neue Führungskraft nicht in jedem Fall von Anfang an können. Aber sie muss die Diskussion über die Festlegung der Zielkriterien und die Bewertung unterschiedlicher Alternativen im Hinblick auf diese Kriterien aktiv steuern sowie Spielregeln und Vorgehensweisen zur Lösung von Meinungsverschiedenheiten vorgeben.[14] Nach der Definition der Kriterien sind Analysen durchzuführen, Chancen und Risiken sowie Kosten offen abzuwägen. Dann erst besteht eine hohe Wahrscheinlichkeit, dass die richtige Lösung für den Streit gefunden wird.

---

14 Dies gilt natürlich nicht nur für technische Meinungsverschiedenheiten innerhalb eines Werks, sondern auch für Meinungsverschiedenheiten in anderen betrieblichen Funktionen.

Konstruktive Querdenker ernst nehmen

In jedem Unternehmen arbeiten Menschen mit unterschiedlichen Charakteren und Erfahrungen. Dabei sind die Querdenker ganz besonders hervorzuheben. Sie stellen vorhandene Lösungen kritisch in Frage und suchen nach neuen und besseren Lösungen. Leider ist allzu häufig zu beobachten, dass sich Unternehmer und Führungskräfte gerne mit „Ja"-Sagern umgeben und kritische Mitarbeiter an den Rand drängen, ignorieren oder vergraulen. Wenn das gesamte Führungsumfeld Entscheidungen der Spitzenführungskraft immer kritiklos zustimmt und (vermeintlich) unterstützt, werden Entscheidungen nicht aus verschiedenen Perspektiven beleuchtet und kritisch hinterfragt.

Die Querdenker gehen in solchen Fällen in die innere Emigration – Chancen werden vergeben. Führungskräfte sind gut beraten, gerade den unbequemen Mitarbeitern, die dem Unternehmen oft sehr verbunden sind und konstruktive Kritik üben, zuzuhören. Zuhören bedeutet nicht, alle Argumente zu teilen, sondern einen Sachverhalt oder eine Entscheidung aus unterschiedlichen Blickwinkeln sorgfältig zu beurteilen und auch Argumente abzuwägen, die von anderen kommen.

Sicherlich sind diese Querdenker manchmal lästig. Sie sind unbequemer als der stets freudig zustimmende Mitarbeiter oder Kollege. Aber wenn sie angemessen beachtet und geschätzt werden, können sie wertvolle Impulse für innovative Lösungen geben.

Individuell führen statt bürokratisch regeln

Mitarbeiter nutzen gelegentlich bestimmte Situationen zu ihren Gunsten aus. Vor allem bei Dienstreisen gibt es immer wieder Mitarbeiter, die sich auf Kosten des Unternehmens etwas Besonderes gönnen. So werden ausgesprochen teure Hotelübernachtungen gebucht, oft mit der Begründung, dass aufgrund einer Messezeit nichts anderes mehr verfügbar war. Auch Langstreckenflüge in der First oder Business Class werden mit einer schwierigen Buchungssituation oder Ähnlichem begründet. Die Verwaltung neigt in solchen Situationen dazu, etwa durch Erlass einer ausgefeilten Reisekostenverordnung, alle Eventualitäten bis ins kleinste Detail für alle Mitarbeiter zu regeln. Eine solche Regelungswut findet man auch in vielen anderen Bereichen (z. B. bei Dienstwagen oder der Bewirtung von Geschäftspartnern).

Dabei kaschiert die Regelungswut letztlich nur ein Führungsproblem. Wenn ein Mitarbeiter anlässlich einer Dienstreise ein exorbitant teures Hotelzimmer bucht, so benötigt er zur Rechfertigung gegenüber seinem Vorgesetzten dafür gute Gründe. Sollte er sie nicht haben, darf diese Vorgehensweise lediglich ein einziges Mal geduldet werden. Beim nächsten Vorfall muss der Vorgesetzte dann umgehend die entsprechenden disziplinarischen Schritte einleiten sowie die Erstattung der Mehrkosten ablehnen.

Durch konsequentes Agieren der Vorgesetzten kann vermieden werden, dass einzelne schwarze Schafe im Unternehmen eine Regelungsflut auslösen, die alle Mitarbeiter betrifft und letztlich in ihren Freiheitsgraden einschränkt. Z. B. gibt es für Dienstreisen und Bewirtungen ein einfaches Handlungsprinzip. Die Mitarbeiter haben sich gegenüber dem Unternehmen so zu verhalten, als ob sie die anfallenden Kosten privat zu tragen hätten. Auf Basis dieser einfachen, dem gesunden Menschenverstand entsprechenden Maßgabe werden ausgefeilte Regelungssysteme und Verordnungen obsolet. Und wenn ein Mitarbeiter im Einzelfall über die Stränge schlägt, so muss er umgehend von seinem Vorgesetzten in die Schranken gewiesen werden. In einem Unternehmen, in dem diese Kultur aktiv gelebt wird, werden sich letztlich alle Mitarbeiter deutlich wohler fühlen als in einem überregulierten, kaum noch verständlichen und oft widersprüchlichen Geflecht von Verordnungen und Verboten.

1.3 Personal

1.3.1 Personalbeschaffung und -einsatz

Bei der Personalauswahl mehrere Mitarbeiter einbinden

Wenn in einem Unternehmen neue Mitarbeiter gesucht werden, läuft der Auswahlprozess fast immer nach folgendem Schema ab: Die Fachabteilung definiert das Anforderungsprofil, das mit der Personalabteilung abgestimmt wird, die Personalabteilung beginnt mit der Suche (Anzeigenschaltung, Kontakte zur Arbeitsagentur etc.), potenzielle Kandidaten werden von der Personalabteilung selektiert, der Leiter der Fachabteilung führt gemeinsam mit einem Vertreter der Personalabteilung mit den ausgewählten Kandidaten ein Bewerbungsgespräch und entscheidet über die Einstellung.

Mit dieser Vorgehensweise sind folgende Probleme verknüpft:

- Das Bewerbungsgespräch dauert zwar oft länger als eine Stunde, geht jedoch selten auf fachliche Details ein, sondern bleibt oberflächlich.
- Die Personalabteilung hat großen Einfluss in den Bewerbungsgesprächen, obwohl sie oft die abteilungs- und fachbezogenen Einzelheiten nicht genau kennt.
- Die künftigen Kollegen lernen den neuen Mitarbeiter während des Bewerbungsprozesses nicht kennen. Deshalb haben sie möglicherweise Vorbehalte gegen den „Neuen". Wenn während der Einarbeitungsphase Schwierigkeiten auftreten, wird dem Vorgesetzten die Schuld für die falsche Mitarbeiterauswahl zugeschoben.
- Der Bewerber lernt seine zukünftigen Kollegen nicht kennen, sondern nur Vorgesetzte; insofern ist es für ihn schwierig, aus den Bewerbungsgesprächen ein objektives Bild über das Unternehmen zu gewinnen.

Zur Vermeidung dieser Probleme bietet sich ein einfacher Lösungsweg an. Von Anfang an werden Mitarbeiter aus verschiedenen Unternehmensebenen in den Auswahlprozess mit einbezogen. So hat sich beispielsweise bewährt, dass fünf Personen in den Auswahlprozess eingebunden werden. Das sind neben dem Vorgesetzten vier künftige Kollegen mit unterschiedlich langer Unternehmenszugehörigkeit.

Im Bewerbungsprozess können so bis zu fünf Kandidaten parallel beurteilt werden. Dazu wird jeder Bewerber in ein Besprechungszimmer gebeten und im 45-Minuten-Rhythmus führen die Interviewer ihre Gespräche. Diese sind jeweils identisch strukturiert in drei 15-Minuten-Blöcke. Im ersten Block stellt sich der Interviewer kurz vor und der Bewerber erläutert seinen Lebenslauf. Im zweiten Block werden verschiedene, vorher zwischen den Interviewern abgestimmte Fachthemen mit dem Bewerber diskutiert. Im letzten Block hat der Bewerber dann die Möglichkeit, alle ihn interessierenden Fragen zu stellen. Dem Bewerber dürfte es schwerfallen, sich in fünf aufeinanderfolgenden Gesprächen „konsistent" zu verstellen.

Direkt nach Abschluss der Bewerbungsrunde treffen sich die Interviewer und kommen sofort zu einem abschließenden Urteil. Damit ein Bewerber eingestellt wird, müssen alle zustimmen; sobald eine Nein-Stimme vorliegt – unabhängig von welchem Interviewer – wird der Kandidat abgelehnt. Dabei ist wichtig, dass der Vorgesetzte seine Mitarbeiter keinesfalls überstimmen kann. Um auch die Personalabteilung in den Prozess mit einzubinden, kann der Vorgesetzte gemeinsam mit einem Vertreter des Personalbereichs seine Bewerberinterviews führen.

Auf diese Weise wird sichergestellt, dass der ausgewählte Mitarbeiter von Anfang an eine breite Unterstützung im Unternehmen erfährt. Denn die bei der Auswahl Beteiligten werden ihm den Start erleichtern, weil sie wesentlichen Einfluss auf die Einstellungsentscheidung hatten. Der neue Mitarbeiter wiederum kann fast sicher sein, dass er sich mit ihnen versteht und sich im neuen Arbeitsumfeld wohl fühlt.

Dieses trotz des stringenten Ablaufs relativ aufwändige Verfahren ist notwendig, um teure personalpolitische Fehlentscheidungen zu vermeiden. In diesem Sinne ist die Zeit für die Bewerbungsgespräche sehr gut investiert.

Interne Personalbeurteilungen extern überprüfen

Große Unternehmen verfügen oft über ausgefeilte Beurteilungssysteme, die von eigenen Stabsabteilungen gesteuert werden. Dieses Thema wird in mittelständischen Unternehmen häufig vernachlässigt.

Im Laufe der Jahre kann innerhalb des Managementteams eines mittelständischen Unternehmens ein enges Vertrauensverhältnis entstehen – man ist zusammen durch gute und schlechte Zeiten gegangen. Beurteilungen haben in diesen Fällen oft Gefälligkeitscharakter. Eine objektive Beurteilung wird aufgrund der persönlichen Beziehungen zunehmend schwierig oder unmöglich.

Typisch ist die folgende Situation: Bei der Einstellung ist eine Person für eine bestimmte Position hervorragend geeignet. Aber nach einiger Zeit entstehen Probleme, vor allem wenn das Unternehmen schnell wächst und der Positionsinhaber Mühe hat, mit den höheren und oft auch andersartigen Anforderungen Schritt zu halten. Weitermachen wie bisher löst das Problem nicht. Im Gegenteil – die Situation dürfte sich im Laufe der Zeit weiter verschlechtern. Das Umfeld, häufig die Kollegen und andere Abteilungen, sind ebenfalls betroffen und müssen die Defizite ausgleichen. Die Wertschätzung des Stelleninhabers schwindet.

Gefragt ist in diesen Fällen zum einen eine objektive Beurteilung. Hierzu bietet es sich an, externe Personalberatungen einzubinden, die eine wertvolle Außensicht mitbringen (vgl. S. 130). Zum anderen ist konsequentes Handeln der Unternehmensleitung gefragt. Ein frühzeitiges Gegensteuern kann durch entsprechende interne und externe Schulungsmaßnahmen erfolgen. Wenn auch dies nicht zum gewünschten Erfolg führt, sollte die betroffene Person umgehend auf eine andere Position, die ihren Fähigkeiten besser entspricht, versetzt werden. In Abhängigkeit von den Umständen muss auch über eine Freisetzung nachgedacht werden.

Wichtig ist vor allem, dass frühzeitig gehandelt wird – ein „Exportieren" dieses Mitarbeiters in einen anderen Bereich verlagert oft nur das Problem und trägt damit nicht zur Lösung bei. Interessanterweise ist in mittelständischen Unternehmen immer wieder zu beobachten, dass eine notwendige Trennung sehr spät stattfindet. Wenn dann tatsächlich gehandelt wird, passieren häufig zwei Dinge: Erstens empfindet es der betroffene Mitarbeiter als Erleichterung, wenn der Druck von ihm genommen wird. Oft weiß der Betroffene sehr wohl um seine Überforderung und leidet auch darunter! Zweitens stellt das Umfeld erleichtert fest, dass endlich reagiert wurde – die Kollegen haben die Situation schon lange als inakzeptabel empfunden.

„Goldfischteich" mit Nachwuchsführungskräften anlegen

Konzepte zur Personal- und Managemententwicklung sind in vielen mittelständischen Unternehmen verbesserungsbedürftig; sie reichen oft über einen Seminarkatalog mit „Incentive"-Charakter nicht hinaus. Gerade in diesen Unternehmen ist aber die Managementkapazität[15] besonders eingeschränkt. Bei wichtigen Entwicklungsprojekten wird immer wieder auf die gleichen Personen zurückgegriffen, die dann sehr schnell überlastet sind – die neuen Projekte machen keine Fortschritte.

Das folgende Beispiel belegt diese Situation: Eine mittelständische Unternehmensgruppe definierte ehrgeizige Wachstumsziele und verfügte auch über eine Reihe von attraktiven Projekten, um diese Ziele zu erreichen. Diese Projekte wurden auf die vorhandene Führungsmannschaft verteilt, die dann schnell völlig überlastet war. Nach Ablauf des Geschäftsjahres stellte man fest, dass sowohl die Ergebnisziele aus dem operativen Geschäft als auch die Wachstumsziele nicht erreicht worden waren.

---

15 Vgl. Paul (2004),

Notwendig ist eine systematische Einstellungspolitik von so genannten „High Potentials". Dies gilt nicht nur für wirtschaftlich gute Zeiten, sondern auch in Krisen. Im Laufe der Zeit kann so ein Pool von Nachwuchsführungskräften – der „Goldfischteich" – aufgebaut und erhalten werden. Zielsetzung ist hier ganz bewusst die Schaffung eines Führungskräftepools, der leicht über dem tatsächlichen Bedarf liegt. Auf diesen kann zurück gegriffen werden, wenn neue Wachstumsprojekte, aber auch Turnaround-Projekte zu entwickeln und umzusetzen sind. Damit werden die vorhandenen Führungskräfte entlastet.

Im ländlichen Raum Kooperationen mit Hochschulen suchen

Die Absolventen von führenden Universitäten und Hochschulen suchen nach attraktiven Arbeitgebern – in der Vergangenheit waren dies in der Regel die großen Unternehmensberatungen, die Investment-Banken und große Konzerne. Ein mittelständisches Unternehmen taucht eher selten auf dem Radarschirm der Absolventen auf. Besonders problematisch ist dies für Mittelständler, die ihren Sitz im ländlichen Raum haben.

In diesen Fällen gilt es, das Beste aus der Situation zu machen. Gefragt ist ein aktives Personalmarketing, das engen Kontakt zu den Hochschulen in der Region hält. Hier gibt es zahlreiche Kooperationsmöglichkeiten, um bereits frühzeitig Studierende für das Unternehmen zu begeistern. Dies kann in Form von regelmäßigen Exkursionen, der Vergabe von Diplom-/Masterarbeiten oder dem Angebot von Praktikumsplätzen geschehen. Andere Formen der Zusammenarbeit beziehen sich auf berufsintegrierende Studienformen, bei denen Hochschule und Unternehmen sehr eng miteinander kooperieren. Eine Zusammenarbeit mit weiteren lokalen und regionalen Bildungsträgern bietet sich ebenfalls an, um frühzeitig junge Personen mit Entwicklungspotenzial zu identifizieren und intern intensiv mit entsprechenden Maßnahmen auszubilden.

Die Rekrutierung von Nachwuchskräften aus der Region hat für den Mittelständler einen großen Vorteil. Sie nutzt die größere Bodenständigkeit der Mitarbeiter und führt damit zu einer höheren Loyalität zum Unternehmen.

„High Potentials" im Unternehmen halten

In manchen mittelständischen Unternehmen ist zu beobachten, dass man durchaus große Mühe für die Identifikation und Ausbildung von Führungskräften aufwendet. Aber die Enttäuschung ist sehr groß, wenn diese Nachwuchskräfte das Unternehmen bereits kurze Zeit nach Abschluss ihrer Ausbildung bzw. Einarbeitung wieder verlassen, weil es keine oder zu wenige Aufstiegschancen und Möglichkeiten zur Weiterentwicklung gibt.

Hier muss man sich bewusst machen, dass ein gewisser „Schwund" aus persönlichen Gründen nicht zu vermeiden ist. Was vielen mittelständischen Unternehmen allerdings fehlt, ist eine vorausschauende Karriereplanung für diesen Personenkreis. Hiermit ist kein aufwendiges Planungssystem gemeint, sondern der Einsatz der oberen Führungskräfte, die sich Zeit nehmen und sich als Mentoren um die Nachwuchsführungskräfte kümmern.

Selbst wenn die unmittelbaren Aufstiegschancen beschränkt sind, gibt es auch in einem mittelständischen Unternehmen eine ganze Reihe attraktiver Entwicklungsmöglichkeiten. Dazu zählen beispielsweise die klassische Rotation zwischen verschiedenen Bereichen, der Einsatz in Tochtergesellschaften auch im Ausland, Projektaufgaben oder Veränderungen des Aufgabenbereichs.

Um „High Potentials" im Unternehmen zu halten, ist für jede Nachwuchskraft ein Karriere- und Weiterbildungsplan für die nächsten Jahre zu erstellen. Dieser Plan muss von der Personalabteilung, dem Vorgesetzten und der Nachwachskraft entwickelt werden. Der Mentor kann in diesem Zusammenhang als Berater wirken und wichtige praktische Tipps geben.

Für Führungspositionen klare Stellvertreterregelungen schaffen

Ein wichtiges Instrument der Personalpolitik sind die Stellvertreter- bzw. Nachfolgeregelungen. In jedem Unternehmen sollte die eiserne Regel gelten, dass für jede Führungsposition ein Stellvertreter benannt wird. Mit einem solchen System sind zwei wichtige Vorteile verbunden. Zunächst einmal ist das Unternehmen besser gewappnet für den Fall, dass aus unerwarteten Gründen eine Führungskraft nicht in der Lage ist, ihre Funktionen auszufüllen (Ausscheiden aus dem Unternehmen oder Unfall, Krankheit). Ohne eine solche Regel ist mit Chaos und den entsprechenden Übergangsproblemen zu rechnen. Weiterhin kann ein solches System auch dazu dienen, die gerade in mittelständischen Unternehmen knappe Kapazität für das Management auf eine recht einfache Weise systematisch weiterzuentwickeln. Mit der Stellvertreterregel ist nicht nur gemeint, dass für jede Führungskraft auf dem Papier ein Stellvertreter steht, sondern der zuständige Positionsinhaber muss auch Sorge tragen, dass der Stellvertreter quasi „on-the-Job" ausgebildet wird und jederzeit in der Lage ist, die mit der Position verbundenen Aufgaben zu bearbeiten.

Die Einführung eines solchen Systems verläuft in vielen Unternehmen nicht ohne Probleme. Häufig betrachten Führungskräfte ihre Stellvertreter als ernsthafte Bedrohung und fürchten, dass mit dem Aufbau eines Stellvertreters der Verlust der eigenen Position einhergeht. Das ist vor allem dann der Fall, wenn der (jüngere) Stellvertreter über ein hohes Managementpotenzial verfügt. Führungskräfte, die solche Stellvertreterregelungen boykottieren oder nicht mit Leben füllen, dürften ohnehin zu den schwächeren Führungskräften zählen. Für sie stehen persönliche (Macht-)Interessen über den Unternehmensinteressen. Hier helfen letztlich nur eine klare Anordnung durch die Unternehmensleitung und eine entsprechende Kontrolle der Umsetzung. In Zweifelsfällen wird das Unternehmen sich über kurz oder lang von diesen Personen trennen müssen. Gute Führungskräfte, die überzeugende Arbeit leisten, werden ein solches System nicht fürchten. Sollte es tatsächlich zu einem Führungswechsel kommen, wird es für sie andere attraktive Positionen geben.

Führungspositionen primär intern besetzen

Die Einstellung von Führungskräften aus anderen Unternehmen bringt oft nicht die gewünschten Erfolge. Eine Studie der Harvard Business School kommt zu einem sehr ernüchternden Ergebnis.[16] Diese externen „Stars" sind eher Kometen als Sterne! Sie strahlen für eine gewisse Zeit in hellem Licht, verglühen aber schnell, sobald sie das Unternehmen verlassen, in dem sie ihre Erfolge und ihren Ruf aufgebaut haben. Bei ihrem früheren Arbeitgeber verfügten sie über eine funktionierende Infrastruktur. Sie waren mit der Unternehmenskultur, den Zielen des Unternehmens und mit den Stärken und Schwächen ihrer Mitarbeiter und Kollegen vertraut. All dies fehlt ihnen nun.

Im Allgemeinen wird die Erfolgschance von extern eingestellten Führungskräften nur auf etwa 50 % geschätzt. Bei mittelständischen Unternehmen dürfte diese Quote aufgrund ihrer besonderen Unternehmenskultur vermutlich noch schlechter ausfallen. In eigentümergeführten Unternehmen ist eine erfolgreiche Integration in hohem Maße abhängig vom Aufbau einer guten Beziehung zum Eigentümer bzw. zur Eigentümerfamilie. Damit können Manager aus Großunternehmen oft schlecht umgehen.

Deshalb bleibt für Mittelständler vorwiegend der Weg, frühzeitig in den Führungsnachwuchs zu investieren und notwendige Führungskräfte intern zu entwickeln (siehe vorstehende Abschnitte). Allerdings wird man in der Regel auf externe Führungskräfte aus zwei Gründen nicht vollständig verzichten können: Erstens stehen nicht immer genügend interne Nachwuchskräfte zur Verfügung. Zweitens will man bewusst nach externen Kräften suchen, um neue Impulse zu erhalten und Betriebsblindheit zu vermeiden. Dann ist eine sorgfältige Auswahl und Integration (z. B. mit Hilfe eines Mentors) unabdingbar für einen erfolgreichen Integrationsprozess.

Fach- und Führungslaufbahnen sind gleichwertig

Der Generalist denkt vernetzt, kann delegieren und verhandeln, verfügt aber oft nicht über die notwendigen Detailkenntnisse. Umgekehrt steckt der Spezialist sehr tief in einigen wenigen Themen, es fehlen ihm der Überblick, die Weitsicht und oft auch das Interesse, Führungsverantwortung zu übernehmen.

Leistungsträger im Unternehmen sind sowohl die Generalisten als auch die Spezialisten. Problematisch ist in manchen Unternehmen, dass Spezialisten, wenn sie aufsteigen und ein höheres Einkommen erreichen wollen, meist Managementaufgaben übernehmen müssen. Doch nicht jeder qualifizierte Experte ist für die Übernahme von Führungsaufgaben geeignet. Es gilt das so genannte „Peter-Prinzip". Es besagt, dass in einer Hierarchie jede Person bis zu ihrer Stufe der Unfähigkeit aufsteigt.[17] Damit entsteht das folgende Problem: Das Unterneh-

---

16 Vgl. Groysberg/Nohira/Nanda (2005)
17 Vgl. Peter/Hull (2001)

men befördert einen hochkarätigen Spezialisten in eine Führungsposition und tauscht damit unter Umständen einen hervorragenden Experten gegen eine schlechte Führungskraft.

Um solche Entwicklungen zu vermeiden, sollten Unternehmen zwei Karrierewege entwickeln: einen Karrierepfad für Linienführungskräfte und einen zweiten für Spezialisten. Ein eigenständiger Karriereweg für Spezialisten beinhaltet keine oder nur eine sehr beschränkte Personalverantwortung und verhilft ihnen dennoch zu einem höheren Gehalt und den entsprechenden Statussymbolen, wie beispielsweise Titel oder Dienstwagen. Wichtig ist, auf die Gleichwertigkeit zwischen Management- und Spezialistenkarriere zu achten. Ansonsten wird der Spezialist über kurz oder lang nach einem anderen Arbeitgeber suchen.

Projektmanager brauchen Unternehmens- und Führungserfahrung

Wichtige Zukunftsaufgaben werden in zunehmendem Maße mit einer Projektorganisation bewältigt. Eine zentrale Rolle hat der Projektmanager inne – die Art und Weise, wie er das Projekt führt, bestimmt letztlich den Projekterfolg.

In vielen Unternehmen wird die Projektleitung für strategische Projekte gerne an jüngere Mitarbeiter übertragen. Diese Personen sind in der Regel gut ausgebildet und ehrgeizig. Sie sollen sich mit einem großen Projekt ihre Sporen verdienen. Ein solches Vorgehen ist zwar auf den ersten Blick sinnvoll für einen Mittelständler, hat aber auch zwei gravierende Nachteile:

- Im Vergleich mit einer gestandenen Linienführungskraft hat ein jüngerer Projektleiter oft nicht die Akzeptanz und den Respekt der anderen am Projekt beteiligten Führungskräfte. Dies kann dazu führen, dass diese Vorgesetzten das Projekt nur unzureichend mittragen oder sogar sabotieren.

- Jüngere Projektleiter verfügen in der Regel nicht über die notwendige Führungserfahrung. Sie sind im Allgemeinen zwar gut ausgebildet in den Methoden und Verfahren des Projektmanagements. Es fehlen aber die notwendigen sozialen Kompetenzen für das Management von Veränderungen. Dabei gilt es, Widerstände frühzeitig zu erkennen und Lösungen für ihre Überwindung zu entwickeln.

Die Leitung wichtiger Projekte sollte deshalb eine erfahrene Führungskraft übernehmen, die auch über einen entsprechenden Rückhalt im Unternehmen verfügt. Auf diese Weise können eine Reihe von Problemen und Fehlern bereits im Ansatz vermieden werden.

1.3.2 Entgeltregelungen

„If you pay Peanuts, you get Monkeys!"

Entsprechend diesem Satz aus der amerikanischen Führungspraxis müssen gute Mitarbeiter, die hohe Leistungen erbringen sollen, auch überdurchschnittlich bezahlt werden. Wenn die Mitarbeiter schlecht bezahlt werden, besteht die Gefahr, dass sie entsprechend wenig leisten. Es folgt die „innere Kündigung", der „Dienst nach Vorschrift" oder sie verlassen das Unternehmen. Mit einem niedrigen Lohn-/Gehaltsniveau spart das Unternehmen zwar Kosten und kann seine Produkte zu wettbewerbsfähigen Preisen anbieten, aber es mangelt in diesen Fällen oft an der Flexibilität, der Qualität der Arbeit und der Serviceorientierung gegenüber dem Kunden. Der vermeintliche Wettbewerbsvorteil verkehrt sich schnell in einen Wettbewerbsnachteil.

Die Qualität einer Führungskraft zeigt sich letztlich in der Qualität ihrer Mitarbeiter. Es gilt das Prinzip: „First Class People have first Class People – second Class People have third Class People!" Deshalb sollten bei Neueinstellungen nur die besten Kandidaten eingestellt werden – diese müssen dann auch entsprechend bezahlt werden. Grundsätzlich gilt: Gute Leistung kostet Geld.

Vergütungs- und Bonusmodelle einfach und transparent gestalten

In vielen Unternehmen sind Anreizsysteme, die sich am Unternehmenserfolg und an der individuellen Zielerreichung orientieren, ein probates Mittel, um die Leistung von Mitarbeitern zu honorieren. Ein umfassendes Bonussystem muss auf die unterschiedlichen Organisationsstufen Rücksicht nehmen. Für Mitglieder der Geschäftsführung und weitere Führungskräfte kann der variable Gehaltsanteil durchaus 30 % und mehr betragen, während bei anderen Mitarbeitern 10 % bis 20 % angemessen sind.

Für die Entwicklung solcher Systeme gibt es eine Vielzahl von Gestaltungsmöglichkeiten. Dabei ist es ganz wichtig, einfache, transparente und objektivierbare Regeln festzulegen. Jeder betroffene Mitarbeiter muss das System verstehen können, ohne in der Personalabteilung nachfragen zu müssen. Nur dann können variable Vergütungssysteme die gewünschte Motivationswirkung entfalten.

Oft wird die Frage diskutiert, ob Ziele, die nicht objektiv oder nur schwer messbar sind, wie beispielsweise die Veränderung des Führungsstils einer Führungskraft, ebenfalls in solchen Systemen enthalten sein sollten. Hier muss man pragmatisch vorgehen und auch nicht exakt messbare Ziele in dieses System integrieren.

Wenn vertraglich eine konkrete Bemessung der Erfolgsbeteiligung anhand objektivierter Maßstäbe (z. B. x % vom EBIT) vereinbart wurde, so ist dieser Wert zu berechnen und bei guten Gesamtleistungen großzügig nach oben auf „glatte Beträge" aufzurunden. Analog sollte bei einer Zielerreichung von beispielsweise 98 % stets der volle Betrag (100 %) ausgezahlt werden. Eine Kürzung wäre zwar formal korrekt, würde aber die Motivation nicht fördern. Solche Maßnahmen kosten das Unternehmen nicht viel, dokumentieren jedoch seine Wertschätzung gegenüber dem Empfänger der Erfolgsbeteiligung.

Im Rahmen der Personalführung gibt es nur wenige Aufgaben, die mit mehr Sensibilität und Weitblick gelöst werden müssen als die Festlegung der Gehälter und der Boni. Werden hierbei Fehler gemacht, kann dies erhebliche Auswirkungen auf Mitarbeiter und Führungskräfte haben, und zwar vor allem auf die Leistungsträger. Gerade die Leistungsträger haben stets die Möglichkeit, einen anderen Arbeitgeber zu finden.

Keine Bonusbegrenzungen nach oben oder unten festlegen

In vielen Unternehmen wird den Mitarbeitern ein Mindestbonus garantiert. Ein garantierter Mindestbonus ist nur bei der Übernahme eines neuen Arbeitsplatzes für einen klar umrissenen Zeitraum (in der Regel zwölf Monate) zu rechtfertigen, weil der neue Mitarbeiter stets eine gewisse Einarbeitungszeit benötigt, bis seine Leistung direkt im Unternehmenserfolg messbar ist. Sonstige garantierte Boni stellen letztlich nichts anderes dar als eine Erhöhung der Fixvergütung und sollten deshalb auch als Teil der Fixvergütung ausgewiesen werden.

Andererseits findet man oft in Arbeitsverträgen die Regelung, dass für den Bonus eine Obergrenze gilt. Zum Beispiel wird bei einem Umsatzanstieg von 10 000 EUR auf 12 000 EUR ein Bonus von 25 % auf den Anstieg, also 500 EUR, gezahlt. Wenn der Umsatz dann auf 14 000 EUR steigt, bleibt der Bonus bei 500 EUR. Dies ist unverständlich. Beim Unternehmen kommt das tatsächliche, signifikant bessere Ergebnis an – also gibt es keinen triftigen Grund, den Mitarbeiter daran nicht proportional zu beteiligen. Wenn dies nicht geschieht, besteht die große Gefahr, dass der Mitarbeiter seinen Einsatz „optimieren" und bei Erreichen der Bonusobergrenze seine Bemühungen einstellen wird bzw. versuchen wird, den aus seiner Sicht verpuffenden Ergebnisbeitrag ins nächste Geschäftsjahr zu transferieren (quasi als Startpolster). Diese Vorgehensweise kennt im Einzelfall jeder bonusberechtigte Mitarbeiter!

Mit dem Verzicht auf Ober- und Untergrenzen findet eine ausgewogene Verteilung von Chancen und Risiken für Mitarbeiter und Unternehmen statt. Wenn das Unternehmen Gewinne erzielt, sollte der Mitarbeiter über Bonuszahlungen an dem Erfolg proportional partizipieren. Umgekehrt sollte es keine Bonuszahlungen geben, wenn die erreichte Leistung nicht den vereinbarten Zielen entspricht.

Ziele sind erreicht oder nicht erreicht

Der Grundgedanke eines Bonussystems ist die Beteiligung am Erfolg des Unternehmens, um die mit diesem Erfolg verbundenen, besonderen persönlichen Leistungen zu honorieren. Wenn der Erfolg einmal ausbleibt, müssen die Mitarbeiter dies auch bei der Jahresabschlussrechnung zu spüren bekommen. Im Extremfall kann die Bonuszahlung komplett ausfallen.

Wenn Führungskräfte oder Mitarbeiter die geplanten Ziele nicht erreichen, werden häufig vielfältige, im Einzelfall durchaus stichhaltige Erklärungen herangezogen. Grundsätzlich sollte gelten: Nur das tatsächlich erreichte Ergebnis zählt![18] Es gibt keine Anpassungen aufgrund „besonderer Umstände". Denn dem Unternehmer steht auch nur das Ergebnis zur Verfügung, das tatsächlich erwirtschaftet wurde. Wird damit begonnen, Sondereffekte aus der Bonusberechnung herauszunehmen, entstehen in jedem Jahr neue Diskussionen. Letztlich wird damit nur die Kreativität der Mitarbeiter im Finden von Ausreden und Entschuldigungen gefördert – nicht aber der Unternehmenserfolg.

Dies gilt dann natürlich auch im umgekehrten Fall: Wenn durch unvorhergesehene positive Einflüsse „Windfall-Profits" das Unternehmensergebnis günstig beeinflussen, so sind diese ebenfalls zu honorieren – denn dem Unternehmer steht auch der „Windfall-Profit" zur Verfügung.

Dienstwagen frei wählen lassen

Je größer das Unternehmen, desto komplizierter sind die Dienstwagenregelungen. Mit großer Intensität wird in Großkonzernen von hoch bezahlten Führungskräften detailliert festgelegt, ob z. B. ein Mitarbeiter der Gehaltsstufe X einen Dienstwagen mit oder ohne Sitzheizung fahren, ob die Motorisierung 98 kW oder 115 kW betragen darf oder ob gar ein Cabrio, SUV etc. dem Image des Unternehmens schaden könnten. Und wenn die Automobilhersteller dann Anpassungen an den Fahrzeugen vornehmen oder neue Modelle einführen, geht die Festlegungsarie in eine neue Runde. Dies mag zunächst überspitzt erscheinen, aber bei genauerer Analyse stellt man fest, dass leider in deutschen Konzernen die oben dargestellte Denkweise vorherrscht – und diese mittlerweile auch im Mittelstand immer häufiger praktiziert wird.

Diese Vorgehensweise bindet erhebliche Personalressourcen und führt letztlich zu einer hohen Frustration bei den Mitarbeitern. Diesen wird ein – für das Unternehmen nicht billiger – Dienstwagen auch zur privaten Nutzung zur Verfügung gestellt. Doch wirklich zufrieden sind die Mitarbeiter dann mit dem Wagen nicht, da er nicht einhundertprozentig ihren Vorstellungen und Bedürfnissen entspricht. Der aus Unternehmenssicht positive Effekt verpufft.

Dabei gibt es hier eine ganz einfache Lösung. Jeder Mitarbeiter kann das Auto fahren, das er möchte – er muss lediglich bereit sein, eine entsprechende monatliche Zuzahlung zu leisten. Diese Zuzahlung lässt sich pragmatisch bestimmen, indem zunächst für alle relevanten Mitarbeitergruppen jeweils ein Standardfahrzeug (Modell X mit detaillierter Ausstattung), eine Standardlaufleistung (z. B. 25 000 km p. a.) und eine Standardlaufzeit (z. B. vier Jahre) definiert werden. Für dieses Standardfahrzeug wird dann eine monatliche Full-Service-Leasingrate (Finanzierung, Wartung, Reifen etc.) ermittelt. Diese trägt das Unternehmen. Der Mitarbeiter kann nun bei der vom Unternehmen festgelegten Leasinggesellschaft Angebote auf Basis von Standardkonditionen (z. B. Laufleistung 25 000 km p. a; vier Jahre Laufzeit) für Modelle seiner Wahl einholen. Sofern die ermittelte Leasingrate höchstens bei der des

---

18 Vgl. Fox (2000), S. 26 f.: „Earthquakes don't count!"

Standardfahrzeugs liegt, übernimmt das Unternehmen alle Kosten; sofern die Leasingrate über der des Standardfahrzeugs liegt, trägt der Mitarbeiter die Differenz. Die konkrete Ausgestaltung der Fahrzeugfinanzierung durch das Unternehmen (Leasing, Kauf) hat keinen Einfluss auf die vom Mitarbeiter zu leistenden Zuzahlungen.

Die Erfahrung mehrerer Unternehmen mit Fahrzeugpools von teilweise deutlich über 100 Fahrzeugen zeigt, dass nur ein geringer Teil der Mitarbeiter (ca. 5 % bis 10 %) ein Fahrzeug wählt, für das monatliche Zuzahlungen zu leisten sind. Aber jeder Mitarbeiter schätzt die Freiheit, das Auto wählen zu können, das seinen individuellen Wünschen entspricht. Und selbst wenn ein Mitarbeiter, dem z. B. vom Unternehmen bisher ein Fahrzeug aus der Kompaktklasse zur Verfügung gestellt wird, ein Fahrzeug der Oberklasse wählt, was wäre daran schlimm? Schadet es dem Unternehmen, wenn zufriedene Außendienstmitarbeiter beim Kunden im Cabrio vorfahren? Da jeder Mitarbeiter die Möglichkeit hat, ein „großes Auto" zu fahren, gibt es keine Neiddiskussionen. Und wenn ein Mitarbeiter ein größeres Fahrzeug als der Vorgesetzte fährt – wäre dies tragisch? Wenn einmal im Extremfall ein Mitarbeiter anstelle eines VW Golfs einen Ferrari fahren möchte, dann soll er das tun. Ein solcher „exotischer" Mitarbeiter bringt entweder dem Unternehmen so viel Nutzen, dass man sein Gebaren akzeptiert, oder er wird über kurz oder lang sowieso das Unternehmen verlassen, weil er nicht in die Unternehmenskultur passt.

1.4 Systeme

IT-Standardlösungen sind langfristig besser

In vielen mittelständischen Unternehmen besteht eine fast schon panische Angst davor, ERP-Standardprogramme einzusetzen.[19] Solche Programme werden prinzipiell als viel zu komplex, zu aufwendig oder zu unflexibel eingestuft. Stattdessen wählt das Unternehmen häufig für die Finanz- und Lohnbuchhaltung (kleinere und nicht integrierte) Standardlösungen. Die übrigen Prozesse versucht man, über individuelle Programmlösungen abzubilden.

Dies führt nach einigen Jahren häufig zu massiven Problemen: Die Programmvielfalt nimmt eine Komplexität an, die kaum mehr zu handhaben ist. Die Dokumentation der Programmierung ist oft unzureichend, sodass die Lauffähigkeit der Programme vom Know-how weniger Mitarbeiter abhängt. Die verwendeten Programmiersprachen werden irgendwann nicht mehr gewartet. Aufgrund der verschiedenen „Insellösungen" fehlt ein durchgängiges DV-Konzept – dies erfordert wiederum viele Doppelerfassungen oder komplizierte Schnittstellenprogramme.

---

[19] ERP steht für Enterprise Resource Planning, also letztlich Steuerung der gesamten Unternehmensressourcen im weitesten Sinne.

Um diese Probleme zu vermeiden, sollten sich auch mittelständische Untenehmen frühzeitig dazu durchringen, eine durchgängige Standardlösung einzuführen.[20] Damit können alle Unternehmensprozesse durchgängig abgebildet und miteinander verknüpft werden. Die Standard-Software ist heute so leistungsfähig, dass letztlich für fast jede Branche bereits vorkonfigurierte Lösungsstrukturen bereitgestellt werden – damit können Einführungskosten deutlich reduziert werden. Sollte einmal eine betriebliche Gegebenheit nicht oder nur sehr aufwendig in die Standard-Software umsetzbar sein, so muss man sich im Unternehmen ernsthaft fragen, ob die Software „verbogen" oder der zugrunde liegende Prozess verändert werden soll. Eine Entscheidung für eine individuelle Anpassung deutet meist auf suboptimale Unternehmensprozesse hin.

Darüber hinaus wird mit der Verwendung von Standard-Software auch die Zukunftsfähigkeit der IT-Lösung gewährleistet: Einerseits werden Wartung und Weiterentwicklung über den Hersteller im Allgemeinen sichergestellt, andererseits werden im Markt auch genügend Spezialisten verfügbar sein, um eine unternehmensbezogene Unterstützung sicherzustellen.

Keine „Rucksäcke" bei Standard-Software zulassen

Bei der Einführung von Standard-ERP-Systemen gibt es immer wieder Anforderungen, die systemseitig nicht erfüllt werden können. In dieser Situation beginnen die IT-Verantwortlichen gerne, dem Standardprogramm eine Art „Rucksack" aufzubinden. Die Prozessverantwortlichen empfinden dieses Vorgehen als grundsätzlich positiv. Man braucht die Abläufe im Unternehmen nicht zu ändern, denn sie können von der neuen Software abgebildet werden.

Dies stellt allerdings nur eine kurzfristig interessante Lösung dar. Bei jedem Update der Standard-Software („Release-Wechsel") muss in der Regel auch der „Rucksack" angefasst und entsprechend an die überarbeitete Software angepasst werden. Je mehr „Rucksäcke" sich am System befinden, desto aufwendiger und teurer wird jeder Release-Wechsel. Deshalb sollten bereits bei Einführung der Standard-Software an die zusätzliche Programmierung von Individuallösungen sehr hohe Anforderungen gestellt werden. In einem mittelständischen Unternehmen sollte ausschließlich die Geschäftsführung solche „Rucksäcke" genehmigen.

Dies hat zur Konsequenz, dass das IT-Team mit dem fachlich verantwortlichen Management gezwungen wird, sich intensiv mit den internen Prozessen zu beschäftigen, und nur in absoluten Ausnahmefällen auf die Zustimmung für die Programmierung eines „Rucksacks" hoffen kann.

---

20 Z. B. SAP, Navision oder andere integrierte ERP-Systeme

Die Muttergesellschaft entscheidet über die Auswahl der DV-Systeme

Tochtergesellschaften versuchen gerne, ihre Eigenständigkeit zu demonstrieren, und wählen deshalb eine andere Softwareplattform als die Muttergesellschaft. Unabhängig davon, ob das ERP-System im Stammhaus von SAP, Microsoft, Oracle oder einem anderen Anbieter stammt, die Tochtergesellschaft möchte garantiert ein anderes System vor Ort verwenden. Dies gilt vor allem für größere Tochtergesellschaften – ob selbst gegründet oder zugekauft – die zur Begründung niedrigere Kosten, einen besseren lokalen Service, eine geringere Komplexität oder eine höhere Datensicherheit anführen.

Die Argumente sind meist nur vorgeschoben – häufig geht es darum, die „Schotten dicht zu machen" und möglichst niemandem aus der Muttergesellschaft allzu tiefe Einblicke in das Geschäft zu gewähren. Hier muss von Anfang an konsequent gegengesteuert werden: Die Muttergesellschaft muss klare Vorgaben für die einzusetzenden ERP-Systeme machen und darüber hinaus auch die Struktur der Kostenrechnungssystematik (also Kontenpläne, Kalkulationsmethodik usw.) festlegen. Auf diese Weise wird sichergestellt, dass die monatlichen Berichtsdaten problemlos konsolidiert werden können und die Daten auch konzernweit inhaltlich konsistent und vergleichbar sind.

Für Tochtergesellschaften ist es in vielen Fällen auch wirtschaftlich günstiger, sich an das zentrale Rechenzentrum der Mutter anzuschließen. Dort werden die verschiedenen Programme gewartet sowie Datensicherheit und -integrität sichergestellt. Die Verantwortung für die Einstellungen der ERP-Software und die jeweiligen Inhalte/Daten liegt selbstverständlich bei der Tochtergesellschaft. Zur Einhaltung der rechtlichen Rahmenbedingungen wird dazu zwischen Mutter- und Tochtergesellschaft ein Servicevertrag abgeschlossen – ähnlich einem DV-Outsourcing an einen Fremdanbieter.

Ältere Programmversionen erfüllen auch ihren Zweck

IT-Manager neigen dazu, für die Bürosoftware die neuesten Programmversionen im Unternehmen einsetzen zu wollen. Begründet wird dies mit neuen Funktionen, einer höheren Programmstabilität usw. Doch ist dies wirklich sinnvoll?

In aller Regel lautet die Antwort „Nein".[21] Betrachtet man den Durchschnittsnutzer für Bürosoftware zur Textverarbeitung, Tabellenkalkulation oder Präsentationserstellung, so nutzt dieser vielleicht 20 % des insgesamt verfügbaren Funktionsumfangs. Insoweit ist es nur für eine sehr kleine Minderheit der Nutzer im Unternehmen wichtig, mit dem Umstieg auf die neuesten Versionen Zugang zu bisher „schmerzlich vermissten Funktionen" zu erhalten. Im Zweifelsfall sind auch Einzelfalllösungen zulässig.

---

[21] Bei anderen Softwarepaketen (z. B. Server-Steuerung, ERP-Programme) gilt diese Empfehlung nur bedingt, da die Programme dort insbesondere hinsichtlich der Sicherheitskriterien ständig verbessert sowie an (steuer-) rechtliche Änderungen angepasst werden. Für ein Unternehmen kann es möglicherweise sehr teuer werden, ein Upgrade für mehrere Programmversionen (Releases) auf einmal durchzuführen, anstatt jedes wesentliche Release direkt zu implementieren.

Zwei weitere wichtige Aspekte sind zu beachten: Erstens sollte man auf einen einheitlichen Versionsstand der Programme im Unternehmen achten. Auf diese Weise kann die Kompatibilität zwischen Programmen und Dateien sichergestellt werden. Zugleich wird eine effiziente Unterstützung aller Nutzer erreicht.

Ein zweiter Aspekt bezieht sich auf die Schulung der Nutzer. Obwohl sie seit Jahren bestimmte Softwarepakete nutzen, kennen viele das Potenzial dieser Programme nur in sehr beschränktem Umfang. Diese Aussage erscheint provokant – doch leider bestätigt die Praxis sie täglich aufs Neue. Viele Nutzer verwenden beispielsweise ihr Textverarbeitungsprogramm heute noch wie eine Schreibmaschine – sie haben nicht verstanden, wie moderne Textverarbeitung tatsächlich funktioniert. Dies kann jeder Leser leicht selbst nachvollziehen, wenn er ein von Dritten erstelltes Dokument mit allen Steuerzeichen am Bildschirm betrachtet.[22] Gleiches gilt beispielsweise für die teils abenteuerliche Berechnung von Formeln in Tabellenkalkulationsprogrammen.

Abschließend sei darauf verwiesen, dass in bestimmten Situationen die Benutzung von gebrauchter Software durchaus wirtschaftlich von Interesse sein kann. Dies ist von Fall zu Fall zu prüfen.[23]

Open-Source-Programme sind eine echte Alternative

Mittelständische Unternehmen müssen sich mit ständig steigenden Lizenzkosten für die in praktisch jedem Büro zur Anwendung kommenden IT-Programme für Textverarbeitung, Tabellenkalkulation, Präsentationserstellung, Abwicklung des E-Mail-Verkehrs oder Terminplanung auseinandersetzen. Eine bisher nur wenig beachtete Alternative bieten Open Source-Programme. Diese Programme, beispielsweise OpenOffice, sind mittlerweile so leistungsstark, dass sie für die Mehrheit der Nutzer sämtliche Anforderungen problemlos erfüllen können. Die Programme stehen kostenlos zum Download im Internet bereit und können jederzeit getestet werden.[24] Sie können mit anderen Softwarepaketen auf dem gleichen PC installiert werden, sodass man im direkten Vergleich die Programme parallel nutzen kann.

Neben den oben genannten Programmen gibt es für viele andere Anwendungen – für das Brennen von Datenträgern bis zur Unterstützung von Mindmapping – ebenfalls Open-Source-Programme, die kostenlos nutzbar sind. Es bietet sich an, ausgehend von den konkreten Anforderungen im Internet nach den entsprechenden Programmen zu suchen.

Für mittelständische Unternehmen von besonderem Interesse dürfte das Thema „Cloud Computing" sein. Anwendungen und Daten werden nicht mehr in jedem Unternehmen und auf jedem PC installiert bzw. gespeichert, sondern auf zentralen, von professionellen Dienstleis-

---

22 Diese Funktion lässt sich z. B. bei Microsoft Word aufrufen über Menü/Extras/Optionen/Ansicht/ Formatierungszeichen/alle.
23 Weitere Informationen z. B. unter www.usedsoft.com
24 Vgl. zur Nutzung von Open-Source-Software vgl. z. B. Gläßer (2004), Jaeger/Metzger (2006); allgemeine Informationen zur Sicherheit www.bsi-fuer-buerger.de/opensource/11_02.htm, Abrufdatum: 31.07.2009

tungsanbietern bereitgestellten Computern betrieben. Der Nutzer hat von seinem PC aus nur noch eine Verbindung „in die Wolken", wo alle Daten und Programme bereitgehalten werden. Ob und inwieweit solche Entwicklungen genutzt werden, ist sicherlich auch eine Frage der Datensicherheit bei der Datenspeicherung und dem Datentransfer. Hier sollte die laufende Entwicklung beobachtet werden.

Privates Mailen, Surfen und Telefonieren klar regeln

Arbeitnehmer müssen grundsätzlich ihre gesamte Arbeitskraft während der Arbeitszeit dem Arbeitgeber zur Verfügung stellen – dafür werden sie schließlich bezahlt. Insofern verbietet es sich von selbst, dass während der Arbeitszeit für Privatzwecke telefoniert, im Internet gesurft oder privater E-Mail-Verkehr abgewickelt wird. Das Problem beschränkt sich dabei nicht nur auf Mitarbeiter im administrativen Bereich. Im Zeitalter des Mobiltelefons erlebt man immer wieder, dass an Fertigungseinrichtungen Mitarbeiter während der Maschinenbedienung plötzlich zum Mobiltelefon greifen und private Telefonate führen. Damit wird nicht nur dem Unternehmen Arbeitszeit entzogen, sondern es besteht bei der Maschinenbedienung ein höheres Unfallrisiko und Qualitätsrisiko. Darüber hinaus können beim Surfen Schädlinge (Viren, Trojaner etc.) auf die Unternehmens-PCs eingeschleppt werden, die unter Umständen die gesamte IT-Infrastruktur lahmlegen.

Jedes mittelständische Unternehmen muss sich Gedanken darüber machen, welche Regelungen es einführen möchte. Die Spannweite kann von einem Totalverbot (außer bei Telefonaten in Notfällen) über eine moderate Duldung bis hin zu einem großzügigen Umgang für die Privatnutzung reichen.

Hier kann keine allgemeingültige Empfehlung ausgesprochen werden, was zu erlauben oder was zu verbieten ist. In diesem Entscheidungsprozess ist eine Reihe von Parametern zu beachten und zu gewichten (z. B. bestehende Tarifverträge und Betriebsvereinbarungen, Unternehmenskultur, Bedarf an Internet-Nutzung für „reguläre" Arbeit, Umfang des E-Mail-Verkehrs).

Wichtig ist, sich mit dieser Thematik auseinanderzusetzen und klare, durchsetzbare Regeln zu formulieren und zu kommunizieren. Und was noch viel wichtiger ist: Diese Regeln sind dann auch mit aller Konsequenz umzusetzen. Wenn ein Mittelständler beispielsweise ein völliges Verbot für privates Surfen im Internet ausspricht, dann muss er dies auch mit den entsprechenden Mitteln (z. B. Überwachungsprogrammen) kontrollieren und bei Verstößen auch Abmahnungen und Kündigungen aussprechen. Geschieht dies nicht, bleibt das Verbot wirkungslos – mit dem Risiko, dass auch andere Regeln im Unternehmen von den Mitarbeitern nicht so genau befolgt werden.

2. Operative Kernfunktionen

2.1 Forschung und Entwicklung

2.1.1 Innovation

Innovationen entscheiden über die langfristige Zukunft

Innovationen bilden die Grundlage für den langfristigen Unternehmenserfolg. Sie sind nur dann wirtschaftlich sinnvoll, wenn sie die Kundenzufriedenheit verbessern oder die Herstellungskosten für ein vorhandenes Produkt reduzieren. Die Bedeutung der Innovation für den Erfolg der „Hidden Champions" ist offensichtlich – bei ihnen ist der Anteil der F & E-Ausgaben am Umsatz ungefähr doppelt so hoch wie in anderen Unternehmen.[25]

Auf Dauer lebt das Unternehmen von den neuen Produkten. Die so genannten „Langläufer", die alten Produkte, leiden unter zwei typischen Problemen:[26]

- Der starke Wettbewerbs- und Innovationsdruck führt in vielen Branchen zu einer dauernden Erosion der Preise und entsprechenden Gewinnrückgängen, die auch mit umfangreichen Produktivitätsverbesserungen auf der Werksebene über die Jahre nur teilweise zu kompensieren sind.

- Erfolgreiche „Langläufer" rufen Wettbewerber, vor allem aus den Schwellenländern, auf den Plan. Auch wenn diese Unternehmen zunächst nicht ernst genommen werden – sie sind lernfähig und können das Produkt mit anderen, günstigeren Kostenstrukturen herstellen. Dabei sparen sie zusätzlich die Entwicklungsarbeit.

Produktinnovationen sind aus einer taktischen und einer strategischen Perspektive zu betrachten. Aus taktischer Sicht kann man mit gewissen Produktverbesserungen und neuen Artikelnummern nach dem Motto „neues Spiel, neues Glück" versuchen, eine Anhebung des Preisniveaus zu erreichen. Aus strategischer Sicht sehr viel wirkungsvoller ist die Entwicklung neuer Technologien und Produkte, die dann zumindest für einen gewissen Zeitraum eine Alleinstellung am Markt gewährleisten.

Die Merkmale innovativer Unternehmen können wie folgt beschrieben werden:[27]

- Sie investieren kontinuierlich in Innovationen und wenden überdurchschnittlich viele Mittel dafür auf.

---

[25] Vgl. Simon (2007), S. 196
[26] Vgl. Meffert/Klein (2007), S. 111
[27] Vgl. Meffert/Klein (2007), S. 111

- Sie stecken sich ehrgeizige Ziele mit knappen Budgets und Zeitvorgaben für die Kommerzialisierung.
- Sie fokussieren ihre Innovationen auf Felder, auf denen sie Kompetenzen besitzen.
- Sie kooperieren gezielt mit Universitäten, Forschungseinrichtungen, Zulieferern und manchmal sogar mit Wettbewerbern, weil sie sich ihrer begrenzten Ressourcen bewusst sind.
- Sie wagen den Blick über die Grenzen und finden auf diese Weise neue Chancen.
- Sie finden die Balance zwischen Freiheit und Überwachung.

Mittelständische Unternehmen müssen Innovationen schneller auf den Markt bringen als große Konzerne, um ihren Wettbewerbsvorteil zu erhalten und auszubauen. Man muss sich allerdings im Klaren sein, dass üblicherweise 80 % der Innovationsaktivitäten nicht zum gewünschten Ergebnis führen, aber die verbleibenden 20 % machen dann die erfolgreichen Produkt- und Prozessinnovationen aus.

Den Innovationsprozess systematisch betreiben

Gerade beim Thema Innovation laufen viele mittelständische Unternehmen Gefahr, „im eigenen Saft zu schmoren". Das Unternehmen war in der Vergangenheit erfolgreich mit seinen Produkten und konnte sich klar vom Wettbewerb unterscheiden; also gilt es, so weiterzumachen.

Diese Einstellung ist problematisch. Weder das Unternehmen insgesamt noch die Vertriebs- und Entwicklungsmannschaft ist in der Lage, einen vollständigen Überblick über die Kundenforderungen, die Einführung von neuen Produkten durch Wettbewerber oder neue Technologieentwicklungen zu haben. Ungewöhnliche Lösungen, das „out-of-the Box"-Denken, kommen in den seltensten Fällen aus dem Unternehmen selbst.

Eine systematische Herangehensweise ist erforderlich. Verwandte Produkte und Technologien sind zu identifizieren und auf ihre Nutzbarkeit im eigenen Unternehmen zu überprüfen. Um der Gefahr des „not-invented-here"-Syndroms zu begegnen, empfiehlt es sich, regelmäßig Workshops gemeinsam mit externen Spezialisten durchzuführen.

Wichtige Hilfestellungen bei technologischen Fragen können speziell auch die Institute der Max-Planck[28]- und der Fraunhofer[29]-Gesellschaft, aber auch eine Reihe von Universitätsinstituten und spezialisierte Unternehmensberatungen geben. Viele Mittelständler unterhalten regelrechte „Unternehmensfreundschaften" mit anderen Unternehmen (bzw. deren Eigentümern), die auf dem gleichen Markt mit unterschiedlichen Produkten und Technologien tätig sind. Gemeinsame Diskussionen über Entwicklungsstrategien können für alle Beteiligten wichtige Inspirationen liefern.

---

[28] Max-Planck-Gesellschaft zur Förderung der Wissenschaften e. V., www.mpg.de
[29] Fraunhofer-Gesellschaft zur Förderung der angewandten Forschung e. V., www.fraunhofer.de

Kunden in die Entwicklung einbinden

Erfolgreiche Vorgängerprodukte, dominierende Marktführer oder auch forsche Neueinsteiger sind oft der festen Überzeugung, am besten zu wissen, welche Produktfunktionen und -merkmale nachgefragt werden.

Entscheidend ist natürlich die Frage, was die Kunden wollen, welche technischen Merkmale wirklich benötigt werden (d. h. auch bezahlt werden) und wie das Unternehmen sich vom Wettbewerb unterscheiden kann. Hier geht kein Weg an der Einbindung der Kunden in den Entwicklungsprozess vorbei. Schlüsselkunden, die Verbesserungen an den bestehenden Produkten wünschen, oder Neukunden, die den Einstieg in neue Marktsegmente ermöglichen sollen, sind wertvolle Ratgeber.

Bewährt hat sich die Durchführung gut moderierter und sorgfältig vorbereiteter gemeinsamer Workshops mit den Kunden, um die wirklichen Probleme jenseits der „nice-to-have"-Merkmale in Erfahrung zu bringen. Mit diesen Workshops ist es möglich, bereits in einer frühen Phase technische Lösungen zusammenzufassen und kostengünstig Mehrwert für den Kunden und das eigene Unternehmen zu schaffen.

Dabei reicht es jedoch erfahrungsgemäß nicht, die Kundenwünsche nur aufzunehmen. Viele Anforderungen des Vertriebs – manchmal auf der Basis einer Nebenbemerkung des Kunden – können sich zu einer unbedingt erforderlichen Variante oder einem neuen Projekt entwickeln. Einige dieser Anforderungen sind ohne Zweifel notwendig, aber letztlich muss der Vertrieb auch die Frage beantworten, mit welchem Preis und mit welchen Mengen für die Neuentwicklung am Markt zu rechnen ist. Entwicklung und Produktion müssen die technische Machbarkeit prüfen und die erforderlichen Kosten schätzen. Erst wenn klar ist, mit welchem Deckungsbeitrag das neue Produktmerkmal vermarktet werden kann, darf eine Entscheidung gefällt werden.

Projektauswahl und -abbruch mit klaren Kriterien steuern

Viele Unternehmen haben mehr Ideen für neue Technologie- und Produktentwicklungen, als mit den verfügbaren Ressourcen umsetzbar sind. Die Entscheidung, welche Projekte umgesetzt werden, muss interdisziplinär getroffen werden. Vom Erfolg solcher Projekte hängt schlussendlich der langfristige wirtschaftliche Erfolg des Unternehmens ab.

Die Strukturierung des Entscheidungsprozesses beginnt mit der Sammlung aller Ideen aus den Abteilungen Entwicklung, Vertrieb und Marketing, Produktion und Logistik, aber auch ohne Einschränkungen aus allen anderen Bereichen des Unternehmens und – besonders wichtig – aus allen Standorten.

Dazu ist eine Projektvorlage notwendig, ein einfaches Datenblatt, das die folgenden Informationen enthält: eine kurze Beschreibung der Idee, das Marktvolumen und den möglichen Marktanteil des Unternehmens, das Preisniveau, eine erste Abschätzung des Entwicklungsaufwands und der Entwicklungszeit, die erforderlichen Investitionen sowie wichtige Meilensteine. Diese Projektvorlagen müssen sorgfältig analysiert werden – dazu ist eine standort- und funktionsübergreifende Projektgruppe zu bilden.

Die Geschäftsleitung muss zunächst festlegen, welche Ressourcen sie für Entwicklungstätigkeiten aufwenden will. Diese Ressourcen müssen optimal genutzt werden. Mit Hilfe eines einfachen Bewertungsschemas wird in einer Sitzung (mit der Geschäftsleitung) Projektvorschlag für Projektvorschlag einer Bewertung unterzogen. Diese Sitzungen erfolgen in einem bestimmten Rhythmus. Im Zuge der Bewertung verpflichten sich die einzelnen Bereiche (Entwicklung, Vertrieb, Produktion etc.) auf die Einhaltung ihrer Einschätzungen für Mengen, Preise, Investitionen, Ressourcen, Zeitrahmen usw.

Die Projekte werden dann gemäß der Gesamtbewertung nacheinander aufgelistet. Alle Projekte werden gefördert, für die Ressourcen zur Verfügung stehen. Die übrigen Projekte bleiben in der Ideenschublade. In der nächsten Sitzung muss sich jedes Projekt an seinen Zielkriterien und Meilensteinen messen lassen. Dabei darf nicht zugelassen werden, dass sich Bereiche mit Projekten befassen, die gemeinsam zurückgestellt wurden, oder dass gemeinsam befürwortete Projekte ohne Konsequenzen jeden Meilenstein verfehlen. Im letzteren Fall müssen sich solche Projekte erneut dem Wettbewerb um Ressourcen stellen und gegebenenfalls mit allen Konsequenzen abgebrochen werden.

Innovation messbar machen

Das Thema Innovation ist wesentlicher Bestandteil des Zielkatalogs vieler Unternehmen. Während Umsatz- oder Renditeziele klar messbar sind, ist dies wesentlich schwieriger für Innovationsziele. Das Ziel, 20 Millionen Euro oder 5 % des Umsatzes für die Forschung und Entwicklung pro Jahr auszugeben, führt zu einer Aussage über die bereitgestellten Ressourcen, sagt aber nichts über die Ergebnisse aus, die aus dem Einsatz dieser Ressourcen entstehen. Andere Unternehmen messen Innovationen an der Zahl der Neuprodukteinführungen oder der Zahl der Patentanmeldungen. Beide Größen sind wichtig, aber letztlich nicht aussagefähig im Hinblick auf den Erfolg der neuen Produkte oder der Nutzung der registrierten Patente.

Sehr viel sinnvoller ist die Festlegung eines Umsatzanteils oder eines Anteils am Deckungsbeitrag, der mit neuen Produkten innerhalb einer oder mehrerer Planperioden erzielt werden soll. Eine solche Zielsetzung könnte wie folgt lauten: „Wir wollen in drei Jahren mindestens 25 % des Umsatzes mit neuen Produkten erzielen, deren Markteinführung nicht länger als zwei Jahre zurückliegt." Praktische Probleme ergeben sich zum einen aus dem Begriff „neue Produkte" und zum anderen aus der verwendeten Zeitspanne. Hier muss das Management klare Definitionen vorgeben, ansonsten wird die Organisation schnell Innovationen vortäuschen, indem beispielsweise ein Produkt nach unwesentlichen Veränderungen mit einer neuen Artikelnummer versehen wird und dann in der Statistik als „neu" auftaucht.

2.1.2 Entwicklung

Jede FMEA ist „bottom-up" aufzubauen

„Oft kopiert, doch nie erreicht" – den Mitarbeitern in vielen Unternehmen ist die geradezu lebenswichtige Bedeutung einer FMEA[30] nicht bewusst. Das zeigt sich daran, dass die FMEA fast immer lieblos am Ende der Entwicklung durchgeführt, schlimmstenfalls noch von einem ähnlichen Fall einfach nur kopiert wird.

Aus Kostengründen wird z. B. schnell eine Metall- durch eine Kunststoffführung ersetzt. Aber erst im kommenden Winter werden die Ausfälle sichtbar, weil der Kunststoff Feuchtigkeit aufnimmt und deshalb ein völlig anderes Wärmeausdehnungsverhalten hat als das vorher eingesetzte Metall. Es ist offensichtlich, dass sich der Hersteller nicht sorgfältig genug mit einer Überarbeitung der FMEA infolge der technischen Änderung befasst hat, sondern hoffte, es werde schon gut gehen.

Eine ordentliche FMEA, die dem Unternehmen Sicherheit gibt, muss für jedes Produkt und jede Variante anhand der vereinbarten Struktur von Grund auf neu beginnen. Weiterhin ist es sinnvoll, nach Abschluss einer FMEA die Erkenntnisse mit den Ergebnissen von FMEAs für ähnliche Produkte abzugleichen. Eine solche FMEA lebt. Erkenntnisse aus dem Feld und dem Service werden daraufhin untersucht, ob sie auch für andere Produkte relevant sind. Dementsprechend sind deren FMEAs zu überarbeiten.

Bei der Einführung dieses Instruments muss man realistisch sein. Es ist praktisch nicht möglich, schon bei der ersten Einführung einer FMEA alle Vorteile dieser Methode zu nutzen. In der Realität handelt es sich um den strukturierten Erfahrungsschatz aller Mitarbeiter, die mit diesem Instrument arbeiten. Der Erfahrungsschatz wird über einen längeren Zeitraum aufgebaut und schafft ein Differenzierungsmerkmal gegenüber Wettbewerbern.

Diese Überlegungen sind unabhängig von der Art der FMEA. Grundsätzlich sind verschiedene Formen zu unterscheiden:

- Im Rahmen einer System-FMEA wird das Funktionieren von Teilsystemen und ihren Schnittstellen untersucht.
- Bei der Konstruktions-FMEA wird speziell die Konstruktion begutachtet.
- Eine Hardware-FMEA bezieht sich auf mechanische, elektrische und elektronische Komponenten.
- Die Software-FMEA konzentriert sich auf die Steuerungslogik und deren Programmierung.
- Die Prozess-FMEA beschäftigt sich mit dem gesamten Produktions- und Logistikprozess.

---

[30] FMEA – Fehlermöglichkeits- und Einflussanalyse; vgl. zu weiterführenden Informationen Tietjen/Müller (2003)

In den letzten Jahren ist eine Lieferanten-FMEA wichtig geworden. Wenn viele Unternehmen in Lieferschwierigkeiten geraten, ist es sinnvoll, die Lieferanten im Rahmen einer FMEA zu analysieren. Den Ausfall von wichtigen Lieferanten frühzeitig abschätzen zu können und rechtzeitig darauf zu reagieren, ermöglicht es dem Unternehmen, selbst lieferfähig zu bleiben.

Produkt, Produktionseinrichtung und Logistik simultan planen

In vielen Unternehmen ist es immer noch üblich, dass die Entwicklung aus ihrer Sicht ein „fertiges" Produkt in die Produktions-, Werkzeug- und Qualitätsplanung weitergibt und in diesen Abteilungen daran bis unmittelbar vor Serienanlauf ohne Rücksprache mit der Produktion mit „Volldampf" gearbeitet wird. Das Ergebnis ist dann ein völlig „verkorkster" Anlauf des neuen Produkts, für den die Produktion verantwortlich gemacht wird.

Aber es geht auch anders:[31] Mit einer simultanen, zumindest weit überlappenden Durchführung der oben genannten Aktivitäten wird die Zeit gewonnen, die bei der traditionellen Vorgehensweise benötigt wird, um aus einer technischen Sackgasse wieder herauszukommen und einen neuen Startpunkt zu finden. Es ist immer effizienter, einen gemeinsamen Entscheidungsprozess in der Produktentstehung zu organisieren als die Fehler unter Zeitdruck später kurz vor Serienanlauf zu beheben – oder zu improvisieren, weil die Zeit nicht mehr reicht. Auch die vermeintlich längere Dauer durch gemeinsame Diskussionen stellt sich als unproblematisch heraus. Sie muss akzeptiert werden, um eine ganze Folge zwar schneller, aber falscher Entscheidungen zu vermeiden.

Die gemeinsame Diskussion und das frühzeitige Testen von Alternativen ermöglichen ebenfalls einen Know-how-Fluss quasi rückwärts von der Produktion in die Produktionsplanung und letztlich in die Entwicklung. Dies führt zu technisch besseren, qualitativ sichereren und hinsichtlich der Kosten wettbewerbsfähigeren Produkten. Auf diese Weise werden Sackgassen frühzeitig vermieden. Der Serienanlauf kann zu den geplanten Kosten, ohne Pannen und Notfallaktionen zur Sicherung eines Liefertermins, vonstattengehen.

Module sind der Schlüssel für eine finanzierbare Produktpalette

Vor allem in der Investitionsgüterindustrie ist es in den vergangenen Jahren üblich geworden, fast alle Kundenwünsche in einem individuellen Produkt abzubilden. Individualität hat aber auch ihren Preis. Gleichzeitig ist die Bereitschaft der Kunden, den Preis für diese Individualität zu bezahlen, immer weiter gesunken. Im Wettbewerb behält derjenige die Oberhand, dem es gelingt, den Wunsch nach Individualität mit einer günstigen Kostenstruktur in seiner Organisation umzusetzen.

---

31 Vgl. Abele/Kluge/Näher (2006)

Dies gelingt am besten mit dem Einsatz von Modulen[32], Baugruppen[33] und Plattformen[34]. Sie kombinieren während des Entwicklungsprozesses die Mehrfachverwendung von Bauteilen und Baugruppen oder auch ganzen Modulen. Die Vorteile für die Konstruktion und die entsprechenden Tests und Versuche liegen auf der Hand. Erforderlich ist eine sorgfältige Analyse der Fehlermöglichkeiten (vgl. S. 53) – man kann nicht von der kleinen auf die große Baureihe oder von der einen Schnittstelle des Moduls auf die andere Schnittstelle schließen.

Neben einer Beschleunigung der Entwicklung durch Mehrfachverwendungen ergeben sich mit dem Einsatz von Baugruppen und Modulen auch handfeste Vorteile in der eigentlichen Herstellung. Sie ermöglichen Mengeneffekte im Einkauf, eine geringere Vielfalt an Einzelteilen und weniger Vorrichtungen. Mit einer geringen Anzahl von unterschiedlichen Baugruppen entsteht auch mehr Sicherheit in der Herstellung, weil die Mitarbeiter die Baugruppe besser kennen.

2.1.3 Zusammenarbeit

Entwickler und Fertigungsplaner montieren Prototypen gemeinsam

Erfolgreichen Unternehmen gelingt es, ihre Produktentwicklung als Aufgabe des Gesamtunternehmens zu verstehen. Diese Unternehmen betreiben „Simultaneous Engineering" (vgl. S. 54) ernsthaft und integrieren auch die Mitarbeiter, die in unterschiedlichen Funktionen an der Produktentstehung beteiligt sind.[35] Dazu gehören die gemeinsame Abstimmung in der frühen Entwicklungsphase, die Diskussion und Analyse der wirtschaftlichen Möglichkeiten der Fertigung jetzt und in Zukunft, die Definition von Zukaufteilen und zugekauften Baugruppen, die Diskussion von Fragen der Logistik und Fertigungsvorbereitung sowie die gemeinschaftlich erarbeitete FMEA (vgl. S. 53).

Der Prototyp des Produkts und der Prototyp der Vorrichtung werden sowohl von den mit dem Produkt betrauten Entwicklern als auch den Fertigungsplanern tatsächlich hergestellt. Man kann am besten am realen Produkt und der zugehörigen Einrichtung in einer frühen Phase Unzulänglichkeiten erkennen und korrigieren. Auch die FMEA ist am realen Beispiel einfacher zu verifizieren als auf dem Papier im Besprechungszimmer.

---

32 Module im Sinne dieser Darstellung sind Bauteile, die gemeinsam eine Funktion am Endprodukt realisieren, dabei aber nicht notwendigerweise außerhalb des Endprodukts physisch (vormontiert) zusammenhängen. Ein Beispiel dafür ist die Bremsanlage am Kraftfahrzeug.
33 Baugruppen können im Unterschied zu Modulen vormontiert werden und tragen zu unterschiedlichen Funktionen am Endprodukt bei. Ein Beispiel hierfür ist das Türmodul im Kraftfahrzeug, das mit Fensterheber, Schloss, Lautsprecher, Spiegelverstellung unterschiedlichen Funktionen dient.
34 Mit dem Begriff Plattformen ist gemeint, dass bspw. bei einem Kranseilzug unterschiedliche Traglasten mit den vergleichbaren konstruktiven Merkmalen realisiert werden, wobei nicht notwendigerweise Einzelteile oder Baugruppen Mehrfachverwendung finden.
35 Vgl. hierzu Seibert (1998), S. 302 – 311

CAD ist zwar hilfreich, kann aber viele Problemfaktoren nicht erkennen. Die Zugänglichkeit der Montagestellen, die Verwechselungsanfälligkeit von Schrauben, die Gefahr, Zahnräder bei der Getriebemontage zu beschädigen, die Notwendigkeit, „Poka Yoke"-Elemente[36] zur Absicherung des Prozesses einzusetzen und weitere Faktoren werden bei der konkreten Umsetzung viel offensichtlicher und sicherer erkannt.

Dieses Vorgehen hilft – nebenbei bemerkt – allen Mitarbeitern und Führungskräften, die in der Fabrik tätig sind. Die Führungskräfte tun gut daran, immer wieder einmal in die Fabrik zu gehen und dort nicht nur zu beobachten, sondern auch für einen Tag mitzuarbeiten. Auf diese Weise wird das eigene Denken und Handeln „geerdet".

Varianten möglichst spät im Produktionsprozess herstellen

Unterstellt wird ein Unternehmen, das einen bestimmten Umsatz mit diversen Produkten, Varianten und Lieferwegen erzielt. Wenn dieses Unternehmen den gleichen Umsatz mit nur einem Produkt ohne Varianten und nur einem Lieferweg erzielen würde, hätte es geringere Kosten. Die Kostendifferenz zwischen beiden Fällen sind die Komplexitätskosten. Diese werden grundsätzlich unterschätzt. Herkömmliche Kostenrechnungsverfahren können diese Kosten nicht abbilden; damit verschwinden sie aber nicht.[37]

Natürlich kann ein Unternehmen sich besser am Markt positionieren, wenn es über Varianten verfügt und diese Varianten schnell und kostengünstig herstellt. Leider wird diese Fähigkeit oft so intensiv genutzt, dass der Marktvorteil gegenüber den anfallenden Komplexitätskosten in keinem wirtschaftlichen Verhältnis steht.

Hilfreich ist es, ein einfaches Schema für eine Prozesskostenrechnung zu erstellen, um Varianten pauschal mit den aus diesem Schema ermittelten Kostenschätzungen zu belasten. Damit soll die im Unternehmen übliche Kalkulationsform nicht ersetzt, sondern ergänzt werden. Die Komplexitätskosten müssen in die Entscheidungsfindung über Produktvarianten unbedingt einfließen. Nur so lässt sich vermeiden, dass der Freude über den zusätzlichen Deckungsbeitrag der Katzenjammer über das wegbrechende Ergebnis folgt. Denn die überbordende Variantenvielfalt verursacht oft den Gewinnrückgang.

Wenn Varianten zur Positionierung am Markt notwendig sind, dann sollten sie aus dem Hauptprodukt am Ende der Produktions- bzw. Logistikkette entstehen. In manchen Fällen können die Varianten von einem externen oder ausgegliederten internen Dienstleistungsunternehmen hergestellt werden. Das Dienstleistungsunternehmen stellt mit seinen Gesamtkosten die Kosten der Varianten dar. Diese Kosten sind schwieriger unter den Tisch zu fegen; sie sind transparent und gehen automatisch in die Preiskalkulation ein.

---

[36] Der japanische Ausdruck Poka Yoke („dumme Fehler vermeiden") bezeichnet Verfahren, um mit technischen Vorkehrungen oder Einrichtungen Fehler zu vermeiden. Weiterführende Informationen sind enthalten in Bläsing/Häck (2005).

[37] Vgl. Abele/Kluge/Näher (2006)

Wenn es gelingt, modulare Produktfamilien aufzubauen, kann eine größere Produktvielfalt mit relativ geringer interner Komplexität und entsprechend geringen Kosten am Markt angeboten werden. Diese Lösung ist immer solchen Varianten überlegen, die in unterschiedlichen Fertigungsschritten mit komplexen Stücklisten entstehen.

Ohne Produktbereinigung erstickt die Fabrik

In der Geschichte von Unternehmen wiederholt sich die immer gleiche Entwicklung. Am Anfang steht ein erfolgreiches Produkt, das nach einer gewissen Zeit seinen Zenit überschreitet und langsam in Menge und Preis zurückgeht. Es wird durch die nächste Produktgeneration abgelöst, die eine ähnlich gute Entwicklung über den Lebenszyklus erfährt usw.

Im Laufe der Zeit werden dann den Produkten teilmarkt- oder gar kundenspezifische Varianten zur Seite gestellt, um bestimmte Kundenwünsche zu erfüllen und damit Kunden zu halten sowie den Umsatz auszuweiten. Begründet wird dies vertriebsseitig mit der Drohung, dass anderenfalls der Kunde den Lieferanten wechselt.

Werden parallel zum Aufbau neuer Produkte/Varianten auch „alte" Produkte/Varianten eingestellt? Nein! Gerade in konservativ geprägten Branchen wie dem Maschinenbau ist häufig zu erleben, dass Kunden auch nach 15 Jahren noch die Vorvorgängerversion des aktuellen Produktes nachfragen und sie auf „ihrer" Sonderlösung bestehen, obwohl die nachgefragte Funktionalität im neuen Produkt einfacher und kostengünstiger dargestellt werden kann oder sogar schon integriert ist.

Dies wäre noch akzeptabel, wenn der Kunde auch für „seine" Lösung den entsprechenden Preis zahlen würde. Doch dies erfolgt nicht, weil zum einen der Kunde nicht bereit ist, für eine vermeintlich „alte" Variante einen höheren Preis zu zahlen; zum anderen weiß das Unternehmen oft gar nicht, was das Produkt tatsächlich kostet. Denn wer berücksichtigt schon in seiner Kalkulation, welche Kapazitäten bei Einkäufern, Lagerplätzen, Rüstvorgängen, der Dokumentationspflege, der Ersatzteilbevorratung etc. mit diesen Exoten gebunden werden?

Für den Mittelständler gilt die klare Regel: Die Produktpalette muss bereinigt werden! Dazu ist es erforderlich, die Produktpalette regelmäßig zu analysieren und konsequent zu reduzieren. Es ist wichtig, das Auslaufen bestimmter Produkte den Kunden gegenüber frühzeitig zu kommunizieren und auch klare Aussagen über die Dauer der Ersatzteilversorgung zu treffen. Denn die mit diesen, oft nur noch in homöopathischen Dosen verkauften Produkten verbundenen Komplexitätskosten (vgl. vorherigen Tipp) steigen exorbitant an und kein Kunde wird bereit sein, diese wahren Kosten zu bezahlen.

Freigabe von Neu- und Normteilen ist Pflicht und Chance zugleich

Neue Teile (Werk- oder Normteile) haben immer die Tendenz, sich ungehemmt zu vermehren. Dafür gibt es zwei Gründe: Einerseits unterliegen auch einfache Teile dem technischen Fortschritt und bieten z. B. immer geringere Abmessungen und Gewichte bei höherem Leistungsvermögen. Andererseits ist es im Zweifel für den Konstrukteur mühsam und möglicherweise mit anderen konstruktiven Änderungen verbunden, den bestehenden Teilekatalog auf geeignete Verbindungselemente zu untersuchen. Dann besteht die Gefahr, dass er ein neues Teil „erfindet". Insoweit ist es wichtig, einen klar strukturierten Freigabeprozess für Neuteile im Unternehmen zu etablieren und die Neuteilefreigabe eher restriktiv zu handhaben. Zur Freigabe neuer Teile gehört als integrierter Bestandteil auch das Sperren/Löschen von bestehenden Teilen, wenn man nicht im Teilesumpf untergehen will.

Ein weiterer wesentlicher Aspekt unterstützt die Notwendigkeit eines restriktiven Umgangs bei der Freigabe von Neu- und Normteilen: die Verwechslungssicherheit. Es kommt immer wieder vor, dass in einem Unternehmen beispielsweise mehrere Schrauben existieren, die sich in der Länge um nur wenige Millimeter unterscheiden. Man kann sich ausmalen, welche Gefahren bestehen – eine Verwechslung ist vorprogrammiert. Die kürzere Schraube reicht für die Befestigung nicht aus. Das Produkt fällt im Feld sehr früh aus, der Kunde ist verärgert, wenn nicht sogar gefährdet.

Gerade für die Freigabestelle besteht hier die Möglichkeit, wenn schon nicht in allen Fällen die Teilevermehrung zu stoppen, sie doch zumindest sicherer zu gestalten. Die Freigabestelle muss dafür Sorge tragen, dass die Verwechslungsanfälligkeit drastisch reduziert wird. So kann sie z. B. sicherstellen, dass die neue, ähnliche Schraube mit einer klar unterscheidbaren Oberfläche, einer anderen Galvanisierung oder mit einem anderen Kopf freigegeben wird. Hier ist es sicherer und langfristig wirtschaftlicher, auch einmal ein Normteil zu verändern, anstatt jedes einzelne Teil ohne Rücksicht auf die Gesamtproblematik zu optimieren. Die Freigabestelle muss sich in solchen Fällen gegen den Konstrukteur und den Einkäufer durchsetzen, hat aber hoffentlich die Qualitätssicherung und den Betriebsleiter auf ihrer Seite.

2.2 Marketing und Vertrieb

2.2.1 Marktforschung und Segmentierung

Marktforschung muss nicht teuer sein

Die Marktforschung bildet die Grundlage für ein erfolgreiches Marketingkonzept. Sie wird gerne als komplexes Thema betrachtet, das von Spezialisten bearbeitet werden muss und hohe Kosten verursacht. Dies trifft sicher auf komplexe quantitative Verfahren zu, für deren Anwendung professionelle Beratungsunternehmen eingeschaltet werden sollten. Zur Marktforschung gehören aber auch einfache Marktbeobachtungen und Kundengespräche, die ohne großen Aufwand selbst durchzuführen sind. Mittelständische Unternehmen können viele Gelegenheiten nutzen, um ihre Märkte besser zu verstehen. So können beispielsweise das Gespräch mit dem Kunden oder der Messebesuch wichtige Hinweise für die Markteinschätzung sowie die zukünftige Marktentwicklung liefern.

Die Marktforschung ist keine Domäne der Marketingabteilung. Im Grunde genommen kann jeder Mitarbeiter und selbstverständlich auch die Geschäftsführung Marktforschungsaufgaben wahrnehmen. Dazu kann beispielsweise im Intranet des Unternehmens ein Bewertungsformular hinterlegt werden, in das die Mitarbeiter ihre Beobachtungen zu Wettbewerbern eintragen. Dies wird beispielsweise von Fluggesellschaften derart gehandhabt. Die Mitarbeiter werden nach (privaten) Flügen mit anderen Gesellschaften gebeten, die Formulare auszufüllen. Auf diese Weise lassen sich Informationen über Serviceniveau und Produktqualität der Wettbewerber systematisch erfassen.

Wenn professionelle Institute mit der Marktforschung beauftragt sind, muss die Geschäftsführung sehr eng mit dem beauftragten Institut zusammenarbeiten. Dies gilt vor allem für die exakte Festlegung des Untersuchungszwecks. Aber auch während der Durchführung der Studie sollte man „Tuchfühlung" mit den Marktforschern halten und als Geschäftsführer zum Beispiel an einigen Fokusgruppensitzungen teilnehmen, um die Ergebnisse der Marktforschungsstudie besser einschätzen zu können.

Marktforschung führt nicht zu absoluter Sicherheit

Die Einführung neuer Produkte oder Dienstleistungen, der Einsatz neuer Marketinginstrumente, die Erschließung neuer Märkte oder Marktsegmente ist immer mit zahlreichen Risiken behaftet. Unternehmen gehen mit diesen Risiken unterschiedlich um. Die Marktforschung ist ein Mittel, um solche Risiken im Vorfeld durch entsprechende Analysen und Tests zu minimieren.

Allerdings kann auch der Bereich Marktforschung nicht alles wissen. Marktforschungsdaten müssen interpretiert werden. Hier gilt, was für jede Statistik gilt – das Glas kann zugleich halb voll oder halb leer sein! Deshalb ist es besonders wichtig, zu Beginn der Marktstudie die Hypothesen klar zu formulieren, die mit der Marktforschung belegt oder widerlegt werden sollen. Je präziser diese Hypothesen im Vorhinein definiert werden, desto zuverlässiger werden die Aussagen der Marktforschung ausfallen – und müssen auch akzeptiert werden, wenn die Ergebnisse nicht den eigenen Vorstellungen entsprechen.

Wenn eine Marktforschungsstudie nach ihrem Abschluss weitere Fragen aufwirft, sind Führungskräfte versucht, eine ergänzende Studie in Auftrag zu geben. Dies kann in einzelnen Fällen durchaus berechtigt sein; es ist aber Vorsicht geboten, wenn die neue Untersuchung nur den Zweck hat, vorhandene Ergebnisse weiter abzusichern. Dann geht häufig wichtige Zeit für notwendige Entscheidungen verloren. Letztlich muss die Geschäftsführung eine Entscheidung fällen und auch ein gewisses Maß an Unsicherheit akzeptieren, sonst tritt der „Paralysis by Analysis"-Effekt ein – eine Analyse nach der anderen führt zu einer Lähmung bei der Entscheidungsfindung.

Erfolgreiches Marketing verlangt eine klare Segmentierung

Jedes Unternehmen muss klar definieren, welche Kunden und Märkte bedient werden sollen (vgl. S. 25). Dazu muss der Markt in möglichst homogene Käufergruppen eingeteilt werden. In einem nächsten Schritt ist die Organisation des Unternehmens auf diese Marktsegmente auszurichten. Dann sind geeignete Marketingkonzepte für die einzelnen Marktsegmente zu formulieren. Eine gute Marktsegmentierung muss die folgenden Anforderungen erfüllen:

- Die Zahl der Käufer muss feststellbar sein.
- Die Kaufgewohnheiten müssen identifizierbar sein.
- Die Käufer eines Segments müssen mit einer einheitlichen Marketingstrategie erreichbar sein.

Ohne eine stringente Marktsegmentierung wird auch das Marketingkonzept schwammig bleiben, weil es vermutlich auf zu viele heterogene Kundengruppen gleichzeitig ausgerichtet ist. Letztlich werden auf diese Weise Ressourcen und Kompetenzen nicht effizient genutzt. Statt einzelne Stärken gezielt aufzubauen und spezifische Schwächen zu vermeiden, wird überall etwas verändert und verbessert, ohne dass damit ein durchschlagender Erfolg erreicht wird.

Für die Entwicklung eines zielgruppenorientierten Marketingkonzepts, das den Erfolgsfaktoren eines spezifischen Marktsegments Rechnung trägt, ist deshalb eine klare Segmentierung unabdingbare Voraussetzung. Nur dann ist es möglich, Zusatznutzen für diesen Kundenkreis zu entwickeln und ihre Zukunftsprobleme frühzeitig zu erkennen sowie entsprechende Lösungen zu erarbeiten.

2.2.2 Kundenorientierung und Kundennutzen

Kundenorientierung nicht nur propagieren, sondern wirklich leben

Je austauschbarer Produkte und Dienstleistungen werden, desto wichtiger wird die Kundenorientierung. Das heißt nicht, den Kunden immer neue Niedrigstpreise zu offerieren. Vielmehr geht es darum, ein optimales Preis-Leistungs-Verhältnis zu schaffen, das alle Serviceleistungen mit einschließt. In diesem Zusammenhang ist auf zwei wesentliche Aspekte zu achten:

- Kundenorientierung beschränkt sich nicht nur auf Marketing und Vertrieb, sondern ist eine Aufgabe für das gesamte Unternehmen, angefangen von Produktentwicklung und Vertrieb bis zum Mahnwesen und zur Reklamationsbearbeitung. Sämtliche Prozesse des Unternehmens sind auf den Kunden auszurichten.

Operative Kernfunktionen

- Kundenorientierung ist langfristig angelegt. Die Verankerung einer starken Kundenorientierung in der Unternehmenskultur erfordert viel Zeit und große Anstrengungen seitens der Führungsmannschaft. Vorhandene Verfahren sind regelmäßig zu überprüfen und zu verändern.

Die Praxis zeigt immer wieder, dass sich erfolgreiche Unternehmen mehr den Kunden mit seinen Bedürfnissen widmen und sich weniger mit dem eigenen Wunschbild beschäftigen. Die Kundenorientierung wird zu einem wichtigen Merkmal der Unternehmenskultur, das vom obersten Management bis zum jüngsten Auszubildenden durchgängig verstanden und gelebt werden muss.

Kundennähe muss erarbeitet werden

Während sich große Unternehmen auf professionelle Marketingabteilungen stützen können, haben mittelständische Unternehmen dazu häufig nicht die erforderlichen personellen und finanziellen Ressourcen. Dieses Manko müssen sie durch eine größere Kundennähe ausgleichen. Um diese zu erreichen, haben sich in der Praxis folgende Ansätze bewährt: [38]

- Regelmäßige und vielfältige Kontakte zum Kunden; dazu gehören Kunden- und Messebesuche oder die Teilnahme an Fachtagungen und -seminaren.
- Die Einbeziehung des Kunden in Entwicklungsprojekte.
- Dezentrale Einheiten innerhalb des Unternehmens; die Verkaufsrepräsentanten vor Ort haben weitreichende Entscheidungsbefugnisse, um Kundenprobleme schnell und effizient zu lösen.
- Die Ausrichtung auf Top-Kunden; diese Kunden sind oft besonders schwierig und treiben ihre Lieferanten zu Höchstleistungen an.
- Die Auswertung der Reklamationsstatistik für Produktverbesserungen und Neuproduktideen.

Aufgrund ihrer Kundennähe können mittelständische Unternehmen oftmals Kundenprobleme früh erkennen und entsprechende Lösungen erarbeiten. Auf diese Weise kann das Unternehmen dem Preisdruck (zumindest zeitweise) entgehen und Wettbewerbsvorteile aufbauen.

Regelmäßige Kundenbesuche sind auch Chefsache

Der Aufbau persönlicher Beziehungen zwischen den Mitarbeitern eines Unternehmens und seinen Kunden ist häufig eines der wichtigsten Differenzierungsmerkmale eines Mittelständlers gegenüber einem großen Konzern. Dies ist dann besonders bedeutsam, wenn das Unter-

---

38 Vgl. Simon (2007), S. 169 – 175

nehmen in einer „Commodity"-Branche arbeitet. Dort sind die Produkte austauschbar bzw. es bestehen kaum Produktunterschiede, so z. B. bei Heizöl, Zement, Salz oder Basischemikalien. Wenn der Preis wettbewerbsfähig ist, gibt die Kundenzufriedenheit (z. B. aufgrund kurzer Reaktionszeiten, hoher Lieferbereitschaft und dauerhafter Zuverlässigkeit) den Ausschlag für die Lieferantenauswahl.

Die Kundenzufriedenheit im B-to-B-Geschäft[39] wird im direkten Kontakt von der Vertriebsmannschaft initiiert und durch termin- und qualitätsgerechte Belieferung sichergestellt. Bei den größeren Kunden spielt hier auch der direkte Draht des Unternehmers zu diesen Kunden eine wichtige Rolle. Deshalb sollte er sich regelmäßig Zeit nehmen, um wichtige Kunden zu besuchen. Diese Besuche unterstreichen die Bedeutung, die der Kunde für das Unternehmen hat. Sie dienen zum einen der Beziehungspflege, zum anderen aber auch der Gewinnung neuer Informationen über den Kunden und die vor ihm stehenden aktuellen Herausforderungen. Diese Kenntnisse bilden oft die Basis zur Entwicklung neuer Produkte und Dienstleistungen.

Auch im B-to-C-Geschäft[40] ist es wichtig, dass der Unternehmer und sein Management die Kundenwünsche aus erster Hand kennenlernen. Dazu bietet es sich an, regelmäßig mit den Kunden in Kontakt zu treten und ihre Probleme zu verstehen.

Kunden mit hohem Potenzial verdienen eine intensive Betreuung

Der Kundenstamm eines Mittelständlers ist oft über viele Jahre gewachsen, ohne dass eine klare Differenzierung in der Intensität der Kundenbetreuung vorgenommen wurde. So werden Kunden aus den Gründertagen des Unternehmens, die heute im Vergleich zu anderen Kunden vielleicht nur noch kleine Mengen bestellen, genauso behandelt wie ein neu akquirierter Großkunde.

Zur Sicherstellung einer effizienten Kundenbetreuung müssen die Kunden in verschiedene Kategorien (A-, B- oder C-Kunden) eingeteilt und entsprechend ihrer Bedeutung betreut werden. Kriterium für die Einteilung in verschiedene Kategorien sollte der (potenzielle) Deckungsbeitrag sein, der mit den jeweiligen Kunden erzielt werden kann (vgl. S. 66).

Die Art der Betreuung muss sich in entsprechenden Jahresplanungen und Budgets niederschlagen. Zweckmäßigerweise wird man dabei für die großen Kunden (A-Kunden, die eigentlichen Key Accounts) individuell planen, während für die B- und C-Kunden eine summarische Planung häufig ausreichend ist.

---

[39] B-to-B: Business to Business, also von Unternehmen zu Unternehmen
[40] B-to-C: Business to Consumer, also von Unternehmen zu Endverbraucher

Globale Kunden zentral als Key Accounts betreuen

Im Zuge der Internationalisierung der Kunden ergibt sich in vielen Unternehmen die Frage, wie globale Kunden am besten betreut werden. Die Landesgesellschaften argumentieren, dass die lokalen Tochtergesellschaften der globalen Kunden in ihre Verantwortlichkeit fallen. Folgendes Beispiel zeigt die Konsequenzen dieser Struktur: Ein internationaler Lebensmittelhersteller beliefert eine große internationale Handelskette. Die lokalen Gesellschaften des Lebensmittelherstellers verhandeln mit dem Kunden vor Ort. Im Laufe der Zeit sind für einige Produkte große Preisunterschiede zwischen den einzelnen Ländern entstanden. Im Rahmen eines Programms zur Kostensenkung untersucht das Handelsunternehmen nun seine Einkaufspreise, erkennt die Differenzen und fordert folglich von dem Lebensmittelhersteller für alle Länder den niedrigsten Preis.

Um solche Probleme zu vermeiden, müssen internationale Kunden von einer zentralen Stelle – entweder der Unternehmenszentrale oder der für diesen Kunden wichtigsten Landesgesellschaft – betreut werden. Der Sitz des zuständigen Key-Account-Managers sollte dabei möglichst nahe am Entscheidungszentrum des Kunden liegen. Dieses Vorgehen bietet zwei wesentliche Vorteile. Zum einen kann in allen Ländern eine einheitliche Preispolitik durchgesetzt werden. Ansonsten besteht die Gefahr, dass der Kunde die einzelnen Landesgesellschaften gegeneinander ausspielt. Zum anderen wird mit diesem Modell die optimale Betreuung des Kunden bei Neuproduktentwicklungen, Produktanpassungen und Produktionsplänen erreicht. Alle Informationen über den Kunden und seine Ansprüche fließen bei einem zentralen Ansprechpartner zusammen und können im Sinne einer Optimierung der Kundenzufriedenheit genutzt werden.

Allerdings ist bei diesem Vorgehen auf die adäquate Einbindung anderer Landesgesellschaften zu achten. Um eine sinnvolle Koordination sicherzustellen, müssen Vertreter der bedeutendsten Landesgesellschaft an wichtigen Kundengesprächen teilnehmen.

Synergien existieren nur, wenn dafür auch bezahlt wird

Wenn beispielsweise mit einem Kunden in einem Unternehmensbereich A nur sehr geringe Ergebnisbeiträge erzielt werden können, wird dies häufig mit Synergieeffekten gerechtfertigt. Denn für den Unternehmensbereich B sei der Kunde hoch profitabel, sodass der geringere Ergebnisbeitrag in A zu akzeptieren sei. Diese Handlungsweise ist gefährlich und sollte von der Unternehmensführung nicht hingenommen werden, weil mit vermeintlichen Synergien praktisch alles erklärt werden kann.

Stattdessen muss gelten: Nur wenn der Bereich B tatsächlich bereit ist, an A monatlich einen bestimmten Betrag dafür zu zahlen, dass der betrachtete Kunde von A weiterhin unverändert betreut wird, gibt es den Synergieeffekt; er ist quantifizierbar. In der Praxis haben sich viele „Synergieeffekte" in Luft aufgelöst, sobald dafür wirklich etwas gezahlt werden sollte und die Ergebnisrechnung des anfordernden Unternehmensbereichs belastet wurde.

Nicht Produkte, sondern Problemlösungen verkaufen

Viele Mittelständler haben erfahren müssen, dass eine dauerhafte Alleinstellung im Markt über ein hervorragendes Produkt selbst mit einer hohen Qualität gefährdet ist, denn eine solche Position kann einfach und schnell von Wettbewerbern angegriffen werden. Insbesondere Zulieferunternehmen auf den unteren Stufen der Zuliefererpyramide mussten erkennen, dass sie sehr schnell austauschbar wurden.

Das Schlagwort, um dieser Entwicklung zu entkommen, heißt Systemintegration. Das Unternehmen bewegt sich auf eine höhere Ebene der Zuliefererpyramide und bietet mehrere Komponenten als Subsystem an.

Die klassischen Beispiele der Systemintegration stammen aus der Automobilindustrie. Hier werden z. B. komplette Armaturenbretter vom Komponentenhersteller montiert und einbaufertig an das Band geliefert. Die Vorteile für den Autohersteller liegen auf der Hand: weniger Lieferanten, niedrigere Bestände, eine geringere Komplexität, ein verminderter Planungs- und Koordinationsaufwand sowie eine Reduzierung des Entwicklungsaufwands. Außerdem können Unternehmen mit der Bündelung von Produkten Zusatznutzen für den Kunden schaffen. Typisch ist hier der Autohändler, der beim Verkauf eines Autos neben einem Wartungs- und Servicepaket auch Finanzierungs- und Versicherungsdienstleistungen anbietet. Diese zusätzlichen Produkte oder Dienstleistungen stammen häufig aus anderen Branchen. Wichtig ist, dass der Lieferant frühzeitig die zukünftigen Probleme seiner Kunden sowie Markttrends erkennt und die entsprechenden Zusatzangebote in sein Programm aufnimmt. Dazu ist es unter Umständen sinnvoll, Allianzen mit Partnern einzugehen, die Zugang zu den gewünschten Zusatzprodukten oder -dienstleistungen bieten.

Der Lieferant kann für sich auch eine neue Rolle als Systemführer entwickeln. In diesem Fall plant und koordiniert er die Leistungen mehrerer Lieferanten. Ein gutes Beispiel ist die Einführung einer elektronischen Personalausweiskarte in einem südostasiatischen Land. Die zuständige Regierungsbehörde erstellt die notwendigen technischen Spezifikationen. Auf dieser Basis entwickelt ein mittelständisches Unternehmen die Software. Zusätzlich übernimmt es die Rolle des Systemführers, indem es die Lieferung der Chips, der Plastikkarten, der Drucker sowie der Lesegeräte koordiniert. Als Systemführer ist dieses Unternehmen verantwortlich für die Gesamtleistung.

Eine solche Strategie der Systemintegration bietet sich gerade für Mittelständler aufgrund ihrer großen Flexibilität und Kundennähe an. Bei einer entsprechenden Vertragsgestaltung ist dies ohne zusätzlichen Kapitaleinsatz zu realisieren. Eine erfolgreiche Systemintegration oder Systemführerschaft baut neue Markteintrittsbarrieren auf, die für Konkurrenten schwierig zu überwinden sind.

Kundennutzen stets in Euro darstellen

Vertriebsmitarbeiter machen oft die hervorragenden Eigenschaften (z. B. die Produktqualität oder spezifische Funktionalitäten) der zu verkaufenden Produkte oder Dienstleistungen zum zentralen Verkaufsargument. Dabei wird gerne vergessen, dass das Produkt oder die Dienstleistung per se für den potenziellen Kunden mehr oder weniger irrelevant ist. Der Kunde hat vielmehr ein Problem, und das gilt es zu lösen.[41] Wenn er beispielsweise eine Schließanlage für sein Büro benötigt, dann will er letztlich nicht Schlösser, sondern Sicherheit kaufen. Und wenn er Fahrzeuge für seinen Fuhrpark beschafft, so kauft er eigentlich Mobilität.

Hier ist dem Kunden zu zeigen, welche monetären Vorteile die mit dem Produkt oder der Dienstleistung verbundene Problemlösung für sein Unternehmen bringt, und zwar Euro für Euro. Wichtig ist dabei, die Gesamtkosten der Prozesskette im Auge zu behalten. Selbst wenn das eigene Produkt vielleicht etwas teurer ist als ein vergleichbares Konkurrenzprodukt, so kann es im Endeffekt dennoch das günstigere sein, weil beispielsweise aufgrund der besseren Qualität in der weiteren Prozesskette Nacharbeiten oder Kundenreklamationen deutlich reduziert werden können. In manchen Fällen bietet es sich auch an, für Gebrauchsprodukte die Anschaffungs- und die Folgekosten für den geplanten Lebenszyklus eines Produkts darzustellen und mit den entsprechenden Kosten der Wettbewerbsprodukte zu vergleichen. Dabei stellen deutsche Mittelständler oft fest, dass der Anschaffungspreis für den Kunden aufgrund der besseren Qualität im Vergleich zum Wettbewerb zwar höher ausfällt, dafür aber die Betriebskosten in den Folgejahren deutlich niedriger sind. Über den gesamten Lebenszyklus gesehen lohnt sich dann der höhere Anschaffungspreis für den Kunden.

Deshalb sollten Vertriebsmitarbeiter stets versuchen, diese Produktvorteile monetär auszudrücken und dem Kunden vorzurechnen, wie viel Euro er mit der angebotenen Problemlösung spart bzw. verdient.

Beschwerdemanagement als Wettbewerbsvorteil begreifen

Trotz guter Vorsätze und vieler Bemühungen geht auch bei Mittelständlern manchmal etwas schief. Sei es, dass fehlerhafte Produkte hergestellt, sei es, dass auf Kundenbestellungen zu spät oder gar falsche Produkte geliefert werden. Dies ist zwar ärgerlich, aber in aller Regel beherrschbar, wenn das Beschwerdemanagement innerhalb des Unternehmens funktioniert.

Auch hier gilt die einfache Regel: Der Mittelständler soll sein Beschwerdemanagement so organisieren und ausrichten, dass er selbst als Kunde damit zufrieden wäre.

Dazu zählen insbesondere die beiden folgenden Ansätze:

---

[41] Vgl. Fox (2000), S. 20 – 24

- Eindeutige Zuständigkeiten für Reklamationen schaffen und diese dem Kunden mitteilen. Denn für den Kunden ist es unerfreulich, wenn seine Beschwerde von Abteilung zu Abteilung oder Sachbearbeiter zu Sachbearbeiter weitergeleitet wird.
- Klare Verfahren für die Abwicklung von Reklamationen entwickeln. Hierzu gehört eine zeitnahe Erledigung bzw. die Festlegung spezifischer Fristen, in welchen auf eine Reklamation zu reagieren bzw. die Reklamation zu bearbeiten ist.

Bei der Bearbeitung von Reklamationen bietet sich hier – sofern die Beschwerde gerechtfertigt ist – die Gelegenheit, den Kunden mit einer großzügigen Lösung positiv zu überraschen. Bei offensichtlich ungerechtfertigten Beschwerden ist durchaus freundlich, aber offen und klar mit dem Kunden zu kommunizieren und die Beschwerde zurückzuweisen. Allerdings gilt die Regel: Im Zweifelsfall lieber den Kunden mit Großzügigkeit positiv überraschen als durch Kleinkrämerei gänzlich verärgern. Ein Kunde ist sicher zunächst enttäuscht oder verärgert über die entstandenen Probleme, wird aber die als authentisch empfundenen Bemühungen zur professionellen Lösung der Probleme honorieren. In der Regel ist es – selbst bei evtl. ungerechtfertigten Ansprüchen – kostengünstiger, einen bereits vorhandenen Kunden zu binden als einen Neukunden zu gewinnen (vgl. nachfolgenden Tipp). Zumal unzufriedene Kunden dies auch kommunizieren und damit potenzielle Neukunden abschrecken.

Reklamationen sind nicht nur Teil der Kundenbeziehungen, sondern haben einen wichtigen weiteren Nutzen. Die Analyse der Reklamationsstatistiken und entsprechende Gespräche mit den Kunden sind eine gute Quelle für Ideen zur Produktverbesserung bzw. Entwicklung neuer Produkte. Hierzu ist es notwendig, dass diese Informationen systematisch gesammelt und an die entsprechenden Fachabteilungen weitergegeben werden.

2.2.3 Marketing- und Vertriebssteuerung

Bestandskunden ausbauen ist einfacher als Neukunden gewinnen

Umsatzwachstum kann erzielt werden, indem neue Kunden für das Unternehmen gewonnen oder vorhandene Kunden intensiver bearbeitet werden (vgl. S. 62). Generell gilt die Regel, dass es einfacher ist, mehr Umsatz mit den vorhandenen Kunden zu erzielen als neue Kunden dauerhaft zu gewinnen. Gerade bei mittelständischen Unternehmen ist immer wieder zu beobachten, dass sie ihre langjährigen Kundenbeziehungen als einen ihrer wesentlichen Erfolgsfaktoren betrachten.

Deshalb ist es sinnvoll, dem Vertrieb klare Vorgaben zum wünschenswerten Verhältnis von Bestandskunden und Neukunden zu liefern. Dazu ist es notwendig, dass der Vertrieb analysiert, welche Umsatz- und Ergebnispotenziale bei bestehenden Kunden noch realisierbar sind. Diese Potenziale liegen zunächst in den aktuellen Produkten; sie lassen sich aber beispielsweise auch mit Produktentwicklungen in Kooperation zwischen Kunden und F & E-Bereich, der Bündelung von Produkt und Serviceleistungen oder dem „Cross-Selling" mit anderen

Unternehmensbereichen realisieren. Entscheidend ist, dass der Vertrieb kreativ wird, um auch die zunächst verborgenen Umsatzmöglichkeiten offenzulegen.

Referenzen gezielt für neue Kunden nutzen

Die Akquisition von neuen Kunden stellt für viele Unternehmen eine große Herausforderung dar. Anzeigen in diversen Medien, der Internet-Auftritt, der Besuch von Messen und Ausstellungen sowie der Versand von Werbeunterlagen zählen zu den klassischen Wegen, um potenzielle Kunden anzusprechen. Hierfür geben mittelständische Unternehmen sehr viel Geld aus, oft ohne damit die gewünschten Erfolge zu erzielen.

Erstaunlicherweise wird eine einfache Werbemaßnahme oft vergessen, nämlich zufriedene Kunden um eine Weiterempfehlung zu bitten. Diese Maßnahme verursacht keine Kosten; Voraussetzung ist natürlich, dass eine tragfähige Kundenbeziehung besteht und der Kunde wirklich zufrieden ist mit den Leistungen des Unternehmens. Mit einer solchen Empfehlung ist die erste Hürde beim potenziellen Neukunden schon genommen. Der Vertriebsmitarbeiter hat somit einen Vertrauensvorschuss für das erste Treffen und in der Regel eine gute Chance, tatsächlich einen neuen Kunden zu gewinnen.

Vertriebsprovisionen an Deckungsbeiträgen orientieren

Leider orientieren sich die Provisionszahlungen bei vielen Verkäufern ausschließlich am Umsatz. Das führt dazu, dass die Außendienstmitarbeiter praktisch jeden Auftrag akquirieren, um ihre Umsätze zu maximieren. Der Preis und damit der Deckungsbeitrag spielt dabei keine oder nur eine untergeordnete Rolle.

Deshalb gilt die Grundregel: Provisionen am Deckungsbeitrag orientieren! Nur in Ausnahmefällen kann es sinnvoll sein, einen bestimmten Anteil der Provision auch am Umsatzwachstum auszurichten, wenn beispielsweise die Akquisition von Neukunden oder die Einführung neuer Produkte große Bedeutung hat.

Strittig ist manchmal für die Vertriebsmitarbeiter, wie der Deckungsbeitrag definiert wird. Welche Aufwandspositionen werden vom Umsatz abgezogen? Hier gibt es eine einfache Lösung: Solange die Zielvereinbarung für den Außendienstmitarbeiter mit dem anzuwendenden Deckungsbeitrag korreliert, ist es unerheblich, ob eine Aufwandsposition mehr oder weniger in Abzug gebracht wird. Dementsprechend liegt die Messlatte für den Außendienstmitarbeiter dann auch höher oder niedriger.

Was einfach ist, funktioniert in der Vertriebssteuerung

Bei der Festlegung von Zielvereinbarungen für die Mitarbeiter im Vertrieb werden oft komplexe Systeme etabliert, um eine besonders gute und intelligente Vertriebssteuerung zu erreichen. Es gibt Vorgaben für Deckungsbeiträge, Umsatzwachstum in bestimmten Segmenten, Besuchsfrequenzen, Konditionen und vieles mehr. Am Ende wissen weder das Unternehmen noch der Vertriebsmitarbeiter genau, worauf jetzt eigentlich der Fokus der Vertriebsarbeit liegen soll.

In der Praxis hat sich gezeigt, dass bei der Festlegung der Zielvorgaben mehr denn je die alte Weisheit gilt: „Keep it simple!" Dem Vertriebsmitarbeiter sollte also ein klares, einfach messbares Deckungsbeitragsziel vorgegeben werden, an dem sich seine Provision bemisst. Ist das Unternehmen noch stark auf Umsatzziele ausgerichtet, so bietet es sich an, Umsatzziele zwar für eine gewisse Zeit noch beizubehalten, allerdings mit einem eindeutig definierten Mindestdeckungsbeitrag zu verknüpfen.

Auf der Basis einer solchen Zielvereinbarung hat der Vertriebsmitarbeiter klare Vorgaben und weiß genau, wie er evaluiert wird und was am Ende als variable Vergütung über die Gehaltsabrechnung in seinem Portemonnaie ankommt.

Nur Aufträge mit Mindest-Deckungsbeitrag akzeptieren

Bei der Steuerung des Vertriebs fällt immer wieder auf, dass die Vertriebsmitarbeiter Aufträge annehmen, die (deutlich) unter den vorgegebenen Mindestdeckungsbeiträgen liegen. Dafür gibt es vielfältige, oft durchaus nachvollziehbare Begründungen. Aber dies ändert nichts an der Tatsache, dass am Ende des Monats Deckungsbeiträge und damit Ergebnisse für das Unternehmen fehlen.

Hier kann in der Praxis ein vielleicht auf den ersten Blick hartes, aber sehr wirkungsvolles Verfahren Abhilfe schaffen, wie das folgende Beispiel aus einem Unternehmen zeigt. Das IT-System für die Auftragsannahme wurde dort so umgestellt, dass die Eingabe von Aufträgen mit Deckungsbeiträgen unterhalb einer spezifischen Mindestanforderung nicht möglich war. Diese Sperre konnte im Einzelfall nur vom Geschäftsführer selbst aufgehoben werden. Bei solchen Systemen muss selbstverständlich die Handhabung sorgfältig beobachtet werden, um ein trickreiches Umgehen der Sperre zu verhindern.

Nach relativ kurzer Zeit stellte sich heraus, dass die Vorgaben hinsichtlich der Mindest-Deckungsbeiträge auf breiter Front eingehalten wurden und der Geschäftsführer keine Ausnahmen genehmigen musste. Das Unternehmensergebnis konnte spürbar gesteigert werden – und auch die Vertriebsmitarbeiter selbst profitierten über höhere Erfolgsprämien.

Operative Kernfunktionen

Für den erfolgreichen Verkauf zählt am Ende die Unterschrift

Ohne Frage dienen Kundenbesuche zum Teil der Beziehungspflege. Aber mittelfristig müssen aus den Beziehungen auch Geschäfte entstehen – ansonsten machen die Besuche keinen Sinn.

Häufig ist zu beobachten, dass ein bestimmter Kunde immer wieder besucht wird; dieser Kunde fragt unter Umständen auch regelmäßig nach neuen Angeboten oder will ein vorhandenes Angebot abgeändert haben. Aber seine Verträge schließt er schlussendlich mit einem anderen Unternehmen ab. Das „Festbeißen" in einen solchen potenziellen Kunden in der Hoffnung, ihn doch zu einem Vertragsabschluss zu bewegen, bedeutet für den Vertriebsmitarbeiter den Verlust von wertvoller Zeit, die ihm bei anderen Kunden fehlt.

In solchen Fällen muss die Vertriebsleitung dem Mitarbeiter klarmachen, dass am Ende des Tages der Vertragsabschluss zählt. Es sind dann eindeutige Maßnahmen zu definieren, wie oft ein potenzieller Kunde noch innerhalb eines bestimmten Zeitraumes besucht werden soll. Führen diese Maßnahmen innerhalb des vorgegebenen Zeitrahmens nicht zum Vertragsabschluss, so sind die Akquisitionsbemühungen abzubrechen.

Preissenkungen sind gefährlich

Wenn die wirtschaftliche Entwicklung nicht den Planungen entspricht und die Absatzmengen zurückgehen, versuchen manche Unternehmen, über kurzfristige Preissenkungen die Verkaufsmengen zu steigern und damit insgesamt die Deckungsbeiträge zu erhöhen. Im Hinblick auf die Mengen-/Preiseffekte kann dies schnell eine Milchmädchenrechnung sein (vgl. Abbildung 7).[42]

Preis-senkung	Bruttomarge				
	10 %	20 %	30 %	40 %	50 %
	Absatzsteigerung für gleichen absoluten Deckungsbeitrag				
2 %	25 %	11 %	7 %	5 %	4 %
5 %	100 %	33 %	20 %	14 %	11 %
10 %	*	100 %	50 %	33 %	25 %
20 %	*	*	200 %	100 %	67 %
* Deckungsbeitrag null oder negativ					

Abbildung 7:   *Auswirkung von Preissenkungen*

---

[42] In Anlehnung an Simon Kucher & Partners (www.simon-kucher.com); vgl. auch Simon (2009), insb. S. 114 – 121

Aus Abbildung 7 wird deutlich, dass ein Unternehmen beispielsweise bei einem Produkt mit einer Bruttomarge von 20 % eine Preissenkung von 5 % mit einer Steigerung der Absatzmenge um 33 % kompensieren muss. Erst wenn die Absatzmenge um mehr als 33 % steigt, gewinnt das Unternehmen ceteris paribus[43] Deckungsbeitrag. Inwieweit eine solche Absatzmengensteigerung tatsächlich realistisch ist, hängt vom Einzelfall ab. Grundsätzlich sind die notwendigen Steigerungsraten jedoch erheblich, sodass der Unternehmer genau prüfen muss, ob sich eine solche Maßnahme langfristig rechnet. Das gilt insbesondere für geringmargige (Handels-) Geschäfte. Denn je kleiner die Marge, desto größer wird das Rad, das bei gleichbleibendem Ergebnis gedreht werden muss. Mit der höheren Kapitalbindung steigt gleichzeitig das damit verbundene finanzielle Risiko erheblich an.

Es muss auch die Frage gestellt werden, ob es nach Überwindung der Krise möglich ist, die Preise wieder nach oben anzupassen – ein schwieriges Unterfangen, insbesondere wenn die Absatzmengenentwicklung nicht den erwarteten positiven Effekt zeigt.

In der folgenden Abbildung 8 wird der Zusammenhang von Preiserhöhung und Absatzmengenentwicklung dargelegt.[44]

Preis-erhöhung	Bruttomarge				
	10 %	20 %	30 %	40 %	50 %
	Absatzrückgang für gleichen absoluten Deckungsbeitrag				
2 %	-17 %	-9 %	-6 %	-5 %	-4 %
5 %	-33 %	-20 %	-14 %	-11 %	-9 %
10 %	-50 %	-33 %	-25 %	-20 %	-17 %
20 %	-66 %	-50 %	-40 %	-33 %	-28 %

Abbildung 8:   *Auswirkungen von Preiserhöhungen*

Bei einem Produkt mit einer Bruttomarge von beispielsweise 20 % kann bei einer Preiserhöhung von 5 % eine Reduzierung der Absatzmenge um bis zu 20 % verkraftet werden. Erst wenn die Absatzmenge um mehr als 20 % sinkt, verliert das Unternehmen ceteris paribus Deckungsbeiträge. Diese Überlegungen sind im Sinne der Ceteris-paribus-Klausel theoretisch richtig, praktisch jedoch nicht immer umsetzbar. Denn wenn bei einer signifikanten Preiserhöhung die Absatzmenge fällt, wird normalerweise aufgrund von Skaleneffekten und kurzfristig nicht abbaubarer variabler Kosten die Bruttomarge niedriger ausfallen.

Entscheidend ist jedoch das Grundprinzip: Preissenkungen sind gefährlich, weil die damit verbundenen Mengeneffekte häufig unterschätzt werden. Es muss oft deutlich mehr Menge abgesetzt werden, als man zunächst erwartet, um den gleichen absoluten Deckungsbeitrag zu

---

43 Ceteris paribus: „unter sonst gleichen Bedingungen"
44 Ebenfalls in Anlehnung an Simon Kucher & Partners (www.simon-kucher.com)

erzielen. Daher sollte dieses Instrumentarium zur kurzfristigen Stimulierung der Absatzmenge nur äußerst vorsichtig und gut überlegt eingesetzt werden.

Anders stellt sich die Situation jedoch beispielsweise bei Zulieferern der Automobilindustrie oder im Bereich der „weißen Ware" dar. Bereits bei Auftragserteilung wird oft festgelegt, in welchen Stufen während der künftigen Lieferzeit des Produkts die Preise nach unten „angepasst" werden müssen. Diese Vorgehensweise soll sicherstellen, dass die Lieferanten Produktivitätsfortschritte realisieren und diese auch angemessen an die Kunden weitergeben. Bei dieser Vorgehensweise haben Preissenkungen nichts mit einem kurzfristigen Stimulus der Absatzmengen zu tun.

Deckungsbeitragsgeschäfte pflastern den Weg zur Insolvenz

Selbst wenn Unternehmen Preissenkungen zur Steigerung der Absatzmengen vermeiden, sind sie in schwierigen wirtschaftlichen Situationen bereit, Angebote gerade bei „Spot-Geschäften" zu unterbreiten, die preislich nicht mehr die Vollkosten decken, aber immer noch einen positiven Deckungsbeitrag liefern. Diese Vorgehensweise ist kurzfristig vorteilhaft, weil mit einer höheren Kapazitätsauslastung und positiven Deckungsbeiträgen wenigstens ein Teil der Fixkosten erwirtschaftet werden kann. Denn die Fixkosten sind kurzfristig ohnehin nicht abbaubar.

Solche Überlegungen sind gut nachvollziehbar, führen aber langfristig gesehen zu großen Problemen:

- Der Kunde wird die (günstige) Preisstellung nicht als Ausnahme auffassen, sondern als normal ansehen und erwarten, dass Folgeaufträge zu ähnlich günstigen Konditionen abgewickelt werden.
- Die übrigen Kunden werden nach kurzer Zeit feststellen, dass sie offensichtlich mehr zahlen als andere. Um diese Kunden zu halten, müssen auch bei ihnen die Preise nach unten angepasst werden.

Es beginnt eine Abwärtsspirale, aus der sich das Unternehmen nur schwer lösen kann. Was sind die Alternativen?

In wirtschaftlich schwierigen Phasen ist es manchmal unvermeidlich, Aufträge anzunehmen, die zwar einen positiven Deckungsbeitrag, aber nicht die vollen Kosten erwirtschaften. Wichtig ist dabei, nicht einfach den Verkaufspreis zu senken, sondern den Preisnachlass über andere Wege zu erreichen. Auf diese Weise bleibt das Preisniveau erhalten. Dazu haben sich beispielsweise die folgenden Methoden bewährt.

- Die Kunden erhalten eine besondere Jahresendvergütung. Sie bekommen auf diese Weise zwar den gewünschten Nachlass, müssen aber als „Gegenleistung" bestimmte Jahresbestellmengen abnehmen.

- Den Kunden wird ein besonderer Zusatznutzen geboten. Die Kunden bekommen keinen Nachlass, erhalten aber eine oder mehrere Zusatzleistungen. Solche Leistungen können von einer Marketingunterstützung (z. B. bei Anzeigen) über zusätzliche Serviceleistungen (z. B. Produktinstallation durch eigene Servicetechniker) bis hin zum After-Sales-Service (z. B. günstige Ersatzteile, kostenfreie Check-ups oder eine günstigere Wartung) reichen. Der Kreativität sind hier keine Grenzen gesetzt. Allerdings muss klar kommuniziert werden, dass die Zusatzleistung Einmalcharakter hat und nicht dauerhaft geboten werden kann.

- Die Kunden erhalten ein individualisiertes Produkt. Mit der Schaffung eines besonderen Gebindes, eines speziellen Produktumfangs oder der Bündelung verschiedener Einzelleistungen zu einem Gesamtpaket bekommt der Kunde die Chance, sich im Wettbewerb zu differenzieren, ohne dass im Detail offengelegt werden muss, mit welchem Wert die Einzelelemente kalkuliert wurden.

Die hier vorgeschlagenen Maßnahmen dienen dazu, vorübergehende Auftragsflauten ohne dauerhafte Reduzierung des Preisniveaus durchstehen zu können. Zeichnet sich ab, dass die Nachfrageschwäche länger andauern wird, muss sofort und konsequent eine nachhaltige Verringerung von Kapazität und Kosten in Angriff genommen werden. Denn nur durch Senkung der Kosten – sowohl fixer als auch variabler Kostenelemente – kann erreicht werden, dass ceteris paribus ein bisher nicht die Vollkosten deckender Auftrag wieder die gesamten Kosten abdeckt.

Technische Änderungen und Nachträge steuern

Im Maschinen- und Anlagenbau ist es nicht die Ausnahme, sondern die Regel, dass nach Auftragserteilung vom Kunden technische Änderungen verlangt werden. Das weniger erfolgreiche Unternehmen mit einem schlecht gesteuerten Vertrieb nimmt solche Änderungen aus Rücksicht auf den Kunden an. Es ändert auf Kulanz oder überarbeitet die ursprüngliche Kalkulation, ohne die Prozesskosten der Doppelarbeit zu erfassen. In vielen Fällen werden nicht einmal die Auswirkungen auf den Liefertermin geprüft, bevor der Kunde die Zusage der Änderungen erhält.

Dabei wird der Aufwand, der durch technische Änderungen und Nachträge entsteht, meist viel größer als erwartet. Zum einen muss praktisch die gesamte Organisation, die den Auftrag administrativ abwickelt, ihr ganzes Procedere nochmals durchlaufen, müssen Bestellungen storniert und durch andere ersetzt werden, sind angearbeitete Teile einzulagern (und verbleiben dann oft lange im Lager), und zum anderen sind in fast allen Fällen die Liefertermine von Anfang an so knapp kalkuliert, dass einfach keine Ressource mehr für Unvorhergesehenes bleibt. Eine technische Änderung oder ein Nachtrag verzögert aber in praktisch allen Fällen die Lieferzeit. Dieser Prozess muss genauso gut gesteuert werden wie die Neuakquisition, und zwar vom Vertrieb.

Operative Kernfunktionen

Wer seine technischen Änderungen und Nachträge nicht steuert und nicht separat auch die Zusatzaufwendungen im indirekten Bereich kalkuliert, den Einfluss auf den Liefertermin nicht sauber ermittelt und diese Mehrkosten und Mehrzeiten beim Kunden nicht durchsetzt – womöglich noch Pönalen für aus der Änderung folgenden Lieferverzug zahlt – macht einen großen und teuren Fehler.

Andererseits ist teilweise zu beobachten, dass Aufträge mit schlechten Margen dadurch geheilt werden, dass jede technische Änderung und jeder Nachtrag zu überhöhten Preisen in Rechnung gestellt wird – dies ist auch nicht der Weisheit letzter Schluss. Mit diesem Vorgehen werden die Kunden massiv verärgert.

Splitten von Aufträgen nur bei Bezahlung zulassen

Wer kennt nicht die folgende Situation: Ein Unternehmen nimmt einen großen Auftrag an. Der Kunde hat aufgrund der hohen Stückzahl und der niedrigen Transportkosten einen besonders günstigen Preis erhalten. Kurze Zeit später verlangt der Kunde eine Teillieferung. Damit entstehen zusätzliche Kosten, wie z. B. Rüstkosten und Transportkosten. Solchen Teillieferungen sollte das Unternehmen nur zustimmen, wenn der Kunde bereit ist, die damit anfallenden Zusatzkosten zu tragen.

Anders ist die Situation zu bewerten, wenn das Unternehmen aufgrund von internen Planungsfehlern oder Kapazitätsproblemen nicht in der Lage ist, die bestellte Menge rechtzeitig auszuliefern. Werden in dieser Situation mit dem Kunden Teillieferungen vereinbart, so sind die daraus resultierenden Kosten natürlich vom Lieferanten zu tragen. In diesem Fall ist anschließend genau zu analysieren, worauf die Planungs- und Kapazitätsprobleme beruhen, um diese künftig zu vermeiden.

Geschäfte müssen beiden Seiten Spaß machen

Das mag abgedroschen klingen, aber es ist letztlich die Basis für einen langfristigen Geschäftserfolg. Zu gerne unterliegt einer der beiden Geschäftspartner der Versuchung, den anderen Partner in einer Situation der Schwäche auszunutzen. Von dieser kurzfristigen Gewinnmitnahme profitiert einer der Partner, aber eine langfristig stabile Geschäftsbeziehung lässt sich derart nicht aufbauen.

Was ist zu tun? Zunächst geht es darum, bereits zu Beginn der Geschäftsbeziehung sorgfältig zu analysieren, welche Vorteile man sich selbst von dieser Beziehung verspricht, und sich dann in die Position des Partners zu versetzen, um zu verstehen, welche Vorteile der Partner erwartet. Weiter ist die zeitliche Perspektive von großer Bedeutung. Der Aufbau einer langfristigen Beziehung bedeutet ein Geben und Nehmen. Ein mittelständischer Spielehersteller liefert ein interessantes Beispiel: Einem neuen Handelspartner, der erst vor kurzer Zeit sein Unternehmen im Ausland gegründet hat, werden in den Anfangsjahren besonders großzügige

Zahlungsbedingungen gewährt. Der Partner ist dankbar für die Unterstützung. Auf diese Weise entwickelt sich eine erfolgreiche, langfristige Geschäftsbeziehung zwischen beiden Unternehmen.

Letztlich gilt es, über eine bestimmte Zeitperiode für beide Partner eine Win-Win-Situation zu schaffen. Dazu gehört ein fairer und offener Umgang miteinander. Beide Seiten müssen adäquat von der Geschäftsbeziehung profitieren.

Im Marketing kooperieren: „More Bang for your Buck!"

Finanzielle Mittel für das Marketing, insbesondere für die Werbung, sind knapp. Das gilt vor allem für mittelständische Unternehmen. Damit besteht die Gefahr, dass die Marketingaktivitäten im subkritischen Bereich liegen und die ohnehin knappen Ressourcen ohne größere Wirkung verschwendet werden. Über die Zusammenarbeit mit Partnern kann die Wirkung eines knappen Werbeetats deutlich erhöht werden. „More Bang for your Buck" bedeutet, einen größeren Effekt (Bang) mit begrenzten Mitteln (Buck = umgangssprachlich für Dollar) zu erzielen.

Zur Verdeutlichung möge folgendes Beispiel dienen: Ein mittelständisches Verlagsunternehmen vertreibt Kinder- und Jugendzeitschriften. Der Werbeetat ist knapp bemessen und reicht für eine angemessene TV-Werbung nicht aus. Hier bietet sich die Zusammenarbeit mit einem Fernsehsender an. In einer Kooperation stellt der Verlag dem TV-Sender eine bestimmte Anzahl von Zeitschriftenseiten für Werbezwecke zur Verfügung, während der Verlag eine Reihe von Fernseh-Spots günstig vor oder nach einer Kinder- oder Jugend-Sendung schaltet. Letztlich profitieren beide Seiten: Der Verlag kann eine schlagkräftige TV-Werbekampagne für seine Magazine durchführen, der TV-Sender kann günstig Print-Werbung für spezifische TV-Sendungen machen und damit eine höhere Einschaltquote erreichen.

Verlorene Aufträge und Angebote sorgfältig analysieren

Ein Unternehmen sollte es sich nicht zum Ziel machen, aus allen unterbreiteten Angeboten auch tatsächlich Aufträge zu generieren. Dies wäre nur dann möglich, wenn entweder das Produkt so überlegen wäre, dass kein Wettbewerber mithalten könnte, was sicher selten vorkommt. Oder aber die Preisstellung ist so niedrig, dass alle Wettbewerber unterboten werden, was darauf hindeutet, dass mögliche Preisspielräume im Markt nicht ausgeschöpft werden und damit Margen und Gewinne verloren gehen.

Wichtig ist in jedem Fall, konsequent die Erfolgsquote bei der Angebotsunterbreitung zu verfolgen. Liegt die Trefferquote nämlich unterhalb des angestrebten Zielwerts, müssen zu viele Angebote erstellt werden, um das angestrebte Auftragsvolumen zu erhalten. Dies verursacht insbesondere bei technisch komplexen Produkten und Dienstleistungen hohe Kosten – jede Angebotserstellung ist mit Personal- und Sachkosten verbunden. Deshalb ist es sinnvoll,

Operative Kernfunktionen

jedes nicht gewonnene Angebot zu analysieren, um zu verstehen, aus welchen Gründen die Auftragserteilung gescheitert ist. Meist kristallisieren sich nach kurzer Zeit zwei oder drei zentrale Gründe heraus.

Mit diesen Informationen lässt sich aus operativer Sicht die Angebotsbearbeitung wesentlich stringenter und damit kostengünstiger durchführen. Häufig liegen auch im Bereich der Schulung und Ausbildung von Mitarbeitern Verbesserungspotenziale, die mittels einer Aufschlüsselung der Trefferquoten nach einzelnen Verkäufern bzw. Vertriebsteams erkennbar werden. Darüber hinaus ist diese Analyse aus strategischer Sicht für die Entwicklung von zukünftigen Produkt- und Preisstrategien von großem Interesse.

2.3 Einkauf

2.3.1 Prozesse

Einkaufspotenziale regelmäßig und systematisch überprüfen

Im Mittelstand muss die Einkaufsabteilung häufig als „Mädchen für alles" herhalten. Sie muss nicht nur Lieferanten auswählen und mit ihnen die Konditionen für die entsprechenden Lieferverträge aushandeln, sondern oft auch Logistikaufgaben wahrnehmen (vgl. S. 77). In dieser Situation bleibt kaum Zeit, sich mit Einkaufsstrategien zu beschäftigen oder Grundsatzfragen bei der Lieferantenauswahl nachzugehen.

Hier bietet sich die Unterstützung durch Berater an, die sich auf die Erschließung von Einkaufspotenzialen spezialisiert haben. Diese Berater analysieren Warengruppe für Warengruppe und ermitteln anhand umfangreicher eigener Datenbanken und Erfahrungen potenzielle neue Lieferanten. Sie verhandeln auch mit bestehenden Lieferanten fundiert die Konditionen aus. Dabei geht es nicht nur um reine „Preisschlachten", sondern es werden auch ganz gezielt die dem Produkt zugrunde liegenden Technologien hinterfragt. Viele Beispiele haben gezeigt, dass durch technologische Entfeinerungen Produkte oder Fertigungsprozesse vereinfacht und damit auch Vorprodukte deutlich günstiger eingekauft werden können.

Der Einsatz solcher Einkaufsspezialisten ist für das Unternehmen meist risikolos möglich, da die Bezahlung in aller Regel ausschließlich am Umsetzungserfolg orientiert ist. Üblicherweise wird das in den ersten zwölf Monaten realisierte Einsparpotenzial hälftig zwischen Beratern und Unternehmen geteilt; die Einkaufspotenziale der Folgejahre stehen dann ausschließlich dem Unternehmen zu. Grundvoraussetzung für den Einsatz solcher Spezialberater ist die Bereitschaft des Mittelständlers, auch einen langjährigen Lieferanten zu wechseln sowie offen zu sein für technologische Veränderungen an den Produkten. Die damit verbundenen Risiken sind in aller Regel gut beherrschbar und die daraus resultierenden wirtschaftlichen

Vorteile erheblich. Eine solche Überprüfung der Einkaufspotenziale mit externer Unterstützung sollte alle zwei bis drei Jahre, gegebenenfalls nach Materialgruppen gestaffelt, vorgenommen werden.

„Single Sourcing" gibt es nicht ohne Risiko

Wenn für das gleiche Produkt mehrere Lieferanten verfügbar sind, werden ein funktionierender Preiswettbewerb und eine hohe Liefersicherheit gewährleistet. Falls einmal ein Lieferant ausfällt, kann die Belieferung durch einen der anderen Lieferanten sichergestellt werden.

Diese Logik gilt für standardisierte Teile, aber nicht für Sonderteile. Werden beispielsweise bestimmte individualisierte Kunststoffspritzgussteile benötigt, so müssen dafür die entsprechenden Werkzeuge hergestellt werden. Sofern nicht besonders große Stückzahlen benötigt werden, ist es in aller Regel wirtschaftlich nicht sinnvoll, mehrere Werkzeuge für das gleiche Teil vorzuhalten. Somit muss man sich für einen Lieferanten entscheiden und vollständig auf dessen Qualitätsniveau und dessen Liefertreue vertrauen. Die damit verbundene Abhängigkeit ist zu akzeptieren, da eine Mehr-Lieferanten-Strategie kaum bezahlbar sein wird.

Im Übrigen gilt die Abhängigkeit meist auch wechselseitig, da der Lieferant für den Kunden im Allgemeinen die Werkzeuge vorfinanziert und sich diese erst über die Lieferabrufe amortisieren. Sofern der Kunde dann nicht die geplanten Abrufe tätigt, leidet der Lieferant.

Alternativ kann auch grundsätzlich bei Lieferanten mit weit verbreiteten Standardmaschinen eingekauft werden. Wenn dann eine Insolvenz oder vergleichbare Notsituation eintritt, kann ein Werkzeug schnell auf einen anderen Lieferanten mit den gleichen Maschinen verlagert werden. In diesem Fall ist allerdings ein Werkzeug in Kundeneigentum vorteilhafter, um die Verfügungsgewalt darüber zu behalten und es nicht Teil der Insolvenzmasse werden zu lassen.

Einkäufer als Technologie-Scouts nutzen

Einkäufer besuchen Lieferanten regelmäßig an deren Produktionsstandorten. Solche Besuche sollten nicht nur zur Auditierung der aktuell bezogenen Produkte und der damit in Zusammenhang stehenden Fertigungsprozesse genutzt werden, sondern auch zu Diskussionen über neue Produkte und neue Fertigungstechnologien.

Die Einkäufer sollten stets die Augen offenhalten und mit den Lieferanten darüber diskutieren, welche neuen Technologien aus deren Sicht in naher Zukunft relevant werden und welche Entwicklungen sich gerade anbahnen. Das mag auf den ersten Blick trivial erscheinen, doch kann man immer wieder feststellen, dass aufgrund der hohen Belastungen im Tagesgeschäft sich weder Einkäufer noch Lieferant regelmäßig die Zeit nehmen, über den Tellerrand zu schauen und übergreifende Technologie- oder Marktentwicklungen zu diskutieren. Die

Einkäufer haben die besten Möglichkeiten, als Technologie-Scouts zu agieren, da sie häufig vor Ort beim Lieferanten sind. Man muss die Einkäufer konkret auf solche Tätigkeiten verpflichten und deren Durchführung nachhaltig einfordern.

2.3.2 Methoden

Logistisches Tagesgeschäft vom Einkauf trennen

Der Einkäufer ist nicht nur für die Lieferantenauswahl und Verhandlung der Beschaffungskonditionen verantwortlich, sondern muss auch logistische Fragen lösen. Das heißt, er ist derjenige, der auf Anforderung der Fertigungssteuerung beim Lieferanten die entsprechenden Teile abruft, deren Anlieferung verfolgt und gegebenenfalls auch fehlenden Teilen hinterherjagt. Dies hat in der Praxis die fatale Konsequenz, dass der Einkäufer sich oft nur noch um die operative Teilebeschaffung kümmert und permanent Feuerwehrmann spielt, um durch Fehlteile verursachte Probleme im Unternehmen zu lösen. Er hat dann keine Zeit mehr für die Auseinandersetzung mit den wirklich strategischen Fragestellungen des Einkaufs, wie die Suche nach neuen, qualifizierten Lieferanten oder die gemeinsam mit Kollegen aus Entwicklung, Vertrieb und Produktion vorzunehmende technische Anpassung der Produkte mit dem Ziel, Einkaufskostenvorteile zu realisieren.

Das muss nicht so sein: Im Unternehmen sind die Prozesse Einkauf und Logistik voneinander zu trennen und jeweils dorthin zu verlagern, wo die entsprechende Kompetenz vorhanden ist.

Für den Einkauf bedeutet dies, dass er im Regelfall ausschließlich für die Suche nach geeigneten Lieferanten, die entsprechenden Vertragsverhandlungen und den Abschluss von Rahmenverträgen verantwortlich ist. Vor diesem Hintergrund können Logistikfragen in die entsprechenden Fachabteilungen verlagert werden. So kann beispielsweise die Abteilung Fertigungsplanung direkt bei der Erstellung der Produktionspläne die entsprechenden Mengenabrufe bei den Lieferanten auslösen. Sollten sich Lieferschwierigkeiten ergeben, so kann sie die Beschaffung der entsprechenden Teile nachhalten und eventuell erforderliche Änderungen der Produktionsreihenfolge direkt vornehmen. In gleicher Weise können Verbrauchsteile oder C-Teile – innerhalb vorgegebener Rahmenverträge – direkt von Mitarbeitern aus dem Produktionsbereich abgerufen bzw. vom Lieferanten direkt am Verbrauchsort bereitgestellt werden.

Auf diese Weise wird das Tätigkeitsfeld des Einkaufs auf die eigentlichen Kernfunktionen reduziert. Gleichzeitig vermindert man so die Anzahl von Schnittstellen im Produktionsprozess. Falls benötigte Teile nicht pünktlich im Produktionsbereich verfügbar sind, ist der Einkauf auch nicht mehr länger der Sündenbock für Pannen, die in die Verantwortlichkeit der Produktion fallen. Er muss allerdings über solche Vorkommnisse standardisiert informiert werden.

Diese Trennung gilt nicht nur für Produktionsbereiche, sondern für alle Einheiten im Unternehmen. Das heißt, auch der Bereich Forschung & Entwicklung oder der Bereich Administration ruft die benötigten Materialien aus vorher vom Einkauf abgeschlossenen Rahmenverträgen direkt bei den Lieferanten ab und stellt die ordnungsgemäße Versorgung sicher.

Wichtige Lieferanten genau kennen lernen

Gerade beim Single Sourcing ist es bedeutsam, genauere Informationen über den Lieferanten im Rahmen einer FMEA-Analyse einzuholen. Es kommt nicht nur darauf an, dass der Lieferant über die erforderlichen technischen Fähigkeiten verfügt, sondern dass er auch eine solide wirtschaftliche Basis hat (vgl. S. 53). Vor dem Abschluss langfristiger Lieferverträge ist es notwendig, sich die Jahresabschlüsse der letzten zwei oder drei Jahre zeigen zu lassen. Diese Abschlüsse müssen ohnehin im elektronischen Bundesanzeiger veröffentlicht werden; deshalb sollte dieses Vorgehen bei der Lieferantenauswahl auf Verständnis stoßen. Gleiches gilt für die gesellschaftsrechtliche Situation. Bei familienorientierten Gesellschaften muss die Frage nach der aktuellen sowie der künftigen Gesellschafterstruktur gestellt werden. Bevor man sich langfristig bindet, müssen die Grundlagen der Geschäftsbeziehung eindeutig definiert werden – und dazu gehören die wirtschaftliche sowie die gesellschaftsrechtliche Zukunftsfähigkeit des Unternehmens.

Auch wenn im Einzelfall Mittelständler den eigenen Jahresabschluss als großes Geheimnis hüten wollen, muss man als Kunde auf Offenlegung beharren – zumal die Handelregister in jüngster Vergangenheit konsequent auf die Einhaltung der gesetzlich vorgegebenen Publizitätspflicht bestehen. Denn wirtschaftlich erfolgreiche Geschäftsbeziehungen leben letztlich von wechselseitiger Offenheit.

Der Einkauf muss einen „Lead Buyer" benennen

Unternehmen, die mehrere Fertigungsstandorte im In- und Ausland haben, leisten oft überflüssige Doppelarbeit im Einkauf. Gleiche Fertigungsmaterialien und Vorprodukte werden in jedem Land gesondert eingekauft. Das heißt, es werden jeweils lokale Lieferanten gesucht, zertifiziert, Konditionen verhandelt etc. Diese Arbeiten lassen sich durch die Etablierung eines Lead-Buyer-Konzepts signifikant vereinfachen. Für die wichtigsten Warengruppen werden Einkaufsverantwortliche (Lead Buyer) definiert, die unternehmensweit für die Auswahl der Lieferanten, deren Zertifizierung sowie den Abschluss von Rahmenverträgen verantwortlich sind. Die einzelnen Fertigungsstandorte brauchen dann nur noch unter Bezugnahme auf die Rahmenvereinbarungen die individuellen Abrufe vorzunehmen. Dies bringt erhebliche Effizienz- und Qualitätsvorteile, weil sich einzelne Personen intensiv mit bestimmten Warengruppen beschäftigen können und keine Zersplitterung des Know-hows im Einkauf erfolgt. Darüber hinaus können durch Mengenbündelung auch günstigere Konditionen realisiert werden.

Operative Kernfunktionen

Wichtig ist an dieser Stelle zu erwähnen, dass ein Lead Buyer einer Warengruppe selbstverständlich nicht nur in der Zentrale ansässig sein muss. Auf diese Weise werden auch die Tochtergesellschaften integriert.

Vor Fremdvergabe der C-Teile deren Vielfalt reduzieren

Viele Fälle belegen, dass die Fremdvergabe des C-Teile-Managements eine erhebliche Reduzierung des Verwaltungsaufwands bei gleichzeitig besserer Teileverfügbarkeit mit sich bringt. Dies liegt darin begründet, dass die Lieferung von C-Teilen das Kerngeschäft des Lieferanten ist, für das er sich entsprechend engagiert. Die Beschaffung der C-Teile wird im eigenen Unternehmen oft nur als lästige Pflichtaufgabe angesehen. Hinzu kommt ein teilweise erheblicher Kostenunterschied aufgrund differierender Personalkosten – während beispielsweise für den eigenen Logistiker der Metalltarifvertrag gilt, findet der günstigere Speditionstarifvertrag beim Lieferanten Anwendung.

Bevor allerdings das C-Teile-Management fremd vergeben wird, muss zunächst eine Bereinigung der Teilevielfalt vorgenommen werden. Über die Jahre ist in fast allen Unternehmen die Vielfalt der Teile geradezu explodiert. Dies zeigt das folgende Beispiel zu Normschrauben: Entwickler verwenden – aus ihrer Sicht nachvollziehbar und korrekt – eine Schraubenqualität, die die geforderten Anforderungen erfüllt, aber dennoch kostengünstig ist. Deshalb wird möglichst keine zu hochwertige Schraube verwendet. Aber in den meisten Fällen ist es sinnvoll, die Vielfalt von Normschrauben im Unternehmen auf bestimmte Qualitäten zu reduzieren und im Zweifel eher einmal eine „zu hohe" Qualität zu verwenden. Auf diese Weise werden Komplexitätskosten dauerhaft verringert (vgl. S. 57).

2.4 Produktion und Logistik

2.4.1 Planung und Steuerung

Der Kunde bestimmt die Qualität

Die Merksätze „Quality first", „Quality is for free", „Wir liefern Qualität" usw. werden oft gebraucht. In vielen Branchen ist Qualität im Sinne des Erfüllens von Kundenerwartungen heute Standard und kein Alleinstellungsmerkmal mehr. Wenn ein Unternehmen die branchenüblichen Qualitätsstandards nicht erreicht, disqualifiziert es sich für die weitere Teilnahme am Markt.

Zweifellos sehen die Kunden ihren Lieferanten viele Dinge nach, z. B. Lieferverzögerungen oder hohe Preise. Aber wenn die Qualität nicht stimmt, nimmt das Image großen Schaden. Die Qualitätsstandards beziehen sich dabei auf das Leistungsniveau, das die Kunden erwarten. Ein Kunde erwartet zum Beispiel von den Skihandschuhen eines großen Kaffeerösters ebenso wie von denen aus der Kollektion eines bekannten Skifilmers, dass sie wärmen, ohne dass er darin schwitzen muss. Über optische Nachteile ist sich der Kunde beim Kauf durchaus bewusst; auch darüber, dass nicht jede Naht perfekt sitzt. Bezüglich der Haltbarkeit der Handschuhe geht er im ersten Fall von zwei Skisaisons aus, im zweiten Fall von fünf. Entsprechend seiner (preisgetriebenen) Erwartungshaltung akzeptiert der Kunde unterschiedliche Qualitätsniveaus.

Wenn sich ein Unternehmen in einem Marktsegment positioniert, muss es auch die in diesem Segment erwarteten Qualitätsstandards kennen. Es dokumentiert den Zusammenhang zwischen der vom Kunden erwarteten Qualität in geeigneten Qualitätsvorschriften und überwacht deren Einhaltung angemessen. Damit die Mitarbeiter entsprechend diesen Vorschriften und Methoden denken und handeln, müssen sie den Zusammenhang zwischen dem Marksegment und den mit diesem Segment verbundenen Qualitätsanforderungen kennen. Wie bei jeder Vorschrift oder Regel gilt auch hier, dass über Verbesserungen zuerst diskutiert und dann entschieden werden muss. Solange eine Qualitätsvorschrift gültig ist, gibt es keine Kompromisse.

In der Realität wird es immer wieder vorkommen, dass Qualitätsstandards nicht eingehalten werden. In der Reaktion auf diesen Mangel unterscheidet sich das gute vom schlechten Unternehmen. Ein Beschwerdemanagement, das schnell und kompetent – kundenorientiert – auf Mängel reagiert, kann einen wichtigen Wettbewerbsvorteil darstellen. Das zur Zufriedenheit des Kunden gelöste Qualitätsproblem bleibt diesem Kunden in guter Erinnerung und qualifiziert das Unternehmen als verlässlichen Partner (vgl. S. 60).

Realistische Zusagen machen – und diese einhalten

Unzweifelhaft nimmt in vielen Unternehmen der Termindruck in zweierlei Hinsicht zu, und zwar zum einen hinsichtlich immer kürzerer Lieferzeiten, zum anderen hinsichtlich der immer stärker eingeforderten Termintreue. Was sind die Ursachen? Der Vertriebsmitarbeiter befürchtet, dass das Projekt ohne eine konkrete, aber kaum einhaltbare Lieferterminzusage nicht zustande kommt – oder der Disponent weiß sich gegenüber den Forderungen seines Kunden nicht mehr anders zu helfen, als den vom Kunden gewünschten Liefertermin zu akzeptieren. Beide Verhaltensweisen lösen zwar kurzfristig ein Problem, aber das dicke Ende kommt nach.

In der Zulieferung im Großserienbereich sieht die Situation etwas anders aus. Hier stellt sich neben der Terminfrage vor allem die Frage nach der Menge. Sonderausstattungen für Produkte oder unerwartet große Erfolge einzelner Baureihen führen regelmäßig dazu, dass Mehrmengen in einer kürzeren Zeit verlangt werden.

In beiden Fällen ist es unerlässlich, vor Zusagen an den Kunden die dafür notwendigen Maßnahmen mit Terminen und Verantwortlichkeiten gemeinsam mit allen Beteiligten zu definieren. Unabhängig davon, ob es um Liefertermin, -menge oder -qualität geht – das Unternehmen und die handelnden Personen leben von ihrer Verlässlichkeit.

Wer gegenüber dem Kunden eine Zusage macht, muss hinreichend sicher sein, dass die Zusage eingehalten werden kann, und sich bewusst sein, mit welchen Maßnahmen und Ressourcen die Zusage umzusetzen ist. Danach heißt es, standhaft zu bleiben und die Zusage mit allen Mitteln einzuhalten.

In diesem Zusammenhang können die so genannten „Chef-Entscheidungen" negative Konsequenzen für alle Beteiligten haben. Eine Führungskraft kann die nachgeordneten Mitarbeiter durch nichts mehr demotivieren und gegenüber dem Kunden unglaubwürdig machen, als die vom Mitarbeiter sorgfältig geprüfte Zusage durch eigenmächtige und nicht abgestimmte Entscheidungen zu entwerten. Wenn die Führungskraft aus übergeordneten Gründen unbedingt eine andere Entscheidung treffen muss, so ist dies dem Mitarbeiter vernünftig zu erklären.

Nicht um Methoden streiten, sondern um Ergebnisse wetteifern

Für jede Problemkonstellation lässt sich theoretisch das nach dem Stand der Technik beste Verfahren finden. Dies ist oft mit einem hohen Aufwand und mit der Überwindung großer psychologischer Hürden im Sinne eines Veränderungsmanagements verbunden. In solchen Situationen gilt das „not-invented-here"-Syndrom. Jeder Bereich oder Standort ist selbstbewusst – manchmal sogar starrsinnig – und beharrt auf seinen Methoden. Auch wenn es grundsätzlich möglich ist, mit einer zentralen Werksplanung das „objektiv" beste und kostengünstigste Verfahren zu entwickeln und auszuwählen – umsetzen lässt es sich aus dem eben genannten Grund nur in den seltensten Fällen.

Der Streit um Methoden kann durch Zielvereinbarungen abgekürzt werden, unterstützt durch entsprechende Informationsangebote. Das beste Werk hat bei einem bestimmten Produkt beispielsweise eine Ausschussrate von zwei Prozent; ein anderes Werk hat für ein vergleichbares Produkt aber eine Ausschussrate von vier Prozent. Es ist in der Regel nicht hilfreich, die Methode des „Zwei-Prozent-Werks" dem „Vier-Prozent-Werk" aufzuzwingen. Stattdessen ist es sinnvoller, bei einer annähernden Vergleichbarkeit der Produkte das Ziel „zwei Prozent" an das „Vier-Prozent-Werk" zu geben. Diese Zielsetzung kann verbunden werden mit einer Investitionszusage und einem Bonus für das Management. Außerdem muss das „Zwei-Prozent-Werk" sein gesamtes Know-how offenlegen und eine eventuell notwendige Unterstützung für das „Vier-Prozent-Werk" anbieten. Nun ist das „Vier-Prozent-Werk" gefordert. Vermutlich wird es zunächst versuchen, mit Bordmitteln die zwei Prozent zu erreichen, wird dann aber später in einer weiteren Evolutionsstufe auf das Verfahren des „Zwei-Prozent-Werks" einschwenken. Wenn dies nicht der Fall sein sollte, ist das Werksmanagement am falschen Platz!

Interne Lieferbeziehungen vermeiden oder über Marktpreise steuern

In jeder Unternehmensgruppe, die aus mehreren Gesellschaften besteht, gibt es auch interne Lieferbeziehungen. Im Hinblick auf Fairness und Qualität der Beziehungen zwischen den verschiedenen Einheiten hat sich in der Praxis vielfach folgende Priorisierung gezeigt: Lieferanten (bzw. Kunden) aus vorgelagerten (bzw. nachgelagerten) Einheiten unter der gleichen Führung werden bevorzugt behandelt. Es folgen andere Einheiten, die im gleichen Werk angesiedelt sind, aber von einem anderen Management geführt werden. Dann erst kommen die externen Kunden. Auf dem untersten Rang stehen die internen Kunden aus anderen Werken und anderen Gesellschaften. In vielen Unternehmen ist es um die Qualität der Lieferanten-/Kundenbeziehungen zwischen Schwesterwerken sehr schlecht bestellt, das dokumentiert sich insbesondere in einer schlechten Servicequalität.

Grundsätzlich sind interne Lieferbeziehungen zu vermeiden. Aber in vielen Unternehmensgruppen ist dies aus verschiedenen Gründen (z. B. Technologiebündelung) nicht möglich. Dann entstehen Streitigkeiten über die Preisbildung – vor dem Hintergrund, in welcher Einheit wie viel Gewinn anfällt.

In solchen Situationen sind für interne Leistungen Marktpreise anzusetzen. Gleichzeitig müssen die Einheiten aber die Möglichkeit haben, externe Lieferanten zu beauftragen, wenn eine Einigung über den Preis mit dem Schwesterwerk nicht zustande kommt. Wenn es keine Marktpreise gibt, muss versucht werden, einen Marktpreis zu simulieren bzw. eine Regel aufzustellen, wie dieser Preis zu berechnen ist. Bei internationalen Lieferbeziehungen können so auch die steuerrechtlichen Anforderungen hinsichtlich der Transferpreise erfüllt werden.

Technologieentwicklung über internen Wettbewerb betreiben

Aus theoretischer Sicht ist ein zentrales Werk denkbar, das weltweit die Kerntechnologie entwickelt und auf diese Weise auch die technischen Parameter für Qualität und Differenzierung gegenüber dem Markt vorgibt. Dieses Werk versorgt die verschiedenen Fabriken mit den entsprechenden Halbfabrikaten, die dann vor Ort zum Endprodukt montiert werden. Einige Unternehmen gehen so vor, aber viele andere Unternehmen können sich einen solchen Ansatz nicht leisten, weil sie die hohen Kosten der Restrukturierung nicht aufzubringen vermögen.

Aber ist ein derartiger zentraler Ansatz richtig? Für ein solches Vorgehen sprechen die Einheitlichkeit im Vorgehen und die vordergründig niedrigen Kosten. Allerdings dürfte es problematisch sein, an einem Standort die notwendigen Spezialisten und Mitarbeiter zusammenzufassen, die zum einen auf dem neuesten Stand der Technik und zum anderen auch mit den Schwierigkeiten des operativen Betriebs vertraut sind. Selbst wenn dies gelingt, entsteht ein gewisser „Einigelungseffekt" – man rechnet sich zu Unrecht zu den Weltbesten!

Einen besseren Ansatz bietet der interne Wettbewerb zwischen verschiedenen Werken. Die Spezialisten für bestimmte Kerntechnologien sollten – natürlich unter der Voraussetzung einer angemessenen Mindestgröße der Werke – verteilt arbeiten, sich aber regelmäßig treffen und untereinander austauschen. Sackgassen und gefährliche Fehlentwicklungen werden unwahrscheinlicher. Nichts fordert die Ingenieure und Techniker mehr heraus als Kollegen aus anderen Werken der Unternehmensgruppe, die bestimmte Technologien oder Prozessschritte besser beherrschen.

Kleine, autonome, vernetzte Fertigungseinheiten schaffen

Der vor gut einhundert Jahren entwickelte Taylorismus prägt noch heute viele Produktionsunternehmen. Die extreme Arbeitsteilung im Betrieb hat den Vorteil niedriger Kosten – die Effizienz ist hoch bei gleichbleibender Qualität. Aber Mitarbeiter werden wie Maschinen behandelt; niemand erwartet, dass sie ihre organisatorischen, sozialen und technischen Kenntnisse und Fähigkeiten im Unternehmen einsetzen. Heute kann es sich wohl kaum ein Unternehmen noch leisten, die Mitarbeiter nur für den Gebrauch ihrer beiden Hände zu bezahlen. Neue Ansätze sind gefragt, in denen jeder Mitarbeiter mitdenkt und mitarbeitet. Kleine, autonome Einheiten sollen eng zusammenarbeiten.

Voraussetzung für die Einführung von autonomen Bereichen ist, dass die Verantwortung für die Gesamtaufgabe mit allen Funktionen in eine Hand gelegt wird. Dies kann der Werkleiter, der Abteilungsleiter oder der Teamsprecher sein, je nachdem welchen Umfang die Aufgabe hat. Mit der Verantwortung muss auch die entsprechende Kompetenz unmittelbar verbunden sein. Nur auf diese Weise ergibt sich eine sinnvolle Eigenverantwortung.

In Bezug auf ein spezifisches Endprodukt, eine Produktfamilie oder einen Kunden geht es nicht um Abteilungsdenken oder Trennen nach Technologien, sondern um ein Zusammenarbeiten über Abteilungs- und Technologiegrenzen hinweg. Die Einheiten müssen miteinander in Form von Prozessen vernetzt werden. Dies wird nicht immer einfach sein, aber eine moderne Fabrik muss sich in diese Richtung bewegen.

Mit der Vernetzung über eine Prozessorganisation wird die Zusammenarbeit zwischen den Mitarbeitern erheblich verbessert. Die Logistiker oder die Fertigungsplaner sollen sich nicht mehr als Mitglieder einer Fachabteilung verstehen, sondern als Kollegen, die sicherstellen müssen, dass bestimmte Anforderungen ihrer Kunden oder an ihre Produkte erfüllt werden. Jeder Mitarbeiter hat sich diesem Ziel unterzuordnen und trägt dazu mit seinen spezifischen Fähigkeiten und Erfahrungen bei.

Der Befürchtung, dass mit einem solchen Organisationsmodell die Koordination leidet und das Know-how in jedem Fachbereich schrittweise schwindet, kann begegnet werden. Eine übergreifende Fachkoordination, die Weiterentwicklung im Fachgebiet sowie die Planung und Durchführung von Schulungen verantwortet ein Mitarbeiter aus einer der Einheiten und übernimmt diese Aufgabe für alle anderen Einheiten.

2.4.2 Umsetzung

Die ganze Realität wird nur direkt im Werk erkennbar

Führungskräfte in der Produktion, in der Logistik, der Qualitätssicherung etc. dürfen ihr Tätigkeitsfeld nicht auf Büros und Besprechungszimmer beschränken. Sie müssen vor Ort sein, gelegentlich auch die entfernten Werke besuchen und, wenn notwendig, ins Detail gehen können. Der Werkleiter soll dabei nicht zum überbezahlten Meister mutieren, sondern dessen Sparringspartner sein.

Das hat verschiedene Vorteile. Die Führungskräfte zeigen, dass sie bereit sind, sich mit der konkreten Situation vor Ort auseinanderzusetzen. Sie schotten sich nicht von der Basis ab, sondern beweisen, dass sie die Leistungen, Fähigkeiten, Meinungen und Erfahrungen der Mitarbeiter an der Basis schätzen und in ihr Urteil einbeziehen. Die Mitarbeiter fassen Vertrauen und öffnen sich. Der in vielen Unternehmen anzutreffenden „Lehmschicht der mittleren Führung" wird es schwerfallen, Fehlentwicklungen auf Dauer zu verheimlichen.

Sehr hilfreich ist in diesem Zusammenhang auch die transparente Gestaltung der Büros. Die Büros der Werkleiter, Meister, Logistiker, Fertigungsplaner und Mitarbeiter der Qualitätssicherung sollten eine zentrale Lage haben. Je gläserner der Blick der Führungskräfte und Spezialisten in das Unternehmen ist, desto besser wissen sie über die tatsächlichen Verhältnisse Bescheid. Sie können kritische Situationen schneller erkennen und angemessen reagieren.

Umgekehrt sind diese Büros natürlich auch aus dem Betrieb heraus einsichtig. Die Mitarbeiter im Betrieb erkennen, dass die Manager und Spezialisten auch arbeiten. Sie stehen gleichermaßen unter Beobachtung, d. h., der Gruppendruck gilt auch für sie. Dieser Effekt kann noch verstärkt werden durch ein gemeinsames Prämiensystem, das sich an spezifischen Kriterien hinsichtlich der Erfüllung von Kundenanforderungen sowie internen Zielen orientiert.

Auch Controller, Entwickler und Vertriebsmitarbeiter sind stärker integriert, wenn sie bei den entsprechenden Themen häufig mit den Werksverantwortlichen am Ort des Geschehens und nicht nur im Besprechungszimmer sind.

Dem „richtigen" Werkleiter macht dies in der Regel auch Spaß. Er kann gelegentlich aus der Besprechungs- und Büroatmosphäre ausbrechen und durch das Werk gehen. Es geht dabei nicht um Besserwisserei, sondern um ein konstantes Anmahnen von Qualität, Arbeitssicherheit und Effizienz – und er wird regelmäßig über den Kontakt zur Basis auf den Boden der Tatsachen zurückgeholt.

Logistik findet nicht nur am Bildschirm statt

Die klassische Einteilung „Arbeiter" versus „Angestellte" ist de facto auch heute noch typisch für viele Unternehmen. Diese Denkweise kann in der betrieblichen Praxis zu großen Problemen führen. Der Logistiker beispielsweise, der seine Entscheidungen weitgehend auf der Basis von Informationen aus IT-Systemen trifft, weiß in der Regel nicht, wie es vor Ort wirklich aussieht und welche schlechten Erfahrungen die Mitarbeiter vor Ort möglicherweise mit seinen Kollegen in der Vergangenheit gemacht haben.

Fabriken funktionieren nicht deterministisch, wie man das in den späten 70er und 80er Jahren geglaubt hat, sondern stochastisch. Heute akzeptiert man, dass Computersysteme hinsichtlich der Auftragsreihenfolge oder dem Mengen-Splitting manchmal keine guten Entscheidungen treffen; die betroffenen Mitarbeiter jedoch „unscharf" und dennoch richtig entscheiden können. Letztlich ist die nicht im Computersystem dokumentierte Kenntnis dessen, was vor Ort wirklich geschieht, entscheidend für eine pragmatische Lösungsfindung.

Vor allem mittelständische Unternehmen können diese Form der Entscheidungsfindung aufgrund ihrer geringen Größe und hohen Flexibilität besonders gut nutzen. Immer wieder vom Computersystem logisch richtige Entscheidungen korrigieren zu müssen, die nicht in die Realität passen, führt zu einer wichtigen Erkenntnis, die nicht nur für Logistiker, sondern auch für andere Produktionsspezialisten gilt. Wer seine Tage ausschließlich vor dem Bildschirm im Büro verbringt und mit seinen Partnern im Unternehmen nur per E-Mail und Telefon kommuniziert, verliert den Kontakt zur Realität. Solche Arbeitsplätze können auch in Niedriglohnstandorte verlagert werden, wie es bei Call-Centern gang und gäbe ist.

Folgendes Beispiel verdeutlicht das Problem: Kurz vor dem Bandstillstand beim Kunden stellt der verzweifelte Logistiker in der Montage eines Automobilzulieferers fest, dass der im IT-System ausgewiesene und nun dringend benötigte Bestand an Kunststoffclips nicht vorhanden ist. Nach Stunden der Suche, mehreren Notfallplänen und Kontakten mit dem Kunden geht der Logistiker in die Montage. Dort meint der Meister: „Wenn ich nicht vorgestern die 5 000 Clips bei mir im Büro in der Schublade gesichert hätte, gäbe es jetzt keine mehr." Der Logistiker beendet daraufhin seinen Arbeitstag!

Statt Schlagworte gesunden Menschenverstand nutzen

Wie in vielen anderen betrieblichen Funktionsbereichen, so werden auch in der Produktion und Logistik unter einem spezifischen Schlagwort gerne neue Methoden eingeführt. Oft werden diese Methoden von Unternehmensberatungen propagiert. Solche Methoden sind in Wirklichkeit häufig nur Überhöhungen von rationalen Verhaltensweisen, die alle Mitarbeiter im täglichen Leben problemlos beherrschen.

Kanban ist eine solche Methode. Das Kanban-System ermöglicht die sichere Versorgung mit Gütern, die einen regelmäßigen Bedarf mit geringen Schwankungen aufweisen.[45] Jeder Mensch nutzt dieses System: Beim Duschen etwa wird die angebrochene Duschmittelpackung verwendet und eine neue Packung steht im Regal. Wenn die Packung in der Dusche leer ist, wird die neue Packung aus dem Regal geholt, die leere in den Abfalleimer geworfen und auf den Einkaufszettel „Duschmittel" geschrieben – das ist Kanban!

Bei der Einführung neuer Konzepte und Verfahren sollte man den gesunden Menschenverstand walten lassen und hinterfragen, was mit den Schlagworten genau gemeint ist. Weiter ist zu überlegen, welchen Nutzen die Einführung des neuen Verfahrens tatsächlich bringt und inwieweit das Verfahren auf die spezifischen Unternehmensverhältnisse angepasst werden muss. Die Einführung neuer Konzepte und Verfahren, durchaus mit Hilfe einer Unternehmensberatung, kann bei kleineren Unternehmen sinnvoll sein, wenn damit der Übergang vom Handwerks- zum Industriebetrieb methodisch unterstützt wird. Auf diese Weise können Standards definiert und Prozessstabilität geschaffen werden – sowohl für die Fertigung als auch für die administrativen Abläufe.

In angelsächsischen Unternehmen ist manchmal zu beobachten, dass neue Konzepte in schneller Folge eingeführt werden. Dann wird die Belegschaft bald nicht mehr mitziehen – es entsteht ein kurzes Strohfeuer und die neuen Verfahren laufen ins Leere. Wenn man ein neues Konzept verfolgt, dann muss das Management die Umsetzung voll unterstützen, und zwar so lange, bis das Konzept vollständig greift. Erst dann können weitere Veränderungen eingeführt werden.

Zentralfunktionen müssen bezahlt werden

Viele mittelständische Unternehmen sind historisch gewachsen. Die einzelnen Werke verfügen über unterschiedliche Technologien, Qualitätsstandards und IT-Systeme. Die Produktprogramme sind nicht sauber abgestimmt. Das Qualifikationsniveau der Mitarbeiter, insbesondere in Tochtergesellschaften mit Sitz in Schwellenländern, liegt unter dem üblichen Niveau im Stammland.

Diese Situation fordert eine zentrale Koordination. Zu diesem Zweck bestehen in vielen Unternehmen entsprechende zentrale Abteilungen oder Bereiche. Aber Zentralabteilungen im Stammwerk tendieren dazu, sich zu verselbständigen. Sie erstellen fernab der Werksrealitäten Konzepte, die dann gegen offene und versteckte Widerstände allen Werken übergestülpt werden sollen. Erfahrene, aber manchmal sozial wenig sensible Führungskräfte, „alte Haudegen", werden mit derartigen Aufgaben gerne auf das Altenteil geschickt.

Wie löst man dieses Problem? Grundsätzlich sollte nur ein kleiner Teil der Kosten von Zentraleinheiten pauschal verrechnet werden. Dies sind z. B. die Kosten für Zertifizierungen, interne Audits, Reporting, Gruppenkoordination oder unabdingbare Handbücher für das Qua-

---

45 Für weitere Ausführungen zum Kanban-Konzept siehe Hering et al. (2004)

Operative Kernfunktionen 87

litäts- oder Umweltmanagement. Der größte Teil (Faustregel: „2/3+") des Budgets der Zentralabteilungen jedoch muss durch den Leistungsempfänger und Kostenträger angefordert und bezahlt werden.

Die einzelnen Werke werden eine zentrale Werksplanung zur Unterstützung anfordern, wenn die Werksziele durch Verbesserungen aus eigener Kraft nicht erreicht werden können. Wichtig ist, dass die Mitarbeiter dieser zentralen Abteilungen technologisch auf dem neuesten Stand sind, über gute organisatorische Fähigkeiten verfügen und sozial kompetent sind. Nur dann wird der Werkleiter die Unterstützung der Zentrale nutzen und auch bereit sein, dafür zu zahlen. Die notwendigen Mittel für solche Projekte müssen von der anfordernden Einheit und der Zentralabteilung bereits im Planungs- und Budgetierungsprozess berücksichtigt werden. Weiter müssen die Werke die Freiheit haben, externe Unternehmen zu beauftragen, wenn sie sich nicht mit der Zentralabteilung einigen können. Damit muss jede Zentralabteilung ihre Existenzberechtigung im Wettbewerb beweisen und wird so zu einer wettbewerbsfähigen Einheit.

Nur die Arbeit für den Kunden wird bezahlt

Produktivitätsmessungen können in verschiedener Form durchgeführt werden. Nahezu alle Verfahren sind hilfreich, auch wenn sich die Ergebnisse in den seltensten Fällen vergleichen lassen. Sie sind hilfreich, weil sie die zeitliche Entwicklung der jeweiligen Produktivitätsmesszahl abbilden und zeigen, ob der eingeschlagene Weg zu einer Verbesserung führt. Hierzu werden nicht nur die monatlichen Auswertungen aus dem Controlling benötigt, sondern an kritischen Arbeitsplätzen einfache, vor Ort dokumentierte und ausgewertete Ergebnisse auf Stunden-, Schicht- und Tagesebene. Diese werden gemeinsam besprochen und daraus die Verbesserungsmaßnahmen abgeleitet und dokumentiert. Die Verwendung solcher Dokumentationen als „Anklageschrift" ist nicht hilfreich; sie demotiviert die Beteiligten und stößt nur die Suche nach Ausreden an.

Produktivität ist definiert als eine messbare Größe, die das Ergebnis (in Menge, Ertrag etc.) in Beziehung setzt zu den eingesetzten Ressourcen (in Mitarbeiterstunden, Materialeinsatz, Herstellkosten etc.). Häufig wird die Produktivität in Bezug auf die Verkürzung der Fertigungszeiten oder in Bezug auf die Ausbringung pro Mitarbeiterstunde gemessen. Alle Produktivitätskennziffern haben den Nachteil, dass sie zwar Veränderungen greifbar machen, jedoch nur selten eine realistische Vorstellung über die möglicherweise zu erreichenden Ziele liefern.

Auch hier hilft das Beobachten vor Ort. So kann der Werkleiter sich beispielsweise an einer Stelle im Werk positionieren, die einen guten räumlichen Überblick ermöglicht. Er kann nun feststellen, welcher Mitarbeiter gerade eine Tätigkeit ausführt, für die der Kunde bereit ist zu zahlen. Als Faustregel gilt, wenn 50 % der Mitarbeiter solche Tätigkeiten ausüben, ist dies schon ein durchschnittliches Ergebnis. Mit diesen Erkenntnissen betreibt der Werkleiter keine Mitarbeiterschelte, sondern versucht, die Effizienz der Werksorganisation zu verstehen und zu verbessern. Warum muss der Mitarbeiter im Fünf-Minuten-Takt die gesamte Halle mit dem Handwagen durchqueren? Sind an dieser Stelle das Layout der Maschinen und der Materialfluss zu verbessern? Warum läuft der Einrichter vor der Ersteilfreigabe immer vier Mal in das Produktionsbüro und dann anschließend in die Qualitätssicherung, wo er weitere zehn Minuten bleibt? Vielleicht kann der Bediener die erforderlichen Messwerte auf der Rückseite der Bedienungstafel ablesen, damit der Vorgang schneller erfolgt? Ist es wirklich notwendig, vor der Ersteilfreigabe in der Qualitätssicherung die Produktion anzuhalten oder ist es nicht doch zu vertreten, „auf Risiko" zu produzieren? Um Warte- und Stillstandszeiten zu vermeiden, macht es unter Umständen durchaus Sinn, weiterzuproduzieren und gegebenenfalls als seltenes Ereignis ein gewisses Produktionsvolumen zu verschrotten.

Die Ursachen für solche Ineffizienzen und Lösungsansätze findet der Werkleiter im Gespräch mit seinen Meistern und Mitarbeitern. Aber die Beobachtungen muss er selbst machen. Dann muss er die Frage, wie viele Personen arbeiten hier, nicht mehr mit „die Hälfte" beantworten!

Jede Kapazitätsrechnung geht von 365 Tagen/24 Stunden aus

Nutzungsgrade in der Produktion sind wesentliche Faktoren für die Effizienz und die Kosten der Leistungserbringung. Sie werden gerne miteinander verglichen, ohne dass geklärt ist, was eigentlich die 100 %-Basis darstellt. Die 100 % beziehen sich in den meisten Unternehmen auf die Ausbringung, die theoretisch in der zur Verfügung stehenden Zeit möglich ist. Die zur Verfügung stehende Zeit wird dann je nach Gusto des Unternehmens um die Pausen reduziert, es werden Rüstzeiten abgezogen usw. Das Ergebnis aber ist nicht ein Nutzungsgrad, der eine wirkliche Aussage zur Kapazität der Maschine macht, sondern ein Nutzungsgrad, der viele Unzulänglichkeiten verschweigt.

Spätestens wenn zwischen verschiedenen Standorten Investitionsentscheidungen gefällt werden, gibt es nur noch eine sinnvolle Definition des Nutzungsgrads als ein wesentliches Kriterium für die anstehende Entscheidung. Die Frage der nationalen und lokalen Feiertage stellt sich dann ebenso wenig wie die Frage nach den lokalen Arbeitszeitregelungen. Das zentrale Kriterium bezieht sich auf die Zahl der guten Teile, die die Anlage theoretisch in einem Jahr liefern kann.

In diesem Sinne ist für die Definition des Nutzungsgrads die gesamte Jahresarbeitszeit, nämlich 31,5 Millionen Sekunden,[46] heranzuziehen. Wenn die Anlage eine Taktzeit von zum Beispiel 15 Sekunden hat und sie jährlich eine Million gute Teile produziert, liegt die Nutzung bei nicht einmal 50 % der theoretisch zur Verfügung stehenden Zeit.

Die Messlatte bilden diese 31,5 Millionen Sekunden. Zunächst werden die großen Potenziale angegangen; sie liegen in jedem Werk an einer anderen Stelle. Ansatzpunkte bilden häufig die Qualitätsdaten, Maschinenausfälle, Werkzeugwechsel, Rüstvorgänge, Pausenregelungen usw. Es ist offensichtlich, dass die 100 % kein realistisches Ziel darstellen; sie werden sicher nie erreicht, aber gute Unternehmen schaffen durchaus 70 %.

---

[46] 365 Tage * 24 Stunden/Tag * 60 Minuten/Stunde * 60 Sekunden/Minute

Engpässe identifizieren, Probleme dauerhaft lösen und verfolgen

In der Praxis ist immer wieder zu beobachten, dass die Werkleiter nur wenig präzise Aussagen machen können, wenn es darum geht, die Kapazität an einen sprunghaft gestiegenen Absatz einzelner Produkte anzupassen. Häufig ist mehr möglich, als man in der Vergangenheit erreicht hat.

Die ERP-Systeme informieren über Stillstandszeiten, allerdings oft zu spät und unzulänglich. Die Mitarbeiter vor Ort hingegen kennen die Engpässe und ein beharrliches Nachfragen, offene Augen und Ohren beim Begehen der Produktionseinrichtungen zeigen, warum der Durchsatz nicht zur Befriedigung der Kundennachfrage ausreicht. Es geht jetzt darum, die Ursachen des vermuteten Engpasses genau zu identifizieren und den Durchsatz dort deutlich zu erhöhen, den Engpass also „aufzubohren".

Für die Lösung eines kapazitätsbasierten Lieferproblems wird immer mit einer 100%-Betrachtung begonnen.[47] Das bedeutet, die brutto zur Verfügung stehende Zeit wird durch die Taktzeit im eingeschwungenen, problemlosen Zustand dividiert. Daraus ergibt sich die theoretisch mögliche Stückzahl. Das heißt also, eine Produktionslinie mit einer Taktzeit von 30 Sekunden kann theoretisch im Jahr (31,5 Millionen Sekunden) rund eine Million Teile herstellen (vgl. vorhergehenden Tipp). Dieser Wert kann natürlich analog auf die Woche, den Tag, die Schicht, die Stunde heruntergebrochen werden. Der Vergleich dieses theoretischen Werts mit der tatsächlichen Ausbringung zeigt sowohl die Größe des Problems als auch das Verbesserungspotenzial.

Wenn der Engpass mit den daraus abgeleiteten Maßnahmen „aufgebohrt" ist, werden die damit betrauten Mitarbeiter nicht alleine gelassen. Ein Flipchart am Ort des Geschehens ist sehr hilfreich für alle Beteiligten, um das Erreichte zu stabilisieren. Der verantwortungsvolle Werkleiter ist mehrfach täglich an der Tafel, leitet unter Umständen zusätzliche Verbesserungsmaßnahmen mit dem Meister vor Ort ein und verfolgt diese weiter. Der unmotivierte Werkleiter lässt sich den Inhalt des Flipcharts per E-Mail schicken.

Übrigens: Wenn der Engpass behoben ist, wird immer ein anderes Element im Betriebsablauf einen neuen Engpass bilden – so wie jeder Zug wieder einen neuen letzten Wagen hat, wenn der bisherige letzte Wagen abgehängt wurde.

Verfügbarkeitsoptimierung schlägt Taktzeitverbesserung

Die REFA[48] feiert bald ihr einhundertjähriges Bestehen. Sie hat in ihrer Geschichte große Erfolge und Verdienste mit Zeitaufnahmen und der Reduzierung von Taktzeiten für Maschinen und Anlagen zu verzeichnen und damit die Grundlagen der modernen Zeitwirtschaft geschaffen.

---

[47] Vgl. Ohno (2009)
[48] REFA Bundesverband e. V. (www.refa.de)

Vielfach wird jedoch übersehen, dass die letzten fünf Prozent Taktzeitreduzierung die Nutzung um 20 Prozent reduzieren können. Die Komplexität und Beanspruchung der Anlagen steigen mit dem Ausreizen der Taktzeit oft so stark, dass Ausfälle, Wartung und Instandhaltung überproportional zunehmen. Der zusätzlich erzielte Gewinn über die reduzierte Taktzeit belastet die Verfügbarkeit in vielen Fällen so deutlich, dass die Ausbringung abnimmt. Über längere Zeit gesehen ist der Ackergaul, der durcharbeitet, besser als das Rennpferd, das alle vier Wochen an einem Rennen Höchstleistungen vollbringt und zwischen den Rennen viel Pflege und Ruhe braucht.

Automatisierung maßvoll einsetzen

Viele Werkleiter haben in den 80er Jahren die legendäre Halle 54 bei Volkswagen in Wolfsburg besichtigt. Die mannlose Fabrik und die CIM-Fabrik (Computer Integrated Manufacturing) standen im Mittelpunkt des Interesses.

Die Versuche dieser „Vollautomatisierung" haben mehr als eine Dekade gedauert. Sie sind letztlich an der Komplexität des Gesamtsystems und der Beschaffenheit seiner Subsysteme und Elemente gescheitert. Trotz dieser negativen Erfahrungen gibt es auch heute gelegentlich „Rückfälle" in dieser Form der Automatisierung.

Warum gibt es bei der Vollautomatisierung Probleme? Die menschliche Fähigkeit, quasi unscharf zu reagieren, noch nie vorgekommene Situationen und Systemzustände einzuschätzen und mit geeigneten Maßnahmen zu bewältigen, fehlt den vollautomatischen Produktionsanlagen. Solche „starren" Anlagen sind Bestandteil dynamischer Systeme, deren Auftrags-Mix, Werkzeugbeschaffenheit und Mitarbeiter darauf ausgelegt sind, sich jeden Tag in ihren Elementen und deren Zusammensetzung zu ändern.

Als Folge der Automatisierung ist in diesen Fällen zu beobachten, dass zwar die Bediener der ursprünglichen Maschinen nicht mehr benötigt werden, aber zugleich die Komplexität des Systems und seine Störanfälligkeit deutlich zunehmen. Zusätzliche Mitarbeiterstunden sind notwendig für das Planen, Programmieren, Umrüsten – und die Fehlerbehebung. Das Unternehmen wird weniger flexibel und hängt ab von gut ausgebildeten, aber selten verfügbaren Spezialisten.

Eine übertriebene und nicht auf die Verhältnisse angepasste Automatisierung führt letztlich dazu, dass die Maschinenbediener durch die gleiche Anzahl teurer Mitarbeiter für Programmierung und Instandhaltung ersetzt werden.

Flexible Maschinen werden aus dem Bestandsabbau bezahlt

Trotz erheblicher Anstrengungen in den letzten Jahren halten viele Unternehmen immer noch große Bestände an Fertigwaren und Halbfabrikaten vor, die mit der Andlerschen Losgrößenformel[49] gerechtfertigt werden. Für mittelständische Unternehmen hat das Thema Bestände einen hohen Stellenwert, weil die Finanzierungsmöglichkeiten sich vor dem Hintergrund der aktuellen Entwicklung deutlich verschlechtert haben.

Die Liquidität der Unternehmen steckt in den Beständen – wohlgemerkt nicht nur in den Fertigwaren und den Rohstoffen. Wichtig sind ebenfalls die Durchlaufzeiten und die angearbeiteten Bestände („Work in Progress" oder WIP). Lange Durchlaufzeiten und hohe Bestände ziehen neben dem gestiegenen Finanzbedarf weitere Probleme nach sich. Sie verlangsamen die Reaktion auf veränderte Kundenanforderungen. Außerdem tauchen manchmal Qualitätsmängel erst am Ende des Herstellungsprozesses auf – das Produkt muss vernichtet oder aufwendig repariert werden.

Beim Materialfluss geht es eigentlich um den Cashflow. Das Material muss möglichst schnell durch das Unternehmen zum Kunden fließen und darf nicht in Form hoher Bestände in der Fabrik liegen. Investitionen in flexible Anlagen und Maschinen ermöglichen eine deutliche Beschleunigung des Materialflusses. Obwohl solche Maschinen höhere Anschaffungskosten haben als Spezialmaschinen, rechnet sich die Investition, wenn man die Reduzierung von Beständen und damit die Freisetzung von Mitteln dagegenrechnet.

2.4.3 Überwachung

Beim Benchmarking ebenfalls Veränderungen bewerten

Jeder Vergleich hinkt, ebenso hinkt auch jedes Benchmarking. Meist sind die Werke nicht „geklont" wie in Fast-Food-Ketten, sondern hinsichtlich ihrer Fertigungstiefe, ihres Produktspektrums und der gegenseitigen Lieferbeziehungen nur schwer miteinander vergleichbar. Solche Unzulänglichkeiten können im Regelfall nicht oder manchmal nur mit unvertretbarem Aufwand bereinigt werden – sie müssen in vielen Fällen einfach akzeptiert werden.

Die „gefühlte" Ungerechtigkeit eines Benchmarking-Projekts kann teilweise behoben werden, indem nicht nur der absolute Wert eines Kriteriums zum Maßstab des Vergleichs herangezogen wird, sondern auch die erzielte Verbesserung. Hat das Werk I, das seinen Ausschuss von vier auf drei Prozent gesenkt hat, wirklich besser gearbeitet als das Werk II, das den Ausschuss von zwölf auf fünf Prozent reduzieren konnte?

Beim herkömmlichen Benchmarking als reinem Vergleich von Zuständen, Abläufen und Kennzahlen entsteht eine weitere Gefahr. Einheiten, die bei solchen Vergleichen schwach abschneiden, können nur schwer neue Führungskräfte für sich gewinnen. Vor allem interne Stellenwechsel werden erschwert, wenn Vergütungssysteme und Boni, die auf solchen Vergleichen beruhen, zur finanziellen Abstrafung des Wechselwilligen führen. Wer will schon die Verantwortung für eine Einheit mit schlechter Leistung übernehmen, wenn das Anreizsys-

---

[49] Zum Konzept und weiteren Ausführungen vgl. Krieg (2005)

tem auf der Basis von absoluten Werten wie Produktivität, Ausschuss und Liefertreue aufbaut? Deshalb muss die Verbesserung von Berichtszeitraum zu Berichtszeitraum ein Anreizkriterium sein – auch der Gute wird schlecht, wenn er sich nicht verbessert!

Notwendige Regeln diszipliniert einhalten

„Diese Tür immer geschlossen halten", „Rauchen verboten", „Gehörschutz und Sicherheitsschuhe tragen" usw. – tausend Regeln werden durch Schilder in den Werkshallen und Büros dokumentiert. Sie sind teils aus gesetzlichen/versicherungsrechtlichen Gründen nötig, teils beruhen sie auf dem Verständnis für das ordnungsgemäße Funktionieren des Ganzen oder sie sind aus beliebig vielen anderen vermeintlich guten Gründen entstanden.

Dennoch, wer offenen Auges durch eine Fabrik geht, findet immer wieder Verstöße gegen diese Regeln. Neben grundsätzlich undisziplinierten Unternehmenskulturen – die es auch gibt – ist die häufigste Ursache für das Nichteinhalten der Regeln, dass ihr Sinn den Mitarbeitern nicht transparent gemacht wurde. Oder die Regeln haben ihre Bedeutung verloren – z. B. ist in der ehemaligen Lackiererei, die jetzt die Schlosserei beherbergt, immer noch offenes Licht verboten.

Wenn nicht klar ist, welche Regeln aktuell gelten und welche nicht, dürfen Führungskräfte sich nicht über Disziplinlosigkeit wundern. Dieser Zustand wird umso schlimmer, je weniger die Führungskräfte beim Übertreten von Regeln reagieren. Notwendig ist neben der Klarheit der Regeln eine Kombination von Vorbildrolle und konkretem, dauerndem Anmahnen der Disziplin, gepaart mit angemessenen Sanktionen.

Wie geht man mit Regelverstößen um? Die Nichtahndung von Verstößen kann auch rechtliche Konsequenzen haben, wie das folgende Beispiel zeigt: Jeder Mitarbeiter, der auf einer Palette ertappt wird, die der Gabelstapler anhebt, muss ebenso wie der Staplerfahrer unmittelbar zum sofortigen und möglichst sicheren Abbruch der Aktion gezwungen werden. Eine angemessene Belehrung und gegebenenfalls eine disziplinarische Maßnahme müssen zwingend folgen.

Unternehmen und ihre Mitarbeiter können sich aufgrund des hohen Kostendrucks überflüssige Regeln ebenso wenig leisten wie Verstöße gegen die notwendigen Regeln. Der Schilderwald und das dazu gehörige Regelwerk müssen in dokumentierten Abständen durchforstet werden. Regeln sind allen Mitarbeitern bekannt zu machen. Dies kann durch entsprechende Schulungen erfolgen – danach gibt es kein Pardon bei Verstößen.

Allerdings wird es auch spezifizierte Ausnahmen geben müssen. Man kann nicht immer allen Journalisten oder Beiratsmitgliedern, die das Werk besichtigen, neue Sicherheitsschuhe geben. Aber auch solche Ausnahmen müssen klar definiert werden, wie z. B. „Ohne Sicherheitsschuhe nur die markierten Wege benutzen" oder „Diese Türe ist von Oktober bis April geschlossen zu halten". Für den Mitarbeiter muss transparent sein, was warum geregelt ist.

Audits sind Hilfe zur Selbsthilfe statt lästige Pflicht

Das Thema Zertifizierung kann unter verschiedenen Aspekten diskutiert werden. In diesem Zusammenhang werden oft die folgenden Aussagen gemacht:

- Zertifizierungen sind lästig. Ein Audit ist eine Methode des Kunden, um seine Lieferanten zu gängeln.
- Zertifizierungen sind nötig. Ein Zertifikat ist wie ein Führerschein – man darf ein Auto fahren (liefern), aber dies bedeutet noch lange nicht, dass man es wirklich kann.
- Zertifizierungen sind hilfreich. Ein Audit führt Unternehmen, Mitarbeiter und Führungskräfte zu Verbesserungsmöglichkeiten.

Diese Aussagen sind richtig. Hier soll nicht auf die Unterschiede zwischen den Zertifikaten (z. B. ISO 9000, ISO 14000, ISO/TS 16949) oder den zertifizierenden Stellen eingegangen werden, sondern es geht an dieser Stelle um den Umgang mit und die Einstellung zu Audits und den daraus folgenden Zertifizierungen.

Audits und Zertifizierungen zwingen zur Standardisierung von Prozessen und stellen die Einhaltung von Mindestbedingungen für unterschiedliche Kriterien, wie z. B. Produktqualität, Organisation oder Umweltschutz, sicher. Sie ermöglichen einen neutralen und externen Blick auf die eigene Organisationsstruktur und die eigenen Abläufe, mit dem die „Scheuklappen" der Mitarbeiter und Führungskräfte entfernt werden. Das ist vielfach lästig und selten wird die entsprechende Kritik gerne akzeptiert. Allerdings sind gut durchgeführte Audits eine hervorragende Hilfe zur Selbsthilfe für die Unternehmen und die auditierten Bereiche. Die Maßnahmen zur Behebung der im Rahmen eines Audits entdeckten Mängel ermöglichen letztlich einen positiven Umgang mit ihnen.

Dieser Prozess kann durch verschiedene Entwicklungen gestört werden:

- Führungskräfte verstecken Managementfehler und mangelndes Durchsetzungsvermögen hinter den Auditoren.
- Auditoren sind fachlich unzureichend ausgebildet.
- Auditoren denken grundsätzlich sehr formal und lassen gute Alternativen nicht zu – der typische Fall von „Prinzipienreiterei". Hier drängt sich in einzelnen Fällen der Verdacht auf, dass die Frustration über eine wenig erfolgreiche Karriere in einer Linienfunktion nun verarbeitet wird.
- Man hat die Zertifizierung mit großem Aufwand betrieben und endlich das lang ersehnte Zertifikat in den Händen. Damit ist der Prozess abgeschlossen; die nachfolgenden Maßnahmen und internen Folge-Audits werden nicht oder nur halbherzig durchgeführt.

In diesen Fällen kommt es natürlich nicht zu der gewünschten Hilfe zur Selbsthilfe. Ein langfristiger Nutzen wird sich nur dann einstellen, wenn die internen Audits regelmäßig durchgeführt, die Ergebnisse ernst genommen und die notwendigen Verbesserungsmaßnahmen durchgeführt werden. Hier ist das Management gefordert, das diese Prozesse unterstützen und überwachen muss.

3. Finanzielle Steuerung

3.1 Finanzierung

3.1.1 Auswahl der Finanzpartner

Auf mehreren Beinen steht man besser – auch bei Banken

In Deutschland existiert seit vielen Jahren ein Bankensystem, das auf Sparkassen, Genossenschaftsbanken und Privatbanken basiert. Aus diesem System sollte sich jedes mittelständische Unternehmen Bankpartner auswählen, die mindestens zwei dieser Kategorien entstammen.

Die derartige Verteilung der Risiken ist sowohl für das Unternehmen wie auch für die Banken sinnvoll. Zum einen wollen die Banken durchaus ihre Risiken streuen, so dass sie ab einer gewissen Größenordnung ihres Engagements dem Kunden oft selbst den Aufbau einer weiteren Bankbeziehung nahelegen. Zum anderen ist es für das Unternehmen sehr wichtig, Beziehungen zu mehreren Banken zu pflegen, da sich – insbesondere im Privatbankensektor – fast schon mit einer gewissen Regelmäßigkeit die strategische Ausrichtung ändert. In den letzten Jahren war die Finanzierung des Mittelstands wieder en vogue und viele Privatbanken versuchten, mit interessanten Konditionen neue Kundenbeziehungen zu knüpfen. Davor durchliefen die Privatbanken allerdings gerade den gegenteiligen Trend und zogen sich sukzessive aus dem kleinteiligeren Mittelstandsgeschäft zurück.

Auf jeden Fall sollte auch mit einer Privatbank eine Geschäftsbeziehung aufgebaut werden, weil insbesondere im internationalen Geschäft oder bei Spezialfinanzierungen der Privatbankensektor über interessantes Know-how und ein weitverzweigtes Beziehungsgeflecht verfügt, die auch ein Mittelständler sinnvoll nutzen kann.

Beim Aufbau von neuen Bankbeziehungen muss der Mittelständler darauf achten, möglichst dann aktiv zu werden, wenn die Finanzkennzahlen „interessant" sind. Das heißt, bei guten Zahlen sollte frühzeitig eine zweite oder dritte Bankverbindung aufgebaut und gepflegt werden. Denn wenn sich die Zahlen irgendwann aus irgendeinem Grunde verschlechtern und Liquiditätsbedarf besteht, wird es sehr schwierig, eine neue Bank für ein Engagement im Unternehmen zu gewinnen.

Finanzielle Steuerung

Für besondere Finanzierungen verschiedene Partner ansprechen

Für Mittelständler ist es wichtig, im Kerngeschäft stabile Bankpartner zu haben, die nicht nur bei Sonnenschein einen Regenschirm zur Verfügung stellen, sondern auch bei heftigen Niederschlägen mit diesem Schirm das Unternehmen vor Wassereinbrüchen schützen. Das heißt auch, dass nicht unbedingt um jede Kondition gefeilscht wird, sondern dass das Geschäft beiden Seiten Spaß machen und wirtschaftlichen Erfolg bringen sollte.

Geht es jedoch im Unternehmen um besondere Finanzierungsfragen jenseits des Tagesgeschäfts, so gelten durchaus andere Spielregeln. Bei Akquisitionsfinanzierungen, vor allem im Ausland, bietet es sich an, auch einmal bei anderen Banken nachzufragen, wie und zu welchen Bedingungen diese die Finanzierung bereitstellen könnten. Das bringt zum einen interessante neue Finanzierungsalternativen, zum anderen erhöht Wettbewerb auch die Leistungsbereitschaft der Hausbanken.

Mezzanine-Kapital ist langfristig teurer als Fremdkapital

In den letzten Jahren wurde mittelständischen Unternehmen mit Mezzanine-Produkten eine auf den ersten Blick sehr günstige Finanzierungsalternative angeboten, die – wenn auch nicht immer streng juristisch – zumindest betriebswirtschaftlich als dem Eigenkapital zuzurechnende Finanzierung angesehen werden kann.[50] Als großer Vorteil dieser Finanzierungsform wird neben ihrem „moderaten" Preis vor allem die Tatsache gesehen, dass der Unternehmer faktisch Eigenkapital erhält, ohne dass er dazu seine Unternehmenskontrolle einschränken und einen externen Dritten mit in den Gesellschafterkreis aufnehmen muss, wie dies beispielsweise bei einer offenen Beteiligung der Fall wäre. Vor diesem Hintergrund ist verständlich, dass sich dieses Finanzprodukt in den vergangenen Jahren im Markt etablieren konnte.

Bevor ein Unternehmen dieses Produkt zeichnet, sollte es sich intensiv mit den Vertragsdetails auseinandersetzen. Denn neben dem auf den ersten Blick günstigen Zinssatz fällt noch eine ganze Reihe von Nebenkosten an (z. B. für Erst- und Folge-Ratings oder juristische Betreuung). Diese können den Zinssatz – verteilt auf die Laufzeit – leicht um ein bis zwei Prozentpunkte erhöhen. Darüber hinaus werden bereits bei Vertragsabschluss bestimmte Berater mandatiert, bei möglichen Schieflagen das Unternehmen zu „unterstützen", wobei diese Kosten ebenfalls vom Unternehmen zu tragen sind.

Da standardisierte Mezzanine-Produkte erst kurze Zeit am Markt sind, gibt es noch keine Erfahrungen, wie sich die Verlängerung nach Ende der Laufzeit konkret gestaltet. Unkritisch dürfte sich diese Verlängerung für wirtschaftlich erfolgreiche Unternehmen darstellen, die

---

50 Mezzanine bezeichnet eine Finanzierungsform, die zwischen reinem Fremdkapital (z. B. Bankverbindlichkeiten) und reinem Eigenkapital steht; je nach Ausgestaltung (z. B. mit qualifiziertem Rangrücktritt) kann es bilanziell als Eigenkapital qualifiziert werden. Vgl. zu Details z. B. Brokamp et al. (2008)

entweder ein Folgeprodukt zeichnen oder auf „reguläres" Fremdkapital umstellen können.[51] Interessant wird die Situation jedoch, wenn sich das Unternehmen in weniger sicherem Fahrwasser befindet. Eine Umstellung auf Fremdfinanzierung zu angemessenen Konditionen erscheint dann wenig realistisch, und welche Bedingungen Mezzanine-Kapitalgeber in diesem Fall stellen, ist heute noch nicht absehbar – gerade auch vor dem Hintergrund der aktuellen Veränderungen auf den Finanzmärkten.

Grundsätzlich ist es wichtig, dass die Eigenkapitalbasis der Mittelständler gestärkt wird. Das bestätigt sich auch in der gegenwärtigen wirtschaftlichen Situation. Doch Eigenkapital hat seinen angemessenen Preis – und der liegt nun einmal deutlich über dem von Fremdkapital.[52]

Leasingfinanzierungen sind kritisch zu hinterfragen

Bei der Finanzierung von Investitionen spielen Leasinggeschäfte eine immer stärkere Rolle. Da Leasinggesellschaften natürlich auch „verdienen" wollen, sind diese Finanzierungsformen kritisch auf ihre Wirtschaftlichkeit zu untersuchen. Grundsätzlich können Leasinggesellschaften im Vergleich zur traditionellen Kreditfinanzierung dem Unternehmen folgende Vorteile bieten:

- Günstigere Einkaufsbedingungen durch Bündelung von Marktmacht (z. B. bei Maschinen), Subventionierung/Absatzstützung durch den Hersteller (insbesondere bei Kraftfahrzeugen) und größere Erfahrung in der Projektabwicklung (vor allem bei Immobilien).
- Günstigere Finanzierungskonditionen durch Zugang zu Finanzierungsquellen, die das Unternehmen nicht eigenständig erreichen kann.
- Günstigere Zusatzleistungen wie beispielsweise Durchführung des gesamten Fuhrparkmanagements durch die Leasinggesellschaft.
- Steuerliche Vorteile[53].

Wenn im Einzelfall einer dieser Aspekte auf die zu betrachtende Finanzierungsentscheidung zutrifft, so kann Leasing eine interessante Finanzierungsalternative sein. Ist jedoch kein solcher Vorteil konkret nachweisbar, wird eine klassische Bankfinanzierung oft die bessere Alternative sein. Bankfinanzierungen lassen sich zudem häufig durch Einbeziehung von Förderprogrammen, die von der KfW bzw. den zuständigen Förderbanken in den einzelnen Bundesländern angeboten werden, optimieren.

---

51 Als Folge der Finanzkrise haben viele Anbieter das Volumen ihrer Mezzanine-Produkte aufgrund unzureichender Refinanzierungsmöglichkeiten stark eingeschränkt. Inwieweit sich dies künftig wieder ändert, bleibt abzuwarten.
52 Zur Aufnahme von Eigenkapitalpartnern vgl. Bundesverband Deutscher Kapitalbeteiligungsgesellschaften (www.bvk-ev.de) sowie European Private Equity & Venture Capital Association (www.evca.com).
53 Vgl. Hastedt/Mellwig (1998) mit weiteren Nachweisen

3.1.2 Zusammenarbeit mit Finanzpartnern

Die Zusammenarbeit mit mehreren Banken folgt klaren Spielregeln

Für die Pflege der Bankbeziehungen ist essenziell, dass klare Spielregeln mit allen Beteiligten vereinbart und auch in der täglichen Zusammenarbeit eingehalten werden. So muss beispielsweise definiert werden, über welche Bankverbindung der Zahlungsverkehr des Unternehmens abgewickelt wird. Stellt er für eine Bank nur eine Belastung dar und will sie gar nichts damit zu tun haben oder hält sie ihn für attraktiv und möchte am liebsten alleine alle Zahlungen abwickeln? Hier müssen klare Vereinbarungen getroffen werden (z. B. quotale Aufteilung).

Dies gilt neben dem Inlandszahlungsverkehr natürlich auch für andere Bankgeschäfte wie Auslandszahlungsverkehr, Geldanlagen oder Ausnutzung von Kontokorrentlinien. Dabei hat es sich als sinnvoll erwiesen, diese Elemente von Anfang an als Eckpfeiler mit in die Verhandlungen über die Konditionen aufzunehmen. Die Banken stellen in aller Regel auf die Gesamtkundenverbindung ab und sind beispielsweise bereit, bei den Kontokorrentlinien eine geringere Marge zu akzeptieren, wenn sie auf der anderen Seite auch an attraktiven Geschäften partizipieren können.

Im Endergebnis ist es wichtig, keine „passiven" Bankverbindungen zu haben, also keine Verbindungen, die nur auf dem Papier bestehen, aber nicht mit Leben gefüllt werden. Denn aus solchen Bankverbindungen werden in Krisensituationen verständlicherweise auch keine verlässlichen Partner bereitstehen.

Offenheit gegenüber Geldgebern ist oberste Pflicht

Um mit Finanzpartnern erfolgreich zusammenarbeiten zu können, ist es wichtig, offen und ehrlich mit ihnen zu kommunizieren. Nur so lässt sich eine Vertrauensbasis schaffen, die auch in wirtschaftlich schwierigen Zeiten tragfähig ist. Eine solche Vertrauensbasis kann durch zwei relativ einfache Maßnahmen etabliert werden:

1. Frühzeitig und offen gute wie auch schlechte Fakten kommunizieren.
2. Budgeteinhaltung erreichen bzw. Budgettreue als Unternehmensgrundsatz festschreiben – permanentes Unterschreiten, aber auch Übererfüllen von Budgets schafft Unsicherheit.

Mit der rechtzeitigen und offenen Kommunikation kann die Erwartungshaltung der Finanzpartner gezielt gesteuert werden. Wenn der Finanzpartner weiß, dass der Unternehmer ihm relevante Informationen zeit- und sachgerecht zukommen lässt, muss er sich nicht dauernd mit dem Unternehmen beschäftigen und auch nicht regelmäßig auf die „Gerüchteküche" hören. Denn: Gibt es etwas Neues, so wird er darüber umgehend vom Unternehmen informiert. Keine Nachrichten bedeuten: Alles läuft planmäßig.

Jede Bank erhält die gleichen Informationen

Arbeitet der Mittelständler mit zwei oder mehr Bankpartnern zusammen, sollte es selbstverständlich sein, dass alle die gleichen Informationsrechte haben. Berichte müssen allen Partnern zur gleichen Zeit und in gleichem Umfang zur Verfügung stehen. So lassen sich Friktionen in der Zusammenarbeit vermeiden, da keine Bank einen Informationsvorsprung hat.

Diese Forderung ist in der praktischen Zusammenarbeit nicht immer leicht umzusetzen, da häufig der mittelständische Unternehmer zu Führungskräften einer Bank besonders lange und intensive Beziehungen hat, meist verbunden mit persönlichen Freundschaften. Doch gerade hier sollte der Unternehmer entweder versuchen, durch eine strikte Trennung von Privat- und Geschäftsleben eine Gleichbehandlung der Bankpartner zu gewährleisten. Alternativ sollte klar definiert werden, dass die Bankpartner unterschiedlich behandelt werden. Aufgrund der langjährigen Zusammenarbeit könnte eine Bank eine „Lead Position" innerhalb der Bankpartner übernehmen und als Primus inter Pares eine Koordinationsfunktion mit höheren Informationsansprüchen ausüben.

Welche Form der Zusammenarbeit für Unternehmen und Banken optimal ist, muss jeweils unter genauer Analyse des Einzelfalls, insbesondere vor dem Hintergrund der jeweils handelnden Personen, entschieden werden.

Bei der Verhandlung von Kreditkonditionen auf „Covenants" achten

Banken fordern bei der Vergabe von Krediten, insbesondere bei mittel- bis langfristigen Laufzeiten, dass das Unternehmen Covenants (bestimmte Finanzkennzahlen) regelmäßig, meist quartalsweise einhalten muss.[54] Werden diese Finanzkennzahlen ein- oder mehrmalig verletzt, so ergeben sich daraus für das kreditgebende Institut besondere Rechte, die von einer Erhöhung der Zinsmarge bis zur Kündigung des Kredits führen können.

Grundsätzlich ist es nachvollziehbar und akzeptabel, dass Kreditinstitute gerade bei längeren Laufzeiten bestimmte Sicherungsmechanismen in die Verträge einbauen möchten. Denn sie gewähren den Kredit auf dem aktuellen wirtschaftlichen Stand des Unternehmens. Sollte sich dieser signifikant verschlechtern und damit das Ausfallrisiko für das Kreditinstitut steigen, muss sich dies fairerweise auch im Preis des Kredits niederschlagen. Umgekehrt muss sich natürlich auch eine Verbesserung der wirtschaftlichen Lage des Unternehmens und der damit einhergehenden Verminderung des Kreditausfallrisikos in einer geringeren Zinsmarge dokumentieren.

---

[54] Als einzuhaltende Finanzkennzahl oder Schlüsselkennzahl („Covenant") könnte z. B. festgelegt werden, dass das Quartalsergebnis vor Zinsen mindestens doppelt so groß sein muss wie die im Quartal zu leistenden Zinszahlungen; vgl. zu Details z. B. Achtert (2007).

In der Praxis hat es sich für beide Beteiligten, Unternehmen wie Kreditinstitut, als fair erwiesen, einen so genannten „Margin Grid" zu vereinbaren. Dies ist eine mehrdimensionale Tabelle, in die verschiedene Ausprägungen der Covenants eingehen und aus der sich dann ergibt, welche Konstellation zu welcher Kreditmarge führt. Dies hat den großen Vorteil, dass die Welt nicht nur in schwarz („Nichteinhaltung") und weiß („Einhaltung") eingeteilt wird, sondern verschiedene „Grautöne" die Realität abbilden.

Das Finanzinstitut wird bei der konkreten Ausgestaltung der Covenants sowohl Bilanzkennzahlen als auch solche auf Basis der Gewinn- und Verlustrechnung heranziehen. Dagegen ist grundsätzlich nichts einzuwenden. Wichtig ist jedoch, die einzelnen Werte konkret auf das zu betrachtende Unternehmen abzustimmen und durch eine vergangenheitsorientierte Simulationsrechnung festzustellen, wie sich z. B. in den letzten drei Jahren die Covenants entwickelt hatten. Konnten sie immer eingehalten werden, so sollte dies ceteris paribus auch in Zukunft realisierbar sein. Wurden sie dagegen in der Vergangenheit häufig verletzt, muss es gute Gründe geben, warum genau dies in Zukunft nicht mehr der Fall sein soll.

Keine Möglichkeit des Verkaufs von Verbindlichkeiten zulassen

Kreditinstitute haben ein großes Interesse daran, sich in ihren Kreditbedingungen die Möglichkeit einräumen zu lassen, bei bestimmten Verstößen gegen die Covenants den Kredit, also die Forderung gegen das Unternehmen, verkaufen zu dürfen. Damit kann sich die Bank im Zweifel eines bilanziellen Risikos entledigen.

Dem Unternehmen droht hingegen die Gefahr, dass plötzlich als neuer Kreditinhaber z. B. ein Hedge-Fonds auftaucht, der bei Verletzung der Covenants den Kredit fällig stellen kann. Ist das Unternehmen dann nicht in der Lage, seinen Zahlungsverpflichtungen nachzukommen, so übernimmt plötzlich der Hedge-Fonds das Unternehmen und die bisherigen Eigner verlieren einen Großteil, wenn nicht sogar alle Gesellschaftsanteile.

Um dieses – aus Sicht des Unternehmers – Horrorszenario zu vermeiden, muss bei der Verhandlung von Kreditkonditionen unbedingt darauf geachtet werden, eine Verkaufsmöglichkeit des Kredits durch die Bank ohne vorherige Zustimmung des Unternehmens auszuschließen. Dabei ist es völlig unerheblich, an wen verkauft werden darf. Die meisten Hedge-Fonds besitzen heute Banktöchter, so dass auch lediglich das Zulassen von Kreditverkäufen zwischen Kreditinstituten keinen wirksamen Schutz vor Hedge-Fonds bietet.

Vor diesem Hintergrund sollte das Unternehmen bei der Ausgestaltung der Kreditkonditionen im Zweifel eine etwas höhere Marge – gerade bei einer objektiv eingetretenen Verschlechterung der wirtschaftlichen Leistungsfähigkeit – akzeptieren. Denn das häufig im Mittelstand anzutreffende Phänomen, dass intensiv um hundertstel Prozentpunkte Marge verhandelt wird, die Covenants dagegen nicht intensiv hinterfragt werden, kann fatale Konsequenzen haben.

Mittelständler sollen sich mit der IFRS-Bilanzierung beschäftigen

Die Finanzinstitute haben in der Vergangenheit ihre Rating-Modelle zur Beurteilung der Kreditwürdigkeit von Unternehmen an den IFRS-Standard angepasst und ihre Mitarbeiter in der neuen Systematik geschult. Damit müssen sich die Firmenkundenbetreuer gegenwärtig in zwei Zahlenwelten auskennen, nämlich der IFRS- und der HGB-Systematik.

Es ist zu erwarten, dass in den nächsten Jahren aufgrund gesetzlicher Vorgaben oder auf freiwilliger Basis immer mehr Unternehmen von der Bilanzierung nach den Regelungen des HGB auf die nach IFRS umstellen. Man mag diesen Trend bedauern, aber er ist sicherlich nicht aufzuhalten. Insofern werden sich auch die Rating-Modelle (z. B. bei Branchenvergleichen) immer mehr auf IFRS-Zahlen fokussieren und das Rating nach HGB-Daten wird an Bedeutung verlieren.

Diese Entwicklung sollten mittelständische Unternehmen genau beobachten und frühzeitig prüfen, ob sie nicht auch ihre Rechnungslegung auf IFRS-Standard umstellen können. Der Umstellungsaufwand ist gerade bei Mittelständlern häufig nicht so groß.[55] Wesentliche Abweichungen zwischen der HGB- und IFRS-Bilanzierung treten vor allem in den Bereichen Pensionsrückstellungen, Aktivierung von Entwicklungsleistungen, Finanzinstrumente, Beteiligungen sowie Gewinnrealisierung im Anlagenbau auf. Doch gerade hier sind im Mittelstand im Vergleich zu Großkonzernen die Sachverhalte überschaubar, weil beispielsweise die Anzahl der Akquisitionen und damit der zu bilanzierenden Goodwills überschaubar ist und „exotische" Instrumente zur Finanzierung kaum genutzt werden.

Die Umstellung von HGB- auf IFRS-Abschlüsse ist damit im Mittelstand eher ein emotionales Problem, dem man sich jedoch frühzeitig rational annehmen sollte. Dies gilt umso mehr, als durch das BilMoG die Differenzen weiter verringert werden, da die Ausrichtung des HGB künftig stärker IFRS-orientiert sein wird.[56]

Das uneingeschränkte Testat unter dem Jahresabschluss ist wichtig

In den letzten Jahren wurden immer mehr mittelständische Unternehmen entweder aufgrund ihrer Unternehmensgröße prüfungspflichtig oder haben sich entschlossen, freiwillig ihren Jahresabschluss prüfen zu lassen.

Die immer umfangreicheren Informationspflichten und Detailangaben, die im Lagebericht zu dokumentieren und zu kommentieren sind, führen dazu, dass Mittelständler auf verschiedene Angaben verzichten wollen. Dies hat im Allgemeinen zwei Gründe:

---

[55] Vgl. Pawelzik (2006), aber auch Niehus (2006)
[56] Vgl. Hayn/Waldersee (2008)

Finanzielle Steuerung

1. Das Rechnungswesen liefert nicht „auf Knopfdruck" die erforderlichen Angaben und der Unternehmer scheut davor zurück, aufwendige Anpassungen im Rechnungswesen vorzunehmen.
2. Der Unternehmer hat Bedenken, dass aufgrund der geforderten Detailangaben Außenstehenden (z. B. Kunden, Lieferanten, Wettbewerbern) Informationen verfügbar gemacht werden, die negative Auswirkungen für das Unternehmen haben könnten.

Die fehlenden Angaben zwingen dann den Wirtschaftsprüfer, das Testat mit Einschränkungen zu versehen.

Eine solche Testatseinschränkung kann allerdings unangenehme Folgen nach sich ziehen. Bei der Beurteilung der Kreditwürdigkeit fragen Banken im Rating-Prozess kaum, warum ein Testat eingeschränkt wurde, sondern stufen das Unternehmen schlechter ein. Dies kann zu höheren Finanzierungskosten, im Extremfall sogar zur Kündigung von Kreditlinien führen.

Deshalb ist dringend zu empfehlen, keine Einschränkung des Testats heraufzubeschwören. Vielmehr sind die Bilanzierungs- und Berichtsregeln – so widersinnig sie im Einzelfall auch erscheinen mögen – zu akzeptieren. Im Straßenverkehr sollte man auch tunlichst nicht im Halteverbot parken, auch wenn das Halteverbot gerade an dieser Stelle überflüssig scheint.

3.1.3 Liquidität

„Profit is an Opinion, Cash is a Fact!"

Durch die geschickte Anwendung von Bilanzierungswahlrechten oder der geeigneten Bilanzierungssystematik (HGB, IFRS etc.) kann entweder mehr Gewinn (z. B. Aktivierung von Entwicklungsleistungen, Ausweis von unrealisierten Buchgewinnen bei Finanzierungsinstrumenten) oder weniger Gewinn (z. B. Bemessung von Pensionsrückstellungen) ausgewiesen werden. Das Ergebnis kann also stark von der Intention des Bilanzierenden beeinflusst werden: „Profit is an Opinion."

Doch unabhängig davon, welche Bilanzierungsmethodik angewandt wird oder wie „kreativ" Bilanzierungswahlrechte genutzt werden: Der Cashflow lässt sich damit nicht beeinflussen – zumindest nicht so, dass man es nicht leicht erkennen könnte – „Cash is a Fact."

Daher muss sich ein Unternehmer immer fragen, ob sein originäres Geschäft Cash generiert oder ob es „Geld verbrennt". Auch wenn es eine Binsenweisheit ist, sei an dieser Stelle nochmals in aller Deutlichkeit darauf hingewiesen: Unternehmen können – zumindest mittel- bis langfristig – nur existieren, wenn sie Cash erwirtschaften, also mehr Geld einnehmen, als sie ausgeben – und das nach Abzug aller Kosten, Steuerzahlungen und notwendiger Investitionen. Wer sich etwas anderes einredet oder einreden lässt, wird über kurz oder lang Schiffbruch erleiden.

Diese Logik wird immer wieder gerne verdrängt, wie die Entwicklungen des Neuen Marktes Ende der 90er Jahre oder die Finanzierungsprobleme der jüngsten Vergangenheit beispielhaft zeigen.

Für Ausschüttungen zählt „Cash", nicht das IFRS-Ergebnis

Die Diktion des „guten alten" HGB war klar: Sinn und Zweck der Rechnungslegung besteht darin, den ausschüttungsfähigen Periodengewinn unter Beachtung des Vorsichtsprinzips zu bemessen.[57] Denn gemäß dem Realisationsprinzip dürfen nur realisierte Gewinne ausgewiesen werden; unrealisierte Kursgewinne aus Wertpapieren beispielsweise haben in einem HGB-Abschluss nichts zu suchen. Dieses Realisationsprinzip wird – aufgrund der dominierenden vorsichtigen Bilanzierungsintention – durch das Imparitätsprinzip durchbrochen. Falls unrealisierte, aber hinreichend konkretisierbare und objektivierbare Verluste zu erwarten sind, so müssen diese aufwandserhöhend im Jahresabschluss erfasst werden. Beispiele dafür sind Rückstellungen für drohende Verluste aus schwebenden Geschäften oder Abschreibungen auf voraussichtlich uneinbringliche Forderungen.

Demgegenüber wird die Bilanzierung nach US-GAAP oder IFRS von der Intention geleitet, den „richtigen" periodengerechten Gewinn zu bestimmen. Vor diesem Hintergrund ist es korrekt, nicht nur realisierte, sondern auch unrealisierte, aber hinreichend konkretisierte Gewinne auszuweisen. Dies bedeutet, dass beispielsweise Wertpapiere zum Bilanzstichtag mit Kursen angesetzt werden dürfen, die über ihren Anschaffungskosten liegen, denn an der Börse wäre ein solcher Kursgewinn am Bilanzstichtag problemlos realisierbar gewesen. Insoweit ist die Konzeption schlüssig.[58]

Problematisch wird es allerdings, wenn auf Basis dieser unrealisierten Gewinne Ausschüttungen festgelegt und auch tatsächlich an die Anteilseigner ausgezahlt werden. Denn wenn sich dann die unrealisierten Buchgewinne nicht tatsächlich realisieren lassen, weil z. B. die Wertpapiere zwischenzeitlich wieder im Wert gesunken sind, wurde wirtschaftlich gesehen aus der Substanz des Unternehmens ausgeschüttet.

Damit dies einem Mittelständler nicht passiert, muss er sich – unabhängig von der angewandten Bilanzierungsmethodik – seinen Kassenbestand ansehen: Hat er nach allen Steuerzahlungen und Investitionen noch Geld (sprich „Cash") übrig, kann er dieses (zumindest teilweise) für Ausschüttungen verwenden. Falls nicht, müssen die Gesellschafter auf Ausschüttungen verzichten, egal was die Gewinn- und Verlustrechnung suggeriert.

---

57 Vgl. Moxter (2007)
58 Vgl. zu den unterschiedlichen Gewinnkonzeptionen z. B. Moxter (1982)

3.2 Controlling[59]

3.2.1 Selbstverständnis

Controlling wird mit „C", nicht mit „K" geschrieben

Controlling wird in vielen Köpfen immer noch mit „Kontrollieren" assoziiert und der Controller entsprechend mit dem „Kontrolleur" (vgl. S. 116). Leider gilt dieses Missverständnis häufig wechselseitig. Das Management sieht den Kontrolleur und versucht, bestimmte Entscheidungen ohne ihn, um ihn herum oder bewusst gegen ihn durchzusetzen. Der „Kontrolleur" wiederum ist bestrebt, Fehler zu finden, (vermeintliche) Verstöße gegen Ordnungsmäßigkeitsprinzipien aufzudecken, es im Nachhinein (!) besser zu wissen.

Entscheidend für den Controller wie für das Management ist es, dieses Missverständnis von Anfang an aufzulösen oder besser es gar nicht aufkommen zu lassen. Der Controller ist kein Kontrolleur, sondern ein Sparringspartner. Er muss sich selbst als Teil des Managementteams begreifen und umgekehrt als solches anerkannt werden. Er hat im Prozess der Entscheidungsfindung kritisch-konstruktive Fragen um der Sache willen zu stellen. Nur so kann die Qualität der Entscheidung und damit die operative Leistung des Unternehmens mit seiner Hilfe gesteigert werden.

In der Literatur findet man bei der Frage nach dem Selbstverständnis von Controllern vielfältige Begriffe. So werden immer wieder Lotse, Steuermann, Navigator oder Innovator genannt.[60] Jeder Begriff hat seine Berechtigung und zielt letztlich darauf ab, den Controller vom Kontrolleur zu trennen – ihn somit als Sparringspartner zu positionieren.

Keine unangekündigten Fragen in großer Runde stellen

Controller haben die Aufgabe, Licht ins „operative Dunkel" zu bringen. Dazu gehört eine Menge Fingerspitzengefühl, wenn der Controller langfristig erfolgreich im Unternehmen tätig, respektiert und akzeptiert sein will.

Controller nehmen an Führungssitzungen operativer Einheiten teil. Dabei obliegt ihnen, durch konstruktives Hinterfragen verschiedenster Sachverhalte als Sparringspartner des operativ verantwortlichen Managements zu fungieren. Müssen bei diesen Runden für einzelne Beteiligte unangenehme Fragen gestellt werden, so ist es ein Gebot der Fairness, vor der Sitzung mit dem Betroffenen das Thema im Vier-Augen-Gespräch zu erörtern und ihm

---

[59] Vgl. zu diesem gesamten Kapitel Wolf (2006)
[60] Vgl. z. B. Schröder (2003); Zünd (1979)

Gelegenheit zu geben, den Sachverhalt adäquat aufzubereiten. Dann kann er entweder von sich aus das Problem in der Sitzung thematisieren oder die vom Controller diesbezüglich gestellten Fragen treffen ihn vorbereitet.

Zeigt sich der betroffene Manager dagegen wenig kooperativ und verweigert er die Auseinandersetzung mit einer vom Controller aufgebrachten Thematik, so sollte der Controller zwar persönlich fair, in der Sache jedoch hart bleiben. Dem Manager ist zu verdeutlichen, welche Fragen der Controller in der Sitzung stellen wird. Inwieweit er dazu die entsprechenden Antworten aufbereitet, bleibt ihm überlassen.

Wichtig ist jedoch stets, in großer Runde niemanden vorzuführen oder ins Messer laufen zu lassen. Denn die „Herr-Lehrer-ich-weiß-etwas"-Attitüde bildet allgemein keine Basis für eine vertrauensvolle Zusammenarbeit.

Ein Telefonat kann viele Probleme klären

Es klingt trivial, gerät aber bei vielen Menschen insbesondere im Zeitalter von E-Mails immer mehr in Vergessenheit – die mündliche Kommunikation kann viele Probleme schnell und effizient lösen. Tauchen beispielsweise im Zahlenwerk Ungereimtheiten auf, die vom Controller nicht intuitiv zu erklären sind, so sollte er im Zweifel zum Telefonhörer greifen und seinen Kollegen in der entsprechenden Fachabteilung zwecks Klärung anrufen.

Auf den ersten Blick mutet im Zeitalter des E-Mail-Verkehrs beispielsweise dieser Hinweis vielleicht altväterlich an und zeugt von mangelnder Zeitnähe. Weit gefehlt: E-Mails sind etwas Fantastisches, doch will ihr Einsatz im Einzelfall wohl überlegt sein. Zum einen kann sich der Controller durch vermeintlich „unbedachte" Fragen selbst ins Abseits manövrieren, insbesondere wenn beim E-Mail-Verkehr noch der Unsitte gefrönt wird, möglichst viele Mitarbeiter aus dem unternehmensweiten E-Mail-Verzeichnis in den Verteiler, vielleicht sogar noch als Blindkopie (!), mit aufzunehmen. Zum anderen werden gerade bei größerem Verteilerkreis Rechtfertigungsarien heraufbeschworen, die enorme Kapazitäten binden können.

Bei einem Telefonat dagegen ist zunächst nichts schriftlich fixiert, man kann „off-the-records" Sachverhalte ansprechen und abklären. Wenn dann noch Bedarf zur schriftlichen Dokumentation besteht, kann diese in aller Regel kurz und knapp ausfallen und auf einen kleinen, vorher abgestimmten Empfängerkreis begrenzt werden. Dies bringt nicht nur Effizienz in die Arbeitsabläufe, sondern trägt auch in erheblichem Maße zu einer wechselseitig vertrauensvollen Zusammenarbeit bei.

3.2.2 Planung und Budgetierung

Klare Planungsprämissen setzen und dokumentieren

Alle Planungsannahmen müssen im Detail dokumentiert werden. Andernfalls ist es kaum möglich, Plan-Ist-Abweichungen sinnvoll zu analysieren.

Der Controller muss für alle relevanten, zentral vorzugebenden Prämissen wie die Entwicklung des konjunkturellen Umfelds, der direkten Lohnkosten, Lohnnebenkosten, Rohstoffpreise etc. in Abstimmung mit den Fachabteilungen Lösungsvorschläge erarbeiten. Diese sind dann mit dem Management abzustimmen und zu kommunizieren. Die Planenden müssen sich an diese Vorgaben halten, um eine einheitliche und vergleichbare Planung erstellen zu können. Sollten einzelne Prämissen generell fehlerhaft gewählt sein oder nur im Einzelfall (bei einer Tochtergesellschaft oder in einem Land) zu Schwierigkeiten führen, ist dies mit dem Management zu diskutieren und generell zu ändern bzw. als singuläre Anpassung ausnahmsweise zuzulassen.

Ein verabschiedetes Budget wird nie verändert

Eine einmal für das Geschäftsjahr verabschiedete Budgetplanung darf nicht mehr verändert werden, unabhängig davon, wie sich das wirtschaftliche Umfeld und das eigene Unternehmen entwickeln. Allfällige Änderungen bzw. Anpassungen an neue Situationen und Entwicklungen sind in gesonderten Hochrechnungen („Forecasts") zu erfassen und zu dokumentieren, die dann für das restliche Geschäftsjahr die Gesprächsbasis bilden.

Wird eine Änderung des Budgets zugelassen – egal wie berechtigt oder notwendig die Gründe auch sein mögen – so können aufgrund der Vielzahl widerstreitender Interessen permanente Budgetänderungen kaum mehr vermieden werden. Am Ende weiß dann niemand mehr, was die ursprüngliche Planung war und wie sich die aktuelle Situation in Relation zum ursprünglichen Ziel/Maßstab tatsächlich entwickelt hat.

Verabschiedete Planungen sind also immer sakrosankt.

Gerade in wirtschaftlich unsicheren Zeiten ist Planung wichtig

In wirtschaftlich schwierigen Zeiten, so ist immer wieder zu hören, müsse man „auf Sicht steuern", womit Planungen entbehrlich, ja sogar eher hinderlich seien für die Unternehmenssteuerung. Diese Aussage ist nicht nachvollziehbar:

Gerade wenn der Nebel der wirtschaftlichen Unsicherheit die klare Sicht verdeckt, braucht das Unternehmen mehr denn je zur Unternehmenssteuerung einen Kompass, um die Orientierung nicht zu verlieren. Dies bedeutet konkret, dass ein Unternehmen auch in einer Situation hoher Unsicherheit ein Budget erstellt, an dem der Unternehmenserfolg gemessen und an dem die strategische Ausrichtung des Unternehmens festgemacht wird. Je schwieriger die Zeiten und je undurchdringlicher der Nebel, desto vorsichtiger muss man natürlich das „Unternehmensschiff" steuern. Das heißt nichts anderes, als dass Entscheidungen mit Bedacht getroffen und kurzfristig notwendige Anpassungen vorgenommen werden. Aber das Unternehmen darf nicht den langfristigen Kurs verlassen, sondern muss die Entscheidungen immer am Kompass „Unternehmensplanung" ausrichten.

Immer nur ein Budget erstellen

In Unternehmen ist die (Un-)Sitte weit verbreitet, je nach Adressatenkreis verschiedene Budgets (Jahresplanungen) zu erstellen. Das gegenüber externen Kreditgebern kommunizierte Budget ist im Allgemeinen konservativ, dann gibt es häufig ein bei normalem Geschäftsverlauf realistischerweise zu erreichendes Budget und zum Schluss wird vor allem für die Vertriebsmitarbeiter ein anspruchsvolles Budget erstellt, um für diesen Personenkreis die Messlatte möglichst hoch zu legen.

Im Jahresverlauf ergibt sich dann die Problematik, stets verschiedene Budgets auseinanderhalten zu müssen, und zwar bei der internen wie der externen Kommunikation. Dies führt in aller Regel zu Missverständnissen und Verwirrung. Wer spricht wann von welcher Zahl? An wen sind welche Zahlen zu schicken?

Die Lösung dieser Problematik ist sehr einfach. Es wird grundsätzlich nur ein Budget erstellt, das als Basis für die interne und die externe Kommunikation verwendet wird. Dabei wird man sich im Allgemeinen für ein zwar anspruchsvolles, aber realistisch erreichbares Budget entscheiden.

Möchte das Unternehmen in einzelnen Bereichen intern die Messlatte höher legen, so ist dies über individuelle Zielvereinbarungen gut steuerbar. Wird das Umsatzbudget zu 100 % erreicht, so erhalten die Vertriebsmitarbeiter beispielsweise lediglich 90 % des Zielbonus; eine vollständige Auszahlung dieses Bonus würde erst bei 110 %-iger Zielerreichung stattfinden.

Kalkulatorische Größen möglichst konstant lassen

Bei der Vorgabe kalkulatorischer Größen, wie kalkulatorische Zinsen, kalkulatorische Abschreibungen, sollte darauf geachtet werden, dass diese über einen möglichst langen Zeitraum konstant bleiben. So wird gewährleistet, dass im mehrjährigen intertemporalen Vergleich bei der Bewertung der Ergebnisse keine Verzerrungen aus veränderten kalkulatorischen Größen auftreten. Diese würden aufwendige Detailanalysen nach sich ziehen.

Die Differenz zwischen tatsächlich prognostizierten und kalkulatorischen Werten ist im Neutralen Ergebnis abzubilden. Sollte dieses Neutrale Ergebnis eine Größenordnung erreichen, die zu den „regulären" Ergebnissen in keinem angemessenen Verhältnis mehr steht, sind die kalkulatorischen Verrechnungen anzupassen. Der Einfachheit halber sollte diese Anpassung dann auch rückwirkend für eine Vorjahresperiode durchgeführt werden, um so zumindest für die laufende Berichtsperiode verzerrungsfreie Vergleiche durchführen zu können.

Nicht zu viel Aufwand in Wechselkursprognosen stecken

Gerade bei international agierenden Unternehmen haben – trotz der Entschärfung des Problems auf europäischer Ebene durch Einführung des Euro – die Wechselkurse großen Einfluss auf die Ergebnisse. Dies konnte insbesondere mit dem Verlauf der Dollar-Euro-Relation in den vergangenen Jahren beobachtet werden.

Damit hat auch die Festlegung der für die Mehrjahresplanung jeweils zugrunde zu legenden Wechselkurse große Bedeutung. Viele Unternehmen neigen daher dazu, durch Befragung verschiedener Kreditinstitute ausgefeilte Wechselkursprognosen heranzuziehen, im Einzelfall sogar eigene Prognosemodelle zu berechnen. Diesen hohen Aufwand sollte man sich ersparen, denn er führt aus mehreren Gründen zu keinem wirklichen Erkenntniszuwachs:

- Niemand kann ex ante Wechselkursentwicklungen treffsicher prognostizieren. Könnte jemand das wirklich, würde er die Prognosen mit Sicherheit nicht veröffentlichen, sondern damit selbst sehr reich werden.
- Wechselkurse, die in jeder Periode einer Mehrjahresplanung modifiziert werden, haben positiven wie negativen Einfluss auf das Ergebnis. Damit lassen sich Ergebnisveränderungen schwieriger analysieren, da Wechselkurseffekte die operativen Schwankungen überlagern und verwischen können.

Bereits getätigte Währungssicherungsgeschäfte müssen selbstverständlich in der Mehrjahresplanung abgebildet werden. Für den Sicherungszeitraum und das Sicherungsvolumen benötigt man dann allerdings keine Prognosen mehr; hier wird Unsicherheit durch Sicherheit ersetzt.

Die Erfahrung hat gezeigt, dass in aller Regel für das nicht kursgesicherte Geschäftsvolumen Wechselkursprognosen für das erste Planjahr sinnvoll und notwendig sind. Für alle Folgejahre ist es ausreichend, diese Prognosewerte des ersten Jahres fortzuschreiben, also die Wechselkurse als konstant zu unterstellen.

3.2.3 Reporting

Auch beim Reporting gilt: Konzentration auf das Wesentliche

Ein Blick in die Reporting-Systeme der Unternehmen fördert meist Erstaunliches zu Tage: Es wimmelt nur so von Zahlen, Daten, Fakten, Details, teilweise sogar noch garniert mit mehr oder weniger umfangreichen textlichen Erläuterungen und vielen bunten Bildern – Excel und andere Programme können so viel.[61] Vor dem Hintergrund der schieren Fülle ist der oberflächliche Betrachter geneigt, dem Reporting-System eine hohe Qualität zu bescheinigen.

Bei näherer Betrachtung stellt man fest, dass zum einen die Adressaten mit der Masse der Details gar nichts anfangen können, diese aber im Allgemeinen deshalb gerne haben wollen, weil „das schon immer so war" oder „der Kollege diese Daten auch bekommt". Zum anderen ist zu erkennen, dass bei einer Gesamtbetrachtung oft bestimmte Teilbereiche, im Allgemeinen ausländische Tochtergesellschaften, gar nicht oder nur unvollständig im Reporting-System erfasst und abgebildet werden. Aufgrund der Fülle des vorhandenen Zahlenmaterials fällt dies erst bei genauerer Analyse auf.

Eine Beschränkung auf wesentliche Eckwerte wie Umsatz, Ergebnis (EBIT, EBT, EAT je nach Bedarf), Liquidität, Auftragseingang und -bestand, Mitarbeiter und Investitionen ist monatlich auf vielen Berichtsebenen völlig ausreichend. Wesentlich ist dabei natürlich, dass für jeden Einzelwert nicht nur die monatlichen sowie kumulierten Ist-Zahlen, sondern auch die korrespondierenden Plan- und Vorjahreszahlen verfügbar sind. Nur so lassen sich die Ist-Werte adäquat beurteilen. Neben der Beschränkung ist die Vollständigkeit der Daten wesentlich. Es dürfen keine Gesellschaften oder Bereiche „vergessen" werden. Sollte man sich im Einzelfall entscheiden, aufgrund des Wesentlichkeitsprinzips auf die monatliche Beobachtung einzelner Einheiten wegen ihrer untergeordneten Bedeutung zu verzichten, so ist sicherzustellen, dass zumindest beim Quartalsreporting auch diese Einheiten betrachtet werden.

Plan/Ist-Vergleiche auf Basis der Plan-Wechselkurse durchführen

Für außerhalb des Euro-Raumes tätige Unternehmen ist es unumgänglich, im Rahmen des Planungsprozesses bestimmte Annahmen über die Wechselkurse des ersten Planjahres zu treffen. Mit diesen Kursen werden dann die zunächst in lokaler Währung aufgestellten Budgets in Euro umgerechnet.[62]

Im monatlichen Reporting trifft man immer wieder auf die Situation, dass die Ist-Ergebnisse in lokaler Währung wie selbstverständlich auch mit den jeweiligen monatlichen Ist-Wechselkursen in Euro umgerechnet werden. Durch diese Vorgehensweise kann man jedoch erhebliche Verfälschungen im Reporting-System erzeugen, das operative Leistungen nicht korrekt abbildet und so zu falschen Handlungsempfehlungen führen kann. Liegt der monatliche Ist-Wechselkurs in Relation zum Plan-Wechselkurs höher, so ergeben sich aus dieser Abweichung positive Effekte hinsichtlich Umsatz und Ergebnis. Diese Größen werden in Euro besser dargestellt, als die in lokaler Währung ausgedrückten Werte tatsächlich sind. Liegt der monatliche Ist-Wechselkurs niedriger als der Plan-Wechselkurs, resultieren daraus umgekehrte Effekte.

---

61 Zur Erstellung wirklich aussagefähiger Grafiken und Schaubilder vgl. Zelazny (2005)
62 Anstelle des Euros könnte natürlich auch jede andere Währung die Basis für die Planung darstellen.

Deshalb sollten im Rahmen des Reporting-Systems sämtliche Ist-Werte von Gesellschaften aus Nicht-Euro-Ländern mit den Plan-Wechselkursen umgerechnet werden. Die Abweichungen zum tatsächlichen Wechselkurs der Berichtsperiode sind dann in einer gesonderten Zeile des Berichts aufzuführen. Somit wird die Vermischung von operativ bedingten und rein währungskursinduzierten Abweichungen vermieden.

Bereichsergebnisse bis zum Vorsteuer-Ergebnis durchrechnen

Bei der Darstellung von Sparten-, Geschäftsbereichs-, Produkt-, Kunden- und sonstigen Ergebnissen findet man häufig, dass bei einem – wie auch immer definierten – Deckungsbeitrag die Rechnung endet. Die in dieser Rechnung noch fehlenden Kostenpositionen werden dann summarisch für das Gesamtunternehmen berücksichtigt. Damit werden in den Teilergebnisrechnungen in aller Regel zur Freude der Berichtsempfänger schöne große positive Zahlen ausgewiesen, wobei das Gesamtergebnis völlig anders aussehen kann!

Daher ist es sinnvoll, auch bei Ergebnisrechnungen für Unternehmensteile (Geschäftsbereiche, Sparten, Kunden, Produkte etc.) jeweils bis zum Ergebnis vor Steuern (EBT) durchzurechnen. Die dazu notwendige Schlüsselung bestimmter Kostenarten wird am Anfang sicherlich nur grob und nicht hinreichend detailliert bzw. fundiert sein. Dies ist jedoch nicht schlimm: Durch die Verrechnung werden Diskussionen über sachgerechte Verteilungsschlüssel und – was besonders wichtig ist – über die Höhe der zu verteilenden Kosten angeregt. Auch wenn beispielsweise ein Produktbereichsverantwortlicher keinen direkten Einfluss auf die Gesamthöhe der zu verrechnenden Zentralkosten hat, so kann eine Beschäftigung mit diesen Zahlen zu zwei Effekten führen. Zum einen können durch andere Verrechnungsschlüssel die Kosten für den Produktbereich gesenkt werden (wobei natürlich ein anderer bereit sein muss, die Differenz zu tragen!), zum anderen wird die Gesamthöhe der Zentralkosten in Frage gestellt (vgl. S. 86).

Für das laufende Reporting nur einfache Zielgrößen verwenden

In den vergangenen Jahren wurde in vielen Unternehmen die klassische Ergebnisrechnung um wertorientierte Zielgrößen wie EVA, CVA, CFROI, ROCE oder RONA ergänzt.[63] Diese Größen haben allerdings den Nachteil, dass sie häufig nur von Fachleuten in ihrer Komplexität erfasst und interpretiert werden können und sich somit kaum als Basis eines regelmäßigen unterjährigen, leicht kommunizierbaren Controlling-Instrumentariums für operative Einheiten eignen.

Stattdessen sollten die wertorientierten Zielgrößen für die operativen Einheiten auf einfache und griffige Maße wie beispielsweise Umsatzrendite (ROS) umgerechnet werden. Im unterjährigen Reporting ist auch den Mitarbeitern vor Ort damit zu vermitteln, welche Umsatzrendite ihre operative Einheit erzielen muss, um die Vorgaben zu erreichen, und welche Ist-Renditen tatsächlich realisiert werden.

---

63 Vgl. zu diesen und weiteren Größen Copeland/Koller/Murrin (2002)

Diese Empfehlung darf nicht missverstanden werden. Wertorientierte Steuerungsgrößen sind wichtig zur Erfassung der Erfolgsbeiträge von Unternehmen bzw. Unternehmensteilen und sollten durchaus jährlich ermittelt werden. Aufgrund ihrer häufig komplexen Struktur sind zur einfacheren Kommunikation andere Maßstäbe wie ROS heranzuziehen.

Eine monatliche Konzernergebnisrechnung ist leicht realisierbar

Gerade bei mittelständischen Betrieben gibt es häufig keine monatliche Konzernergebnisrechnung, sondern das Ergebnis der deutschen Muttergesellschaft steht im Vordergrund, während die oft nicht unwesentlichen Ergebnisse der Auslandstöchter (häufig verspätet) lediglich nachrichtlich gemeldet werden. Dabei ist es in aller Regel kein Hexenwerk, eine monatliche Konzernergebnisrechnung zu erstellen:

Für die Umsatzkonsolidierung sind die „Intercompany"-Umsätze zu melden und Doppelerfassungen zu eliminieren. Sinnvollerweise sollte man dazu eine beidseitige Meldung der Umsätze erfassen, nämlich von der abgebenden und der empfangenden Einheit, um dabei auftretende Differenzen schon frühzeitig klären zu können.

Bei der Ergebniskonsolidierung reicht es meist aus, die Ergebnisse der Einzelgesellschaften zu addieren und lediglich über eine (auf die Monate verteilte Jahres-)Pauschale die Eliminierung von Zwischengewinnen vorzunehmen. Denn die Zwischengewinne verstecken sich in der Regel in Bestandsveränderungen und Anlagenlieferungen. Darüber hinaus beeinflussen Erst- bzw. Entkonsolidierungen das Konzernergebnis:

- Sind keine wesentlichen Bestandsauf- oder -abbauprogramme durchgeführt worden, so wird es aus den Beständen auch keine signifikanten Zwischengewinneliminierungen geben. Sind erhebliche Bestandsveränderungen vorgenommen worden, lassen sich die Effekte im Einzelfall greifen.
- Zwischengewinneliminierungen aus Intercompany-Anlagenverkäufen sind im Allgemeinen ebenfalls gut zu verarbeiten: Anlagenkäufe innerhalb der Unternehmensgruppe sind üblicherweise leicht zu verfolgen und entsprechende Zwischengewinne können berücksichtigt werden.
- Positive wie negative Ergebnisbeiträge aus Erst- bzw. Entkonsolidierungen sind im Konzernergebnis zu verarbeiten. Allerdings haben diese Fälle singulären Charakter, so dass auch sie gut nachgehalten werden können.

Die Kundenergebnisrechnung ist ein wichtiger Teil des Reportings

Viele Mittelständler wissen leider nicht, mit welchen Kunden sie wirklich Gewinne erzielen. Dies gilt insbesondere dann, wenn gleiche Kunden durch verschiedene Bereiche betreut werden. Daher sollte in regelmäßigen Abständen untersucht werden, wie profitabel der ein-

Finanzielle Steuerung

zelne Kunde wirklich ist. Dazu wird pro Kunde dessen Ergebnisbeitrag auf Basis eines EBT ermittelt. Dies bedeutet, bei Beginn der Berechnungen eine Reihe von Annahmen und Schätzungen für die Verrechnungsschlüssel zu akzeptieren. Im Zeitablauf werden die Ungenauigkeiten reduziert mit einer immer genaueren Bestimmung der Verrechnungsschlüssel.

Als Ausfluss dieser Kundenergebnisrechnung kann dann eine klare Klassifizierung erfolgen, so dass die entsprechenden Kunden auch die ihnen angemessene Betreuungsintensität erhalten – und nicht über- oder unterbetreut werden. Auch werden eventuell zwischen den Geschäftsbereichen bestehende unterschiedliche Klassifizierungen des Kunden transparent. In einem Bereich ist er A-Kunde, im anderen C-Kunde. Daraus möglicherweise resultierende Probleme in der Intensität der Kundenansprache oder bei der Gestaltung der Konditionen lassen sich lösen (vgl. S. 62).

Mit absoluten Deckungsbeiträgen steuern

Viele Unternehmen steuern ihr Geschäft mit prozentualen Vorgaben. Wenn ein Auftrag eine Marge von beispielsweise 28 % erzielt, ist er vorteilhaft. Dieses Denken ist sehr gefährlich, wie eine stark vereinfachte Rechnung zeigt (siehe Abbildung 9):[64] Beträgt der Verkaufspreis des Produktes 100 EUR und kosten die notwendigen Rohstoffe 40 EUR, so ergibt das einen Deckungsbeitrag von 60 EUR und eine Marge von 60 % (Szenario A). Verdoppelt sich nun der Rohstoffpreis, so reduziert sich bei konstantem Deckungsbeitrag die Marge (Szenario B) oder der Verkaufspreis muss sich bei gleicher Marge verdoppeln (Szenario C). Ähnliches passiert, wenn sich die Rohstoffpreise halbieren – allerdings in umgekehrter Relation, wie in den Szenarien D und E abzulesen ist.

Szenario	A	B	C	D	E
Verkaufspreis	100 EUR	140 EUR	200 EUR	80 EUR	50 EUR
Rohstoffe	40 EUR	80 EUR	80 EUR	20 EUR	20 EUR
Deckungsbeitrag	60 EUR	60 EUR	120 EUR	60 EUR	30 EUR
Marge	60 %	43 %	60 %	75 %	60 %

Abbildung 9: Absolute Deckungsbeiträge versus relative Margen

Bei sonst gleichen Bedingungen würde man sich im Szenario C „aus dem Markt preisen", im Szenario E auf eine Verlustsituation zusteuern.

Anhand dieses einfachen Beispiels wird die Problematik deutlich – und einige Mittelständler werden empört anmerken, dass solche offensichtlichen Fehlentwicklungen in ihren Unternehmen undenkbar seien. Das ist erfreulich, doch häufig ist diese Problematik nicht vollumfänglich bewusst, so dass die Steuerungsgrößen und -methoden daraufhin dringend untersucht und gegebenenfalls adjustiert werden sollten.

---

64 Der Deckungsbeitrag wird hier sehr vereinfacht nur auf Rohstoffe bezogen.

3.2.4 Tochtergesellschaften

Kleine Feuer sofort löschen

Es kommt immer wieder vor, dass eine operative Einheit in eine Verlustsituation gerät oder aufgrund einer Neugründung noch Anlaufverluste generiert. Dies ist zunächst nicht tragisch, sofern entsprechende Maßnahmen definiert werden, um in einem klaren Zeitrahmen den Turnaround zu realisieren.

Das eigentliche Problem fängt oft erst nach der Definition des Sanierungsplans an, wenn nämlich die Maßnahmen nicht so greifen wie geplant und die Verlustsituation länger als erwartet andauert. Es werden dann von den operativ Verantwortlichen immer wieder neue Maßnahmenpläne vorgelegt, durch die eine Verbesserung eintreten soll. Bei der Realisierung treten dann erneut unvorhergesehene Probleme auf (plötzlich bricht der Markt ein, die allgemeine Konjunktur entwickelt sich anders als erwartet, Rohstoffpreise steigen etc.) – ein Teufelskreis beginnt!

Selbst kleinste Feuer können sich schnell zu einem Flächenbrand ausweiten, wenn sie nicht erfolgreich bekämpft werden. Wenn der erste Maßnahmenplan nicht in der angegebenen Zeit Erfolge zeigt, sollte eine – und zwar nur eine – „Nachbesserungsrunde" akzeptiert werden. Sind die Verbesserungen auch dann nicht realisiert und die Verlustsituation nachhaltig bereinigt, müssen einschneidende Maßnahmen (Verkauf, Schließung etc.) eingeleitet werden. Dauerhafte kleine Verluste können sich plötzlich zum Flächenbrand ausbreiten und das gesamte Unternehmen in eine gefährliche Schieflage bringen.

Gute Informationen gibt es vor Ort – wenn man sich Zeit nimmt

In Unternehmen ist die Unsitte weit verbreitet, hektisch in der Welt herumzufliegen, alle Tochtergesellschaften zu besuchen, aber dort nur wenige Stunden zu verweilen, möglichst nicht in die Details abzutauchen, jedoch viel Staub aufzuwirbeln. Als Beispiel sei auf einen Finanzvorstand verwiesen, der vor einiger Zeit auf seiner „Jahresabschlusstour" wichtige Tochtergesellschaften besuchte. Er flog dazu am Sonntagabend in Deutschland los, landete gegen 9.00 Uhr Ortszeit in Sao Paulo, wurde vom Fahrer am Flughafen abgeholt, ins Hotel zum Duschen gebracht und erschien um 12.00 Uhr im Werk. Gegen 15.00 Uhr musste er das Werk schon wieder verlassen, um am Abend seinen Anschlussflug in die USA zu erreichen. Positiv an diesem Trip war immerhin, dass er Übernachtungskosten sparte!

Ein verantwortungsbewusster Controller – was im Übrigen für jeden Manager gelten muss – sollte sich vor einer Dienstreise genau überlegen, ob er wirklich die entsprechenden Themen und die notwendige Zeit hat, sich mit der zu besuchenden Gesellschaft (bzw. Werk/Niederlassung/Betriebsstätte) adäquat auseinandersetzen zu können. Geht es ausschließlich um klar beantwortbare Sachfragen, ist häufig eine Videokonferenz ausreichend und kann für alle Beteiligten viel Zeit und Kosten sparen.

Geht der Controller dagegen auf Reisen – was er unbedingt regelmäßig tun sollte – so muss er die entsprechende Zeit mitbringen, sich mit der zu besuchenden Gesellschaft und insbesondere mit den dort handelnden Personen angemessen auseinandersetzen zu können. Dazu gehört, nicht nur die Zahlen zu wälzen, sondern auch die Fertigungseinrichtungen, Forschungs- und Entwicklungsbereiche etc. und die dort tätigen Mitarbeiter zu besuchen, sich Veränderungen und den künftigen Veränderungsbedarf erläutern zu lassen, sich also mit dem Unternehmen in seiner Gesamtheit zu beschäftigen – und mit den vor Ort Verantwortlichen auch einmal bei einem gemeinsamen Abendessen über Themen außerhalb des eigentlichen Arbeitsumfelds zu sprechen.[65]

Controller in Tochtergesellschaften brauchen „Stallgeruch"

In Unternehmen haben sich zwei grundsätzlich verschiedene Modelle zur Führung von ausländischen Tochtergesellschaften etabliert: Die einen Unternehmen schwören darauf, stets lokale Manager einzusetzen, um so den kulturellen Eigenheiten vor Ort optimal Rechnung tragen zu können. Im anderen Modell bestehen die Unternehmen darauf, in ihren ausländischen Tochtergesellschaften nur deutsche Geschäftsführer mit langjähriger Stammhauserfahrung zu etablieren, um die Einheitlichkeit zu gewährleisten.

Welcher dieser beiden Ansätze der beste ist, wird individuell zu entscheiden sein. Grundsätzlich ist aber festzuhalten, dass der Controller der Tochtergesellschaft immer „Stallgeruch" braucht. So kann sichergestellt werden, dass die Reporting-Erfordernisse der Muttergesellschaft vollumfänglich ohne Reibungsverluste erfüllt werden, da der Controller selbst einschlägige Berufserfahrung bei der Muttergesellschaft gesammelt hat. Fast wichtiger noch ist die Vertrauens- und Beziehungsebene, die der Controller im Verhältnis zur Muttergesellschaft besitzt. Aufgrund seiner Erfahrungen sollte er die Fähigkeit besitzen, die oft im Ausland anzutreffende „Andersartigkeit" zu Hause vermitteln zu können und so auch das gegenseitige Vertrauen zu stärken. Denn je exotischer das Land ist, desto größer sind die kulturellen Differenzen im Geschäftsgebaren im Vergleich zum Stammland und damit einhergehend der Erklärungsbedarf.

---

65 Vgl. dazu auch Henzler (2005): „Überspitzt lässt sich sagen, dass die Notwendigkeit der Aufmerksamkeit im Quadrat zur Entfernung vom Stammhaus zunimmt." (S. 28)

3.2.5 Investitionsprojekte

Ohne Verantwortlichen gibt es kein Geld

Je größer und komplexer Investitionsmaßnahmen werden, desto mehr Mitarbeiter müssen in die Realisierung eines Investitionsprojektes eingebunden werden. Und gerade vor diesem Hintergrund ist es essenziell für den Projekterfolg, dass es einen, und zwar lediglich einen Projektverantwortlichen gibt. Dieser hat im Projekt die volle Entscheidungsfreiheit – aber wenn etwas schiefgeht, muss er es auch verantworten.

Sollte ein solcher Projektverantwortlicher nicht verfügbar sein, darf konsequenterweise auch kein Projekt gestartet werden. Denn nur bei klarer Definition der Verantwortung wird sich letztlich auch der gewünschte Erfolg einstellen.

Dies bedeutet nicht, dass ein Teamansatz abzulehnen ist. Ganz im Gegenteil:[66] Teams sind hervorragend einsetzbar, wenn es um die Lösungsfindung bei komplexen Problemen geht. Hier ist der Beitrag eines jeden Teammitglieds vorurteilsfrei und hierarchiefrei zu bewerten. Egal ob Auszubildender oder langjährige Führungskraft – beim Suchen nach der optimalen Lösung sollten alle Beiträge der Teammitglieder gewissenhaft geprüft werden. Kommt das Team dann zu einer einheitlichen Lösung, ist die Welt in Ordnung. Kommt das Team dagegen zu keiner gemeinsam getragenen Lösung, muss derjenige die Entscheidung treffen, der zum Schluss dafür auch die persönliche Verantwortung trägt bzw. tragen muss.

Alle Projekte mit einem „Preisschild" versehen

Auch in mittelständischen Unternehmen gibt es eine Vielzahl von Optimierungsansätzen, die in Form von Projekten realisiert werden können. Aufgrund der begrenzten Kapazität von Mitarbeitern und Finanzmitteln müssen Themen priorisiert und ausgewählt werden.

Hierbei hat es sich bewährt, jedem (potenziellen) Projekt ein „Preisschild" anzuheften, dem zu entnehmen ist, welche quantifizierbaren Effekte/Vorteile durch die Realisierung erreicht werden sollen und wie diese gemessen und verfolgt werden. Denn häufig werden wachsweiche Erfolgsziele genannt. So reicht es nicht aus, beispielsweise durch ein Vertriebsprojekt eine Erhöhung der Kundenzufriedenheit zu erreichen. Es muss vielmehr klar definiert werden, wie die Kundenzufriedenheit gemessen wird, wie hoch der zu Projektstart gemessene Wert ist und um welchen Wert dieser nach Projektabschluss gesteigert werden soll. Auch ist zu quantifizieren, welche zählbaren Erfolge die erhöhte Kundenzufriedenheit für das Unternehmensergebnis hat. Denn zufriedene Kunden sind kein Unternehmensziel per se, sondern mit einer Steigerung der Zufriedenheit muss ein signifikanter Ergebnisbeitrag einhergehen.

---

[66] Vgl. dazu Katzenbach/Smith (1993)

Es braucht heute, wo das Thema „Projektmanagement" in aller Munde ist, sicherlich nicht mehr gesondert erläutert werden, dass für jedes Projekt klare Verantwortlichkeiten, Zeitpläne mit Zwischenzielen (Milestones) etc. zu definieren sind.

Die Wirtschaftlichkeitskontrolle indirekt realisieren

Investitionsanträge für einzelne Fertigungseinrichtungen, wie z. B. bestimmte Maschinen, enthalten häufig als Begründung, Rationalisierungspotenziale erschließen zu wollen. Dabei werden neben Einsparungen im Material- oder Hilfs-/Betriebsstoffebereich insbesondere auch Reduzierungen auf der Personalkostenseite ins Feld geführt.

Ist die Investition umgesetzt und die Maschine installiert, stellt sich die Frage, ob tatsächlich die ursprünglich erwarteten Kostenreduzierungen erreicht werden. Normalerweise argumentieren die Fachabteilungen, dass selbstverständlich auch die Personalkosteneinsparungen erreicht wurden. Auf die Nachfrage, welche Personen konkret ausgeschieden sind, werden die Antworten vage und es wird blumig erläutert, dass aufgrund des Rationalisierungseffekts der Aufbau von Mitarbeitern entweder in der eigenen Abteilung und/oder in anderen Bereichen vermieden werden konnte.

Solche Aussagen sind unbefriedigend und schwer nachvollziehbar. Daher empfiehlt es sich, die Wirtschaftlichkeitskontrolle indirekt durchzuführen. Es ist zu prüfen, inwieweit die technischen Parameter der Anlage den im Investitionsantrag unterstellten entsprechen. Dies sind beispielsweise Taktzeiten, Ausbringungsmengen, Qualitätsparameter, Rüstzeiten etc. Werden diese Parameter wie geplant realisiert, ist davon auszugehen, dass zumindest die technischen Voraussetzungen zum Heben der entsprechenden personellen Rationalisierungspotenziale erreicht wurden. Dass diese auch tatsächlich gehoben und keine überflüssigen Personalkosten im betroffenen Bereich generiert werden, ist über einen konstanten Ergebnisdruck auf die Beteiligten sicherzustellen.

Wirtschaftliche Vernunft kommt vor Steuersparen

Der Wille, Steuern zu sparen, darf nicht zu wirtschaftlich unsinnigen Handlungen verleiten. Mittelständische Unternehmer sind oft darauf fixiert, ihre Steuerlast zu senken – koste es, was es wolle. Dazu werden bei Investitionen die Abschreibungsmöglichkeiten oder bei Akquisitionen die verwendbaren Verlustvorträge in den Vordergrund gestellt. Die Frage nach der eigentlichen wirtschaftlichen Sinnhaftigkeit, sprich der Rentabilität, wird von Steuerüberlegungen verdrängt, was einer einfachen Weisheit widerspricht: „Solange der Grenzsteuersatz weniger als 100 % beträgt, ist es besser, einen Gewinn zu erzielen und Steuern zu zahlen, als das Geld zum Fenster hinauszuwerfen!" Und selbst in Deutschland liegt der Grenzsteuersatz nicht über 100 %!

Vor dieser Erkenntnis sollten unternehmerische Entscheidungen zunächst möglichst unabhängig von Überlegungen zur Steueroptimierung getroffen werden. Wenn unter diesen Bedingungen ein Projekt wirtschaftlich vorteilhaft ist, wird es dies in aller Regel auch nach Erfassung der Steuern sein. Dies gilt umgekehrt leider nicht.

Die gleichen Überlegungen gelten im Übrigen auch für das Erlangen von Subventionen, egal aus welchem Fördertopf sie auch kommen mögen.

3.3 Revision

Revision und Controlling ergänzen sich

Obwohl der Controller nicht mit „K" geschrieben wird (vgl. S. 103), müssen im Unternehmen doch auch Kontrollfunktionen ausgeübt werden. Während in der Produktion z. B. durch das breite Feld der Qualitätssicherung oder durch externe Kontrollinstanzen (wie Gewerbeaufsicht, Berufsgenossenschaft) gewährleistet wird, dass vorgeschriebene Produktionsverfahren, Prozessschritte, Umwelt- und Sicherheitsstandards penibel eingehalten werden, muss dies auch für den gesamten administrativen Sektor eines Unternehmens sichergestellt werden. Und hierzu bietet sich die Revision als Institutionalisierung des Kontrollgedankens an.

Der Revisor muss prüfen, ob Arbeitsanweisungen eingehalten und damit die Ordnungsmäßigkeit der Geschäftsabläufe gewährleistet wird. Dies beginnt mit auf den ersten Blick einfachen Themenstellungen wie der Einhaltung des Vier-Augen-Prinzips und geht über Bereiche wie die Einkaufsabwicklung oder auch die Validierung von IT-Prozessen.[67]

Dabei darf die Revision aber nicht nur auf bestehende Mängel im System aufmerksam machen, sondern muss zugleich auch mögliche Lösungsansätze zur Optimierung darlegen. Und dann zeigt sich die Verzahnung zur Controllingfunktion: Controller und Revisor streben gemeinsam nach einer Verbesserung bestehender Prozesse und ergänzen sich somit wechselseitig.

Die Revisionsfunktion eignet sich zum Outsourcing

In einem Großkonzern setzt sich die Revisionsabteilung in aller Regel aus verschiedenen, oft auf bestimmte Themenfelder spezialisierten Teams zusammen, die vordefinierte Prüfungspläne und Ad-hoc-Anforderungen abarbeiten. Dazu begeben sie sich für zwei oder mehr Wochen vor Ort in die nationalen und internationalen Tochtergesellschaften und schauen dort „nach

---

[67] Eine detaillierte Beschreibung der Internen Revision findet sich beispielsweise bei Amling/Bantleon (2007) oder Lück (2009)

dem Rechten". Die Jobs in diesen Revisionsabteilungen werden von gut ausgebildeten Kandidaten gerne angenommen, da sie als Sprungbrett für weitergehende Führungsaufgaben gelten.

Ganz anders stellt sich die Situation in einem mittelständischen Unternehmen dar. Der Aufgabenumfang ist überschaubar, so dass kein Platz für große Revisionsteams ist. Daher gibt es nur Arbeit für einen Revisor mit (höchstens) einem weiteren Mitarbeiter. Und dieser Revisor hat keine leichte Aufgabe. Er muss einerseits Ordnungsmäßigkeitsprüfungen durchführen und kann sich dabei bei seinen Kollegen durchaus unbeliebt machen. Andererseits muss er mit diesen Kollegen weiterhin vertrauensvoll zusammenarbeiten, weil es in einem mittelständischen Unternehmen nur eine überschaubare Anzahl von Führungskräften gibt.

Diese Situation führt vielfach zum Ergebnis, dass der Revisor als „scharfer Hund" gilt, der zwar mögliches Fehlverhalten schonungslos aufdeckt, aber im Führungskreis isoliert agiert und selbst oft zum Eremiten mutiert. Wird der Revisor allerdings im Kollegenkreis „geliebt", kann er dann seiner eigentlichen Aufgabe nur noch unzureichend nachkommen und entwickelt sich zum „zahnlosen Tiger".

Als Lösung dieses Dilemmas bietet es sich für mittelständische Unternehmen an, die gesamte Revisionsfunktion fremd zu vergeben. Durch das Outsourcing wird erreicht, dass Externe ohne persönliche Bindungen in das Unternehmen die Ordnungsmäßigkeitsprüfungen vornehmen können. In der Praxis hat sich gezeigt, dass dies gerade Wirtschaftsprüfer sehr wirkungsvoll durchführen können. Sie haben für die verschiedenen Fachgebiete die ausgewiesenen Spezialisten, die je nach Anforderung eingesetzt werden können. Darüber hinaus verfügen die international agierenden Gesellschaften auch im Ausland über Experten, so dass die Revision ausländischer Tochtergesellschaften ebenfalls abgedeckt werden kann. Diese Revisionsaufgabe sollte jedoch von einem anderen Wirtschaftsprüfer als dem Abschlussprüfer durchgeführt werden, um jegliche Interessenkonflikte auszuschließen.

Klare Spielregeln bilden die Basis für das Outsourcing

Bei der Auswahl des Wirtschaftsprüfers, der die Revisionsaufgaben wahrnehmen soll, ist es wichtig, von Anfang an klare, für alle Seiten verbindliche Spielregeln im Umgang mit dem Abschlussprüfer festzulegen. Denn zunächst findet es der Abschlussprüfer mit hoher Wahrscheinlichkeit nicht sehr angenehm, dass ein Berufskollege bei „seinem" Mandanten aktiv wird. Auf der anderen Seite könnte der Revisions-Wirtschaftsprüfer geneigt sein, seine Aufgabe als Einstieg zu sehen, um in nicht allzu ferner Zukunft die Abschlussprüfung selbst zu übernehmen.

Beide Situationen sind für das Unternehmen und die agierenden Prüfer letztlich nicht befriedigend und einer vertrauensvollen wie erfolgreichen Tätigkeit wenig förderlich. Daher wird dringend empfohlen, in einem gemeinsamen Gespräch von Anfang an Folgendes festzulegen:

- Das Prüfungsmandat steht nicht zur Disposition, sondern wird nach wie vor vom bisherigen Abschlussprüfer betreut. Sollte der Revisionsprüfer versuchen, diese Situation zu seinen Gunsten zu ändern, wird das Revisionsmandat umgehend beendet.
- Der Revisionsprüfer bleibt Revisionsprüfer und braucht keine Übernahme seiner Funktion durch den Abschlussprüfer zu befürchten. Sollte der Abschlussprüfer auch nach dem Revisionsmandat streben, steht sein Mandat zur Abschlussprüfung sofort zur Disposition.

Vor diesem Hintergrund werden Abschluss- und Revisionsprüfer zusammenarbeiten und durch Bündelung beiderseitigen Wissens und Betrachtung des Unternehmens aus unterschiedlichen Blickwinkeln (Prüfung versus Revision) positive Beiträge für die Weiterentwicklung des Unternehmens leisten.

Revisionsaufgaben sind langfristig zu planen

Um zu gewährleisten, dass in einem Unternehmen sämtliche Funktionen einer regelmäßigen Kontrolle durch die Revision unterzogen werden, sollte ein mittel- bis langfristig orientierter Revisionsplan festgelegt werden. Damit wird zweierlei sichergestellt: Zum einen werden alle Bereiche erfasst, zum anderen kann durch die Prüfungsfrequenz definiert werden, welche Relevanz einzelne Bereiche für die Revision haben – sprich: welche Risiko- bzw. Manipulationspotenziale in den einzelnen Bereichen vorhanden sind.

Daneben ist zu berücksichtigen, dass nicht nur das deutsche Stammhaus von der Revision erfasst wird, sondern auch die inländischen wie auch insbesondere die ausländischen Tochtergesellschaften. In der Praxis hat es sich gerade bei einem mittelständischen Unternehmen mit seinen (noch) überschaubaren Strukturen als sinnvoll erwiesen, jährlich ein bis zwei Bereiche im Inland und ein bis zwei ausländische Tochtergesellschaften von der Revision durchleuchten zu lassen.

Der Revisionsplan sollte von der Geschäftsführung in Abstimmung mit dem Revisor aufgestellt, aber nicht im Unternehmen kommuniziert werden. So wird vermieden, dass sich einzelne Bereiche langfristig auf ihre Durchleuchtung vorbereiten können. Darüber hinaus muss das Unternehmen natürlich immer flexibel sein und kurzfristig die Revisionsplanung aktuellen Entwicklungen gemäß verändern bzw. ausweiten können.

4. Ausgewählte Spezialthemen

4.1 M & A und Due Diligence

4.1.1 Grundfragen

Kaufpreiserwartungen realistisch einschätzen

„Den" Unternehmenswert gibt es nicht. Ein Unternehmen ist letztlich im Transaktionszeitpunkt genau den Preis wert, zu dem Käufer und Verkäufer die Transaktion abschließen.

Für die Ermittlung des Transaktionspreises ist es natürlich wichtig, über eine möglichst objektivierte Preisbasis zu verfügen. Dazu hat sich eine Vielzahl von Bewertungsverfahren am Markt etabliert. Die Bandbreite reicht vom Stuttgarter Verfahren, das eigentlich ein objektiviertes Massenverfahren zur steuerlichen Bewertung bei Unternehmenstransaktionen (vor allem bei Erbschaft oder Schenkung) mit starker Einbeziehung des Substanzwertes darstellt, bis hin zu ausgefeilten, zahlungsorientierten Discounted-Cashflow-Modellen, bei denen alleine die Literatur zur Bestimmung des Diskontierungsfaktors meterweise Büchereiregale füllt.[68]

In der Praxis hat sich herausgestellt, dass eine erste Einschätzung des Unternehmenswertes durchaus mit der einfach anzuwendenden „Multiple-Methode" vorgenommen werden kann. Dazu wird das Unternehmensergebnis, und zwar meist das Ergebnis vor Zinsen und Steuern (EBIT), mit einem Faktor multipliziert. Von dem so errechneten Wert werden dann noch die (zinstragenden) Verbindlichkeiten (in der Regel Bankschulden, Kundenanzahlungen, Gesellschafterdarlehen und Pensionsverpflichtungen) abgezogen und das Geldvermögen (z. B. Kassenbestand, Wertpapiere) hinzugezählt. Dabei gibt es natürlich bei der Festlegung der einzelnen Parameter durchaus Ermessensspielräume. Betrachtet man ausschließlich das Ist-Ergebnis des abgelaufenen Geschäftsjahres oder bezieht man, gegebenenfalls mit unterschiedlicher Gewichtung, auch Vergangenheitsergebnisse mit ein und/oder stellt man auch auf Zukunftsergebnisse ab? Leitet man den anzuwendenden Faktor, das so genannte Multiple, aus gegenwärtig tatsächlich stattgefunden Transaktionen ab oder gibt es Gründe, davon abweichende Faktoren zu wählen?[69]

---

[68] Vgl. zu den Bewertungsmethoden Copeland/Koller/Murrin (2002) mit vielen weiteren Nachweisen
[69] Eine Liste aktueller Multiples – nach Branchen und Unternehmensgrößen aufgeteilt – veröffentlicht monatlich z. B. die Zeitschrift „Finance" (auch auf www.finance-research.de).

Am Ende des Tages gibt es entweder einen Wert – wie auch immer ermittelt – auf den sich die Beteiligten einigen und zu dem sie bereit sind, die Transaktion durchzuführen – oder es gibt ihn nicht, weil die Preisvorstellungen der beteiligten Parteien sich nicht zur Deckung bringen lassen.

Die Festlegung der Kaufpreiselemente erfordert Kreativität

In einem Akquisitionsprozess kann es im Einzelfall schwierig sein, einen für alle Seiten akzeptablen Preis zu finden. Dies liegt häufig daran, dass in der vom Verkäufer vorgelegten Unternehmensplanung ein „Hockey-Stick"-Effekt zum Vorschein kommt. Das heißt, die Planung geht in naher Zukunft von deutlich steigenden Ergebnissen aus. Diese können im Einzelfall durchaus plausibel sein, doch scheut sich ein Erwerber häufig, bei der Kaufpreisbestimmung das Risiko des Nichterreichens der anspruchsvollen Planung völlig außer Acht zu lassen.

In einem solchen Fall sollten beide Seiten kreativ sein, denn es gibt eine Vielzahl von Möglichkeiten, die Verkäuferseite bei tatsächlicher Erreichung der Planung angemessen zu vergüten, ohne dass der Käufer sämtliche damit verbundenen Risiken tragen muss. Dazu bieten sich z. B. folgende Ansatzpunkte:

- Earn-out: Der Verkäufer akzeptiert zunächst einen niedrigeren Kaufpreis, erhält aber bei Erreichen bestimmter, klar definierter Ziele (Umsatz, Ergebnis etc.) einen Zuschlag (Besserungsschein).

- Minderheitsbeteiligung mit Exit-Option: Der Verkäufer akzeptiert zunächst einen niedrigeren Kaufpreis, behält dafür aber eine Minderheitsbeteiligung am Unternehmen. Diese kann er nach einer bestimmten Zeit an den Käufer veräußern, wobei die Mechanik der dann zugrunde zu legenden Unternehmensbewertung (zu berücksichtigende Ergebnisse, Multiplikatoren, gegebenenfalls Unter- und/oder Obergrenzen des Unternehmenswertes) bereits bei Abschluss des Kaufvertrags festgelegt wird.

Es lässt sich eine Vielzahl individueller Lösungen für die Bemessung des Kaufpreises finden. Welche davon letztlich im konkreten Fall zur Anwendung kommt, hängt stark von der Bereitschaft des Verkäufers ab, auf die Fähigkeiten in die Unternehmensführung des Käufers zu vertrauen. Denn nur wenn der Käufer das Unternehmen erfolgreich führt (und auch nicht über „Tricks" das Ergebnis negativ beeinflusst), hat der Verkäufer die Chance auf eine Zusatzkompensation. Bleibt dagegen der Verkäufer weiterhin als Gesellschafter dem Unternehmen verbunden, hat er beispielsweise über eine Mitarbeit im Beirat noch Einfluss auf die Unternehmenspolitik und damit auch das Unternehmensergebnis. Ein kompetenter M & A-Berater wird bei der Lösungsfindung maßgeblich unterstützen können (vgl. S. 122).

Der Jagdtrieb darf die Sinne nicht vernebeln

Immer wieder ist in Transaktionsprozessen festzustellen, dass bei mittelständischen Unternehmern irgendwann der Jagdtrieb durchbricht. Je länger die Verhandlungen dauern und je klarer wird, dass auch Konkurrenten mitbieten, desto stärker wird der Wunsch, als Sieger aus dem Transaktionsprozess hervorzugehen und das Objekt wirklich kaufen zu können. Dies führt dazu, dass die ursprünglich errechneten Unternehmenswerte über Bord geworfen und deutlich höhere Unternehmenswerte und damit Kaufpreise angesetzt werden. Gerechtfertigt wird dies dann mit vermeintlichen Synergien oder möglichen Steuervorteilen.

In einer solchen „Jagdsituation" ist äußerste Vorsicht geboten. Jede Unternehmenstransaktion sollte sich zunächst „Stand-alone" rechnen. Die Einbeziehung von möglichen Synergien darf nur sehr vorsichtig erfolgen, denn zum einen lassen sich diese erfahrungsgemäß sehr viel schwieriger realisieren als zunächst erhofft. Zum anderen sind es gerade diese Synergiepotenziale, die einen Unternehmenskauf für den Käufer attraktiv machen – und daher sollte er diese Vorteile vorher nicht bezahlen. Dabei ist zu beachten, dass denkbare Synergiepotenziale auf der Kostenseite deutlich einfacher realisierbar sind als auf der Umsatzseite. Lassen sich beispielsweise Doppelarbeiten eliminieren, so sind deren Kosten eindeutig ableitbar und können nachhaltig abgebaut werden. Hinsichtlich der Umsätze muss man bei Unternehmenskäufen leider immer wieder feststellen, dass „1 + 1 < 2" ist. Durch die Transaktion werden in der Regel – zumindest am Anfang – keine neuen Kunden hinzugewonnen, sondern einzelne Kunden wechseln ihren Lieferanten, da dieser ihnen plötzlich zu groß, zu mächtig usw. erscheint.

Auch Steuervorteile sind sehr sensibel zu beurteilen. Erst wenn definitiv – etwa über eine verbindliche Auskunft der Finanzverwaltung – feststeht, dass beispielsweise Verlustvorträge wirklich für den Erwerber nutzbar sind, so ist eine hälftige Aufteilung der daraus resultierenden, diskontierten Steuervorteile zwischen Erwerber und Verkäufer denkbar. In allen anderen Fällen gilt: Bevor ein zu hoher Kaufpreis bezahlt wird, sollte man besser aus dem Transaktionsprozess aussteigen und auf neue Opportunitäten warten.

Daher sollte der Käufer sich immer vor Beginn der Verhandlungen eine absolute Preisobergrenze setzen (Walk-away-Preis). Müsste er diese Grenze überschreiten, um zum Zuge zu kommen, so ist die Reißleine zu ziehen und der Transaktionsprozess zu beenden.

Akquisitionen ersetzen internes Wachstum nicht

Mittelständische Unternehmen stehen häufig vor der Frage, ob sie ausschließlich auf internes Wachstum setzen oder durch Akquisitionen einen extern induzierten Wachstumsschub realisieren sollen. Zunächst ist es wichtig, alle denkbaren Optionen unvoreingenommen zu analysieren und zu bewerten. Dabei sollte sich schnell zeigen, dass internes, organisches Wachstum zwar zeitlich unter Umständen eine längere Realisierungsphase aufweist als externe Zukäufe, dafür aber wesentlich weniger Risiken beinhaltet. Denn der Mittelständler befindet sich auf sicherem, solidem geschäftlichen Fundament und kann darauf aufbauen.

Entscheidet das Unternehmen sich hingegen für eine Akquisition, so muss es sehr genau wissen, welchen Zweck die Akquisition erfüllen soll und was es sich auch leisten kann. Akquisitionen können beispielsweise für den Erwerb speziellen Technologie-Know-hows oder den gezielten Zugang zu einem bestimmten Markt genutzt werden. Im Einzelfall kann es auch sinnvoll sein, einen „unliebsamen" Wettbewerber zu übernehmen, um damit zu einer Marktbereinigung beizutragen. Allerdings sollte dieses Instrument nur sehr vorsichtig eingesetzt werden, da – je nach Markteintrittsbarrieren – schnell wieder andere Wettbewerber auftauchen können.

Vor allem dann, wenn keine ausgeprägte Erfahrung mit Zukäufen und deren Integration vorliegt, sollte man sich nur vorsichtig an Unternehmenskäufe herantasten. Dazu empfiehlt sich, zunächst ein „kleineres", überschaubares Objekt zu übernehmen, an dem positive wie negative Erfahrungen mit dem Akquisitions- und Integrationsprozess gesammelt werden können. Erst wenn diese Erfahrung im Unternehmen vorliegt, sollte man sich an größere und komplexere Transaktionen wagen. M & A-Berater sehen dies oft anders – aber sie leben bekanntlich auch von der Transaktionsgebühr, die in der Regel umso höher ist, je größer das Transaktionsvolumen ausfällt.

Nicht zuletzt sollte der Mittelständler sich fragen, was im schlimmsten Fall passiert. Sollte sich die Akquisition als völliger Flop entpuppen und im Extremfall zu einer Totalabschreibung führen, wäre dann das Unternehmen insgesamt gefährdet? Wäre die Finanzierung in Frage gestellt? Bestünde das Risiko einer Insolvenz? Falls diese Fragen zu bejahen sind, ist zu prüfen, für wie hoch die Eintrittswahrscheinlichkeit eines solchen Szenarios gehalten wird und wie stark die Risikoneigung des Unternehmers ist, im Extremfall sogar sein gesamtes Lebenswerk zu verlieren. Auch wenn häufig Risiken als sehr gering eingestuft werden – die wirtschaftliche Entwicklung Ende 2008/Anfang 2009 hat gezeigt, dass auch unwahrscheinliche Szenarien tatsächlich eintreffen können. Daher sollte der vorsichtige Kaufmann besser mit einem kleineren, aber soliden, ertragsstarken Unternehmen zufrieden sein, als zusätzliche Größe mit unwägbaren Akquisitionsrisiken zu erkaufen.

4.1.2 M & A-Prozess

Der Verkaufsprozess muss professionell gesteuert werden

Der Verkauf des Familienunternehmens ist für die Gesellschafter in aller Regel ein einmaliges Ereignis in ihrem Leben. In einem solchen Verkaufsprozess spielen dann nicht nur rationale, sondern auch emotionale Aspekte eine große Rolle. Die Verkäufer haben meist historisch gewachsene, persönlich gut begründete Einstellungen zum Unternehmen und dem sich daraus ergebenden Unternehmenswert. Dies wird von einem rein finanzwirtschaftlich motivierten Käufer häufig anders gesehen werden. In einer solchen Konstellation sind Konflikte vorprogrammiert, die zum Nutzen aller Beteiligten vermieden werden sollten.

Mit der Einschaltung eines professionellen Beraters für Unternehmensverkäufe (M & A-Berater) kann der Verkaufsprozess professionalisiert werden, um ihn für alle Seiten zum Erfolg zu führen. Ein M & A-Berater wird von der Verkäuferseite mandatiert und bezahlt, so dass er ganz klar die Interessen der Unternehmerfamilie vertritt. Er weiß aber aus einer Vielzahl von vergleichbaren Transaktionen, was üblicherweise sowohl preislich wie auch vertraglich durchsetzbar ist und was unrealistische Vorstellungen sind. In der Praxis hat sich gezeigt, dass ein solcher Berater insbesondere die emotionale Seite des Verkaufsprozesses steuern kann. Weiterhin kann der Berater bei möglichen Akquisitionskandidaten diskret „vorfühlen", ob grundsätzliche Gesprächsbereitschaft besteht.

Im Rahmen der Verkaufsdiskussionen werden von der Käuferseite immer wieder auch kritische Fragen zum Unternehmen, den vorgelegten Zahlen und der zugrunde liegenden Strategie gestellt. Solche Fragen werden vom Unternehmer häufig als Affront aufgefasst, da sie sich implizit gegen ihn und seine Unternehmensführung richten. Je mehr solcher Fragen aufgeworfen werden, desto verhärteter werden die Fronten; der gesamte Verkaufsprozess kann damit zum Erliegen kommen. Der Berater hat hier die Möglichkeit, in Einzelgesprächen dem Unternehmer zu erläutern, dass die Fragestellungen üblich sind und keine persönlichen Angriffe darstellen, sondern nur dem potenziellen Käufer helfen sollen, das zum Verkauf stehende Objekt richtig zu beurteilen.

Darüber hinaus sind mittelständische Unternehmen oft stark auf den Inhaber zugeschnitten, d. h., viele Entscheidungen werden ausschließlich durch ihn getroffen. Sein Ausscheiden führt dann zu einem Vakuum, das erst sukzessive gefüllt werden muss. Dies führt natürlich zu Vorbehalten potenzieller Käufer, da sie hierin ein Risiko für ihr Investment sehen. Auch hier kann der M & A-Berater hilfreich sein, indem er eine geeignete Übergangsstrategie mit entwickelt und adäquate Finanzpartner sucht, die einen gleitenden Übergang ermöglichen, um das Unternehmen gestärkt aus dem Nachfolgeprozess herauszuführen.

Bei der Auswahl des Beraters ist das „Bauchgefühl" wichtig

Es gibt in der Finanzbranche viele fähige und erfahrene M & A-Berater, die Unternehmenstransaktionen grundsätzlich erfolgreich abwickeln können. Dabei haben sich viele Berater auf bestimmte Branchen oder Unternehmensgrößen spezialisiert, in denen sie sich besonders gut auskennen und auch entsprechende Erfahrungen nachweisen können. In aller Regel ist es nicht schwer, mehrere Berater zu finden, die für die aktuell anstehende Transaktion infrage kommen. Dazu bietet sich zunächst an festzustellen, welche Transaktionen in der entsprechenden Branche in der Vergangenheit stattgefunden haben und wer diese begleitet hat. Eine entsprechende Internetsuche sollte hier in kurzer Zeit einen reichen Fundus potenzieller Berater hervorbringen. Auf dieser Basis sind dann nach weiteren Recherchen (z. B. Empfehlungen, Telefonate) drei bis vier Berater zu einem persönlichen Auswahlgespräch einzuladen.

Sofern die fachlichen Qualitäten stimmen, sollte sich der verkaufswillige Unternehmer bei der Beraterauswahl von seinem Bauchgefühl leiten lassen. Der Berater muss nicht nur Dienstleister, „Abwickler" sein, sondern es muss ein Vertrauensverhältnis zu ihm entstehen.

Nur dann kann auch die eine oder andere Klippe im Verkaufsprozess, die erfahrungsgemäß immer – und meist völlig unerwartet – auftauchen wird, gemeinsam umschifft werden.

Sind im Verkaufsprozess mehrere Gesellschafter involviert, so sind diese frühzeitig in die Beraterauswahl einzubinden. Denn nur wenn alle Verkäufer dem Berater das entsprechende Vertrauen entgegenbringen, lässt sich ein solcher Prozess positiv gestalten.

Es muss klar sein, wer den Berater bezahlt

Häufig kommen M & A-Berater auf Unternehmen zu und präsentieren diesen Möglichkeiten zur Akquisition oder Desinvestition. Dabei bleibt vielfach – bewusst oder unbewusst – unklar, ob der Berater überhaupt ein Mandat besitzt oder lediglich eigenständig entwickelte Ideen zu Diskussion stellt in der Hoffnung, vom Gesprächspartner anschließend mandatiert zu werden.

Wie immer sollte auch hier die Regel gelten: „Wer die Musik bestellt, darf entscheiden, was gespielt wird, muss aber am Ende auch die Rechnung bezahlen." Bereits beim ersten Gespräch muss offengelegt werden, ob der M & A-Berater einen Auftrag des vorgestellten Unternehmens hat und damit die Verkäuferinteressen vertritt bzw. vertreten muss – sonst handelt es ich nur um eine Idee des M & A-Beraters, mit der er einen Beratungsauftrag akquirieren möchte.

In jedem Fall muss gewährleistet sein, dass der M & A-Berater nur von einer Seite, also Käufer oder Verkäufer, bezahlt wird. Denn nur dann kann er die subjektiven Interessen seines Mandanten angemessen wahrnehmen. In diesem Beratungssegment tummeln sich auch (wenige) „schwarze Schafe", die sich – ohne dies offenzulegen – sowohl von Käufer- wie auch Verkäuferseite bezahlen lassen. Dies widerspricht den Grundsätzen eines ordentlichen Kaufmanns. Um nicht solchen „Scharlatanen" aufzusitzen, muss bei der Beauftragung eines Beraters im Vertrag klar die Bezahlung geregelt werden. Dies gilt auch für den Vergütungsmaßstab (nur Fixum, nur erfolgsabhängig oder eine Mischform).

Bei Anwälten und Beratern auf Profis bestehen

Da Unternehmenstransaktionen seltene Ereignisse sind, können mittelständische Unternehmen in diesen Situationen normalerweise auf keine besonders intensiven Transaktionserfahrungen zurückblicken und sind daher bei der Durchführung von Käufen und Verkäufen wesentlich auf die Unterstützung von Beratern angewiesen.

Bei der Auswahl der Rechtsberater sollte unbedingt auf ihre Erfahrung bei Unternehmenskäufen und -verkäufen geachtet werden. Denn der mittelständische Unternehmer neigt dazu, „seinen" Anwalt einzuschalten, zu dem er über viele Jahre Vertrauen aufgebaut hat, der seinen Ehevertrag, sein Testament und seine Immobiliengeschäfte ebenso wie seine Unternehmensaktivitäten betreut. Doch dieser Generalist muss nicht unbedingt auch ein Fachmann für

Unternehmenstransaktionen sein. Und daraus resultiert folgende Problematik: Der Anwalt kennt nicht aus eigener Erfahrung die Spielregeln des Verhandlungsprozesses (z. B. bei der Verhandlung des Garantien-Katalogs), so dass er unsicher ist. Zugleich möchte er sich jedoch gegenüber seinem langjährigen Auftraggeber keine Blöße geben und bringt damit eine unnötige Härte in die Verhandlungen. Dies kann sogar zum Scheitern der Transaktion führen.

Zieht man Spezialisten für Unternehmenstransaktionen zurate, so kennen diese die Verhandlungsspielräume aus vielen Mandaten sehr genau und können mit der anderen Seite schnell zu Ergebnissen kommen bzw. die offenen Punkte gezielt eingrenzen. Denn viele Vertragsformulierungen sind für Nicht-Spezialisten nur schwer verständlich, für Profis auf diesem Gebiet aber Routine.

Bei der Verhandlung von Garantiezusagen Augenmaß wahren

Bei Unternehmenstransaktionen stellt man immer wieder fest, dass Verkäufer für nichts haften möchten, dass Käufer sich dagegen am liebsten noch das Erreichen der Ergebnisse der Unternehmensplanung für die nächsten fünf Jahre garantieren lassen wollen. Beide Positionen sind unrealistisch und lassen sich in Vertragsverhandlungen nicht durchhalten; ein Beharren auf einer dieser Extrempositionen wird zum Scheitern des Deals führen.

Unstrittig sollten in jedem Fall gewisse Mindesthaftungsanforderungen an den Verkäufer sein, z. B. dass Geschäftsanteile einer GmbH wirklich existieren – juristisch manchmal gar nicht einfach nachzuweisen, dass sie lastenfrei übergeben werden und auch dürfen. Genauso muss der Verkäufer für Steuerfragen geradestehen, wenn etwa im Rahmen einer selbst Jahre nach dem Unternehmensverkauf stattfindenden Betriebsprüfung bestimmte steuerlich relevante Maßnahmen anders gesehen werden als ursprünglich buchhalterisch erfasst. Andererseits kann der Käufer aber nicht verlangen, dass der Verkäufer für den zukünftigen wirtschaftlichen Erfolg des Unternehmens garantiert. Zum einen hat er in aller Regel ab dem Verkaufszeitpunkt keinen Einfluss mehr auf die operative Geschäftsführung, zum anderen hat ein (potenzieller) Käufer während der Due Diligence[70] genügend Zeit, sich mit den Einzelheiten des Kaufobjektes auseinanderzusetzen. Falls er die dabei vorgefundene Datenlage als zu unsicher oder als unvollständig einstuft, bleibt es ihm unbenommen, dies im Kaufpreisangebot zu berücksichtigen oder gar von der gesamten Transaktion Abstand zu nehmen.

Insgesamt ist bei allen mit Garantieversprechen in Zusammenhang stehenden Fragestellungen zu prüfen, um welche finanzielle Größenordnung es sich im schlimmsten anzunehmenden Fall wirklich handeln kann und wie hoch die Eintrittswahrscheinlichkeit eines solchen Ereignisses ist. Wenn diese Größenordnungen auf dem Tisch liegen, lassen sich häufig mit dem Einbau von Garantie-Unter- und -Obergrenzen Lösungen für strittige Punkte finden.

---

70 Unter Due Diligence, wörtlich übersetzt: „angemessene Sorgfalt", wird eine „Unternehmensprüfung" verstanden – bei einem Gebrauchtwagenkauf vergleichbar mit einer Probefahrt und einem Check in einer Autowerkstatt.

4.1.3 Due Diligence-Prozess

Das Kennenlernen der Personen ist ein wichtiges Ergebnis

Unabhängig von der Klärung vieler Sachfragen muss es bei der Due Diligence auch darum gehen, dass sich die handelnden Personen, sowohl am Stammsitz als auch in den Tochtergesellschaften, intensiv kennenlernen – und zwar beiderseitig.

Zum einen muss dem Management des Käufers daran gelegen sein, die Qualität des Managements, das im Akquisitionsobjekt tätig ist, bewerten zu können. Denn schließlich soll mit diesen Personen künftig vertrauensvoll zusammengearbeitet werden. In vielen Fällen möchte der Käufer das Managementteam längerfristig an das Unternehmen binden – dies ist ohne außergewöhnliche finanzielle Zusagen letztlich nur über den Aufbau einer Vertrauensbeziehung möglich. Die „Chemie" zwischen den agierenden Personen sollte stimmen, was während des Due-Diligence-Prozesses herauszufinden ist.

Zum anderen möchte das Management des Akquisitionsobjekts die Käuferseite kennen- und verstehenlernen, um die Chancen und Risiken einer künftigen Zusammenarbeit für das Unternehmen wie auch für die eigene Person einschätzen zu können.

Wichtig ist in diesem Zusammenhang, keine falschen Aussagen zu treffen. Wenn bestimmten Führungskräften kommuniziert wird, dass sie wichtig sind und auf alle Fälle im Unternehmen bleiben sollen, darf man nach Abschluss des Akquisitionsprozesses nicht plötzlich seine Meinung ändern. Dies hätte einen massiven Vertrauensverlust innerhalb der gesamten Belegschaft zur Folge und würde zu einer breiten Abwanderungsbewegung wichtiger Mitarbeiter führen.

Fragenkatalog: Das Rad nicht neu erfinden

Um eine Due Diligence sinnvoll durchführen zu können, bedarf es eines umfassenden Fragenkatalogs, anhand dessen das Akquisitionsziel intensiv zu durchleuchten ist. Dieser Fragenkatalog muss alle Unternehmensfunktionen abdecken, also von Vertrieb, Entwicklung über Produktion bis zu Rechnungswesen und Controlling.

Praktisch jeder mit Unternehmenstransaktionen Vertraute (M & A-Berater, Wirtschaftsprüfer, Rechtsanwälte) hat solche Fragenkataloge ausformuliert vorliegen; auch in der Literatur sind diese Fragenkataloge und Checklisten zu finden.[71] Daher sollte man möglichst viele Fragenkataloge und Checklisten zunächst sammeln.

---

[71] Vgl. z. B. Berens/Brauner/Strauch (2008)

Dann wird am besten ein Fragenkatalog verwendet, der auf die vorliegende Transaktion bereits recht gut passt. Dieser wird dann mit den übrigen Fragenkatalogen und Checklisten abgeglichen und mit eigenen Fragen ergänzt. Üblicherweise gelangt man auf diese Weise schnell zu gut strukturierten und umfassenden Fragenkatalogen und Checklisten. Diese können während der Due-Diligence-Phase anhand der aktuell gewonnen Erkenntnisse angepasst und weiter verfeinert werden.

Die Unterstützung durch Berater wohl dosieren

Eine Due Diligence ist unter zwei Aspekten zu planen:

1. Welche Informationen benötigt das eigene Unternehmen, um eine fundierte Akquisitionsentscheidung treffen zu können?
2. Welche Informationen benötigen beteiligte Dritte, z. B. die finanzierenden Banken, für ihre Entscheidungen?

Bei der ersten Frage wird man sich in großen Bereichen auf eigene Mitarbeiter stützen können, die das Akquisitionsobjekt unter vielen Aspekten durchleuchten müssen (Markt, Wettbewerb, Forschung & Entwicklung, Kundenbeziehungen, Produktions-Know-how, Fertigungsstätten etc.). Die eigenen Mitarbeiter haben in aller Regel das notwendige (Spezial-)Wissen, um genau diese Fragestellungen beantworten zu können. Sollte dieses Wissen nicht vorhanden sein, muss sich das Unternehmen sogar fragen, ob die Akquisition überhaupt sinnvoll ist und das Akquisitionsobjekt adäquat integriert und geführt werden kann.

Dagegen werden – schon alleine aus Haftungsgründen – für die Durchführung sowohl der finanziellen/steuerlichen als auch der rechtlichen Due Diligence jeweils Spezialisten hinzugezogen (Wirtschaftprüfer, Steuerberater, Rechtsanwälte). Die von diesen externen Spezialisten erarbeiteten Berichte decken in vielen Fällen auch bereits die Anforderungen der beteiligten Dritten (z. B. der finanzierenden Banken) ab. Lediglich in Einzelfällen sollte es hier bei Akquisitionen mittelständischer Unternehmen Bedarf für weitere Informationen geben.

Damit gilt auch bei der Due Diligence die Regel: „Die Kirche im Dorf lassen." Man kann zwar mit dem Einsatz vieler Berater enorme Kosten produzieren, ohne letztlich für die unternehmerische Entscheidung über Kauf oder Nichtkauf eine signifikant bessere Informationsbasis zu haben. In gleicher Weise müssen sich die finanzierenden Banken bei ihren Informationsanforderungen an das „Übliche" halten und dürfen die Nebenkosten nicht durch überzogene Anforderungen nach oben treiben.

So bedauerlich es klingen mag: Keine Due Diligence bietet absoluten Schutz vor Betrügereien. Wer vorsätzlich Sachverhalte verschleiern will, wird Mittel und Wege dazu finden. Den einzigen Schutz dagegen bilden sachverständig ausgehandelte Verträge, die entsprechende Sanktionsmechanismen beinhalten, falls nach Abschluss der Transaktion eine betrügerische Handlung aufgedeckt wird.

Pensionsrückstellungen durch Drittvergleich plausibilisieren

Bei einer Due Diligence sind die in der Bilanz ausgewiesenen Pensionsrückstellungen oft von hoher Bedeutung für die Bemessung des Unternehmenswertes. Denn viele Pensionszusagen sind nicht rein beitragsbezogen, sondern als individuelle Zusagen für eine absolute Rentenhöhe oder als Prozentsatz vom letzten pensionsfähigen Grundgehalt ausgestaltet. Gerade im Mittelstand war die Steuerbilanz über viele Jahrzehnte prägend für die Handelsbilanz. Oft wurde gar keine gesonderte Handelsbilanz erstellt, so dass auch zur Bestimmung der Pensionsrückstellungen ausschließlich steuerlich akzeptierte Bewertungsmaßstäbe angelegt wurden. Damit ergeben sich zwei Problemfelder:

1. Der steuerrechtliche Diskontierungsfaktor von sechs Prozent im Jahr ist tendenziell als zu hoch anzusehen und führt damit zu geringeren Rückstellungshöhen als bei Verwendung eines „realistischeren" (niedrigeren) Diskontierungsfaktors.

2. Steuerrechtlich darf bisher nur die aktuelle Vergütung der Anspruchsberechtigten zur Bemessung der Pensionsrückstellung herangezogen werden. Allfällige Gehaltssteigerungen bleiben außer Ansatz. Darüber hinaus werden auch Sterbetafeln zur Berechnung herangezogen, die die weiter zu erwartende Steigerung der Lebenserwartung nicht abbilden, sondern nur die aktuellen Sterbewahrscheinlichkeiten berücksichtigen. Die handelsrechtliche Problematik wird sich zwar künftig aufgrund der Regelungen des Bilanzrechtsmodernisierungsgesetzes etwas entschärfen; aufgrund der langen Anpassungsfristen und der anzusetzenden Sterbetafeln werden die Pensionsverpflichtungen aber nach wie vor eher zu niedrig ausgewiesen.[72]

Vor diesem Hintergrund muss ein Erwerber versuchen, die tatsächlich zu erwartenden Belastungen aus den Versorgungswerken und Einzelzusagen realistisch abzuschätzen. Dazu ist durch Anfrage bei Versicherungsgesellschaften zu prüfen, was eine vollständige Auslagerung aller aktuellen Pensionsverpflichtungen auf eine Versicherungsgesellschaft kosten würde.

Die so gewonnenen Erkenntnisse sind bei der Bemessung des Unternehmenswertes in jedem Fall zu berücksichtigen. Selbst wenn große Unterschiede bestehen, sollten stets die realistisch ermittelten Werte der Kaufpreisbestimmung zugrunde gelegt werden. Dies kann im Einzelfall sicherlich zu großem Unverständnis auf der Verkäuferseite führen und auch den Abbruch der Verkaufsverhandlungen zur Folge haben. Doch es ist langfristig sinnvoller, ein Unternehmen nicht zu erwerben als Besitzer eines Unternehmens zu sein, in dem die Zeitbombe „Pensionsverpflichtungen" tickt.

---

[72] Vgl. Hayn/Waldersee (2008)

4.1.4 Integration

Jede Integration folgt festen Regeln

Bei der Erstellung eines Integrationsplans sind vier Schwerpunktthemen zu beachten:

1. *Führungsstruktur festlegen* – der Integrationsplan muss klar definieren, wer Mitglied der Geschäftsführung der akquirierten Gesellschaft ist. In Abhängigkeit von der Größe dieser Gesellschaft wird auch die nachfolgende Führungsebene definiert. Damit werden ein Machtvakuum und die daraus resultierenden politischen Grabenkämpfe vermieden.

2. *Kunden informieren* – sowohl eigene wie auch Kunden des Akquisitionsobjektes müssen über die künftige Zusammenarbeit zeitnah in Kenntnis gesetzt werden. Dabei ist vor allem herauszuarbeiten, welche Vorteile die neue Unternehmensgröße ihnen bringt – und zwar nicht nur „global", sondern ganz konkret in Euro und Cent!

3. *Mitarbeitern Perspektiven bieten* – die Mitarbeiter im eigenen wie im Akquisitionsobjekt sind darüber zu informieren, welche Vorteile und gegebenenfalls Belastungen die neue Unternehmensstruktur bringen wird. Sollten Einschnitte auf der Personalseite unumgänglich sein, müssen diese bereits bei der ersten Mitarbeiterinformation konkret angesprochen und quantifiziert werden. Danach muss der Personalabbau wie angekündigt konsequent und frühzeitig durchgeführt werden. Dabei ist von großer Wichtigkeit, sich vor der ersten Mitarbeiterinformation genau über das notwendige bzw. unumgängliche Ausmaß des Personalabbaus Gedanken zu machen. Werden nach Ankündigung dann mehr oder auch weniger Mitarbeiter freigesetzt, so wirft dies auf Dauer ein schlechtes Licht auf die Glaubwürdigkeit des Managements.

4. *Finanzen und Buchführung rasch integrieren* – um „die Hand auf dem Geld" zu haben, hat es sich bewährt, möglichst vom ersten Tag an die gesamte Buchführung und das Finanzwesen in die Hände des Käufers zu legen. So ist sichergestellt, dass auf der Liquiditätsseite keine Überraschungen im Integrationsprozess auftauchen können.

Nach Abschluss der Integrationsarbeiten sollten sich alle Beteiligten noch einmal in Ruhe zusammensetzen und den Integrationsplan überdenken und mit den in der Realität gewonnenen Erkenntnissen abgleichen. Auf diese Weise wird der Integrationsplan immer detaillierter auf die konkreten Bedürfnisse des Unternehmens ausgerichtet; es entsteht eine Art „Drehbuch", mit dem sich Integrationen in Zukunft leichter steuern lassen.

Den Integrationsplan frühzeitig festlegen und konsequent umsetzen

Im Laufe der Jahre hat sich eine geradezu paradoxe Situation leider immer wieder bestätigt: Je unerfahrener ein Unternehmer in Akquisitionsprozessen ist, desto weniger macht er sich konkrete Gedanken über die Integration des Akquisitionsobjekts.

Dabei muss bei jeder Akquisition ein „Drehbuch" (Maßnahmenplan, Integrationsplan) vorhanden sein, nach dem dann von Tag eins an der gesamte Integrationsprozess gesteuert und abgewickelt wird. In diesem Maßnahmenplan müssen alle betroffenen Geschäftsprozesse im Einzelnen aufgelistet und die für jeden Prozess bzw. Prozessschritt durchzuführenden Aktivitäten dargestellt sein. Je detaillierter dieser Maßnahmenplan ausgearbeitet wird, desto reibungsloser wird die Integration ablaufen. Dabei umfasst der Maßnahmenplan neben den einzelnen Aktivitäten auch klar definierte Zwischenergebnisse (Milestones) und Zeitvorgaben, anhand derer Integrationsfortschritt und -erfolg gemessen sowie ggf. erforderliche Zusatzmaßnahmen ausgelöst werden.

Auch wenn für die Bewältigung von spezifischen Aufgaben (interdisziplinär zusammengesetzte) Teams eingesetzt werden, so muss immer eine Person benannt werden, die letztendlich die Verantwortung tragen muss. Die verantwortliche Person kann jederzeit auf weitere Mitarbeiter zugreifen und sich so ein Team zusammenstellen – aber die Verantwortung kann sie niemals delegieren.

So wie jede Aktivität einen Verantwortlichen braucht, ist auch für das Akquisitionsprojekt selbst ein Gesamtverantwortlicher zu benennen. Dieser sollte spätestens ab Beginn der Due Diligence die Projektverantwortung tragen, und zwar sowohl auf fachlicher, terminlicher wie auch finanzieller Seite. Es ist keinesfalls zu empfehlen, diese Gesamtverantwortung auf mehrere Personen zu verteilen oder im Zeitablauf die Personen zu wechseln. Nur wenn ein Verantwortlicher von Anfang an für den Projekterfolg geradestehen muss, wird er sich auch um alle Aspekte angemessen kümmern bzw. die richtigen Personen zur Unterstützung heranziehen – denn im Falle eines Misserfolgs können eventuelle Fehler nicht anderen angelastet werden.

Ein Management-Audit schafft Transparenz und Objektivität

Spätestens wenn eine M & A-Transaktion sich ihrem Abschluss nähert, sollte klar sein, welche Personen künftig das akquirierte Unternehmen führen. Häufig zeigt sich dann bei der Auswahl des Managementteams, dass es gar nicht so einfach ist, den Interessen aller Beteiligten gerecht zu werden: Für den Erwerber ist es oft wichtig, das Management des Zielunternehmens an Bord zu halten, um nicht auf wertvolles Know-how verzichten zu müssen. Andererseits ist es gerade auch unter dem Aspekt einer reibungslosen Integration des Zugekauften in das Bestehende von Bedeutung, Führungskräfte des Käufers in das Management des Kaufobjekts zu entsenden.

Um in einem solchen Prozess niemanden ungewollt zu verprellen und wichtige Know-how-Träger möglicherweise zu verlieren, hat es sich als sinnvoll erwiesen, die Betroffenen einem externen Management-Audit zu unterziehen. Diese Dienstleistung wird heute von vielen Personalberatungsunternehmen angeboten und hat sich in den letzten Jahren als eigenständiges Produkt am Markt etabliert. Die zu auditierenden Führungskräfte werden von einem erfahrenen Personalberater einem strukturierten, mehrstündigen Interview unterzogen, nach dessen Abschluss der Personalberater ein klares Stärken-Schwächen-Profil erarbeitet. Anhand dieses Profils kann dann die Entscheidung über die künftige Führungsmannschaft des akquirierten Unternehmens auf objektivierter Informationsbasis getroffen werden.

Diese Vorgehensweise bietet für alle Beteiligten Vorteile:

- Das Unternehmen hat eine objektivierte Bewertungsbasis, anhand derer insbesondere den nicht berücksichtigten Personen die Entscheidungsfindung transparent dargelegt werden kann.
- Für die beurteilten Führungskräfte bietet das ermittelte Stärken-Schwächen-Profil eine solide Basis, mit fokussierten Weiterbildungsmaßnahmen das eigene Profil weiter zu schärfen (Ausbau von Stärken) oder gravierende Defizite abzubauen.
- Den Mitarbeitern des akquirierten Unternehmens wird am Beispiel der Führungskräfteauswahl gezeigt, dass die bloße Zugehörigkeit zum Käuferunternehmen nichts über die künftigen Karrierechancen im neuen Verbund aussagt. Gerade dieser Aspekt ist bei der Integration von akquirierten Unternehmen von großer Bedeutung. Sehen die Mitarbeiter keine Perspektive für ihre persönliche Weiterentwicklung, verlassen vor allem die fähigsten Mitarbeiter schnell das Unternehmen, was natürlich die Integration erschwert und im Extremfall sogar den Sinn der gesamten Akquisition in Frage stellen kann.

4.2 Internationalisierung

4.2.1 Internationalisierungsstrategie

Internationalisierung sorgfältig planen

Der enge Marktfokus zwingt oft mittelständische Unternehmen, frühzeitig in internationalen Märkten tätig zu werden, weil das Potenzial des Heimatmarkts ausgeschöpft ist. Grundsätzlich lassen sich zwei Ansätze unterscheiden:[73] Im ersten Ansatz, dem so genannten „Haudegen"-Ansatz, ist der Gründer die treibende Kraft für die Internationalisierung. Sie erfolgt häufig aufgrund eines zufälligen Ereignisses, wie beispielsweise einer Reise, einer Bekannt-

---

[73] Vgl. Simon (2007), S. 147 ff.

schaft oder Gesprächen mit Kunden und Beratern. Der zweite Ansatz bezieht sich auf ein systematisches Vorgehen. Dies erfordert eine sorgfältige Analyse der Zielmärkte und die Entwicklung geeigneter Markteintrittstrategien.

In den 70er und 80er Jahren expandierten eine Reihe von Unternehmen in Süd- und später in Osteuropa; in den 90er Jahren folgten China und Indien. Viele Mittelständler, die in China Gesellschaften gründeten, konnten ihre Produkte zunächst nur an chinesische Tochterunternehmen ihrer angestammten Kunden verkaufen. Im lokalen Markt gelang es ihnen in der Regel nicht, relevante Marktanteile aufzubauen – und wenn, dann nur so lange, bis chinesische Lieferanten vergleichbare Produkte zu noch günstigeren Preisen entwickelt hatten; von Nachahmungen und Fälschungen ganz zu schweigen.

Die Internationalisierungsstrategie wird manchmal mit „Natural Hedging" begründet. Dies bedeutet, in den Währungsräumen eine umfangreiche Produktion oder Beschaffung zu betreiben, in denen große Teile des Absatzes getätigt werden. In vielen Industrien wie dem Maschinenbau kommt hinzu, auch in internationalen Märkten Serviceleistungen vor Ort anbieten zu müssen.

Ein weiterer wichtiger Grund für die Internationalisierung sind die großen Lohnkostenunterschiede zwischen Deutschland und vor allem den Schwellenländern. Kritisch anzumerken ist, dass die Lohndifferenzen anfangs einerseits durch hohe Kosten von Mitarbeitern aus der Zentrale (Expatriates) und andererseits durch eine schwache Produktivität sowie Qualitätsprobleme möglicherweise kompensiert werden. Außerdem setzt häufig ein „Run" auf spezifische Niedriglohnländer, wie beispielsweise China, Indien oder Vietnam, ein, der dann schnell steigende Lohnkosten und vor allem einen Mangel an qualifiziertem Personal zur Folge hat. Die Karawane zieht weiter!

Die Entscheidung zur Erschließung ausländischer Märkte zählt zu den strategisch wichtigen Entscheidungen für einen Mittelständler. Ein Payback sollte in drei, spätestens fünf Jahren erfolgt sein. Ein wirtschaftlich erfolgreicher Ausstieg muss immer möglich sein.

Ein Internationalisierungsprojekt ist wie ein Investitionsprojekt zu planen und umzusetzen. Es ist eine Projektkalkulation durchzuführen, Meilensteine müssen definiert und klare Abbruchkriterien festgelegt werden (z. B. Nichterreichen eines positiven Cashflows). Sollten diese Abbruchkriterien erfüllt sein, so ist konsequent die Reißleine zu ziehen.

Nicht zu viele Länder zur gleichen Zeit neu bearbeiten

Zusätzliche Standorte sind für wachsende Unternehmen in nahezu allen Branchen erforderlich, um neue Märkte zu erschließen und die Abhängigkeit von wenigen oder nur einem Wirtschafts- und Währungsraum zu reduzieren. Schlüsselfaktoren für die Geschwindigkeit der Internationalisierung sind zum einen entsprechende Führungskräfte mit internationalen Erfahrungen und zum anderen die notwendige Ausstattung mit finanziellen Mitteln. In nahezu allen Unternehmen sind beide Faktoren knapp. Für mittelständische Unternehmen besteht die

Ausgewählte Spezialthemen

Gefahr, die eigene Leistungsfähigkeit zu überschätzen und zu viele neue Ländermärkte gleichzeitig zu bearbeiten. Es kommt dann zu einer Verzettelung der Kräfte (vgl. S. 25).

Deshalb muss das Auslandsengagement sorgfältig geplant werden. Bevor aktiv ein neuer Markt bearbeitet wird, muss die Marktattraktivität analysiert werden. Die folgenden Überlegungen sind dabei hilfreich:

- Marktgröße: Wie groß ist das Marktpotenzial (sowohl im Hinblick auf Mengen als auch Wert)?
- Marktentwicklung: Wie hat sich der Markt (Mengen und Werte) in der Vergangenheit entwickelt? Wie wird die zukünftige Entwicklung aussehen?
- Marktstruktur: Wer sind die Wettbewerber? Wie sind diese Wettbewerber im Markt aufgestellt? Welche Markteintritts- bzw. Marktaustrittsbarrieren gibt es und wie hoch sind diese?
- Rentabilität: Welche Investitionen sind notwendig? Wie lange ist die Payback-Zeit? Wie hoch ist die Rendite in diesem Markt?

Ein attraktiver Markt nutzt wenig, wenn man ihn nicht erschließen kann. Deshalb ist im nächsten Schritt die Verfügbarkeit der notwendigen Ressourcen zu untersuchen:

- Verfügt das Unternehmen über genügend finanzielle Mittel, um den geplanten Markteinstieg zu finanzieren? Hier sind nicht nur die Anfangs-, sondern auch die Folgeinvestitionen zu betrachten.
- Sind die vorhandenen internationalen Managementkapazitäten ausreichend, um das neue Geschäft aufzubauen? Gilt dies auch für die Region, in der expandiert werden soll?

Es ist ohne Zweifel nicht immer einfach, auf diese Fragen Antworten zu finden. Aber erst die Auseinandersetzung mit diesen Themen lässt eine Beurteilung zu, ob ein Markteinstieg sinnvoll ist bzw. ob einem anderen Markt der Vorzug gegeben werden soll.

Je ferner das Land, desto wichtiger sind gute Berater

Die Erschließung neuer Märkte im Ausland erfordert spezifisches Know-how, nicht nur über die Marktsituation, sondern auch im Hinblick auf rechtliche Fragen. Dieses Wissen ist in der Regel in mittelständischen Unternehmen nicht vorhanden. Sie sind deshalb gezwungen, mit externen Beratern und Anwälten zusammenzuarbeiten.

Dies gilt bereits für den europäischen Wirtschaftsraum, hat aber eine noch viel größere Bedeutung für die nord- und südamerikanischen sowie die asiatischen Länder. Die deutschen Handelskammern in den betreffenden Ländern können als erste Anlaufstelle dienen; sie vermitteln in der Regel Kontaktadressen. Man sollte immer mehrere Angebote einholen sowie die Reputation und Leistungsfähigkeit der Personen sorgfältig überprüfen. Wenn möglich, sind Berater und Führungskräfte einzusetzen, die solche Projekte bereits erfolgreich abgeschlossen haben. Diese Personen haben zwar ihren Preis – aber das Unternehmen kann auf diese Art kostspielige Fehler vermeiden.

Häufig entsteht die Frage, ob man die Niederlassung bzw. den Netzwerkpartner des deutschen Beratungs- oder Anwaltsunternehmens, mit dem man bisher zusammengearbeitet hat, auch im Ausland nutzen soll. Mit einem solchen Unternehmen ist natürlich ein Vertrauensverhältnis gegeben, aber nicht immer auch die gewünschte Kompetenz vor Ort. Dies ist von Fall zu Fall zu prüfen.

4.2.2 Steuerung und Umsetzung

Produkte an die regionalen Märkte anpassen

Die Frage, inwieweit man die Märkte standardisiert mit einem einheitlichen Produkt bedient oder eine Anpassung des Produkts an die regionalen Märkte vornimmt, wird immer wieder von Neuem diskutiert. Die Gewohnheiten und Lebensverhältnisse in anderen Wirtschaftsregionen und Kulturkreisen unterscheiden sich erheblich. Insofern ist es nicht verwunderlich, dass mehrere Versuche, das so genannte „Weltauto" zum globalen wirtschaftlichen Erfolg zu machen, bislang gescheitert sind.

Eine stärkere Anpassung ermöglicht in der Regel einen besseren Marktzugang und führt zu einem höheren Marktanteil. Eine weitgehende Standardisierung reduziert die Kosten, ist häufig aber auch nur mit einer geringeren Marktpenetration verbunden. Der Grad der Anpassung hängt in hohem Maße vom Produkt ab. Hochpreisige Markenartikel wie Uhren oder Schreibgeräte werden überall in der Welt standardisiert angeboten. Andere Produkte hingegen sind an die lokalen Verhältnisse in mehr oder minder großem Umfang anzupassen.

Grundsätzlich sind alle Produktelemente, die der Kunde wahrnimmt und die eine funktionale Nutzung im lokalen Umfeld beeinträchtigen oder unmöglich machen, zu überprüfen und ggf. zu adaptieren. Dazu gehören insbesondere die lokalen Bedienungsschnittstellen. So müssen beispielsweise bei Elektrogeräten die Gebrauchsanweisungen und Beschriftungen in die lokale Sprache übersetzt sowie die Anschlusskabel an die jeweilige Installation adaptiert werden. Dies sind so genannte „Muss"-Anpassungen – ohne sie kann das Produkt im ausländischen Markt nicht verkauft werden. Darüber hinausgehende „Kann"-Anpassungen betreffen weitere Elemente des Produkts. Mit der Anpassung des Produktkerns entstehen zusätzliche Kosten, die durch zusätzliche Umsätze und Deckungsbeiträge kompensiert werden müssen. Kosten und Nutzen von Produktanpassungen sind von Fall zu Fall abzuwägen.

Anpassungen möglichst lokal durchführen

Bei der Anpassung von Produkten an die lokalen Gegebenheiten des Marktes ist zu entscheiden, wo diese erfolgen soll. Wenn möglich, sollte die lokale Gesellschaft die Verantwortung für die Adaption übernehmen. Die Mitarbeiter vor Ort haben das beste Gespür dafür, was der Markt akzeptiert. Ein gutes Beispiel ist die „Entfeinerung" eines Kransystems für Märkte in Schwellenländern. Die Anpassung sollte vor Ort geschehen, da es den Entwicklern des ausgereiften und in Industrieländern angebotenen Produkts häufig schwerfällt, vermeintlich „schlechtere" Produkte zu realisieren – diese Produkte sind in Wirklichkeit natürlich nicht schlechter, sondern oft robuster, bedienungsfreundlicher, weniger anfällig für Montage- und Bedienfehler und leichter instand zu halten als die neuen komplexen Modelle.

Gleichzeitig können mit der Vergabe von (zunächst) einfachen Entwicklungsarbeiten an Einheiten in den Schwellenländern die Entwicklungskosten gesenkt werden, weil die Personalkosten der lokalen Entwickler niedriger sind als im Stammland. Mit einer lokalen Anpassung werden die Entwicklungs- und Fertigungskapazitäten innerhalb einer internationalen Gruppe besser ausbalanciert. Das Unternehmen reduziert seine Abhängigkeit von einem Standort im Stammland und gewinnt mehr Flexibilität.

Eine gute Vertriebspartnerschaft erleichtert den Markteinstieg

Wenn ein Unternehmen selbst nicht mit einer eigenen Mannschaft in spezifischen Auslandsmärkten tätig werden will, bietet sich die Suche nach einem externen Partner an, der den Verkauf in dem betreffenden Land übernimmt. Verschiedene Formen sind denkbar: die Beauftragung eines Importeurs, der Abschluss eines Franchising- oder Lizenzvertrags oder eventuell die Gründung eines Joint-Venture-Unternehmens.

Von zentraler Bedeutung sind die Suche nach dem geeigneten Partner und eine Einigung über die Art der Zusammenarbeit. Für die Partnersuche sollte man sich Zeit nehmen und im Vorfeld die Kriterien für eine Zusammenarbeit festlegen:

- Passen die Zielvorstellungen und Strategien der beiden Unternehmen zusammen? Was will man gemeinsam in den nächsten drei oder fünf Jahren erreichen? In diesem Zusammenhang sind insbesondere die Vor- und Nachteile von Mehrheits- bzw. Minderheitsallianzen abzuwägen.
- Welche Unterschiede bestehen zwischen beiden Unternehmen und wie können diese Unterschiede im Interesse einer konstruktiven Zusammenarbeit überbrückt werden (Unternehmenskulturen)?
- Bringen beide Unternehmen komplementäre Leistungen in die Partnerschaft ein? Dies bezieht sich zum einen auf die Produkte und Dienstleistungen, die der Partner verkaufen soll, und zum anderen auf die Marketing- und Verkaufsressourcen des Partners in dem betreffenden Land.

- Ist der spezifische Wettbewerbsvorteil, der aus der Partnerschaft entstehen soll, von beiden Seiten gewünscht? Aus Sicht der Zentrale geht es dabei in der Regel um die Entwicklung neuer Marktpotenziale. Wenn der Partner nur die Kunden bedient, die bisher schon aus der Zentrale beliefert wurden, dürfte die Partnerschaft wohl bestenfalls aus Kostengründen sinnvoll sein, aber kaum Wettbewerbsvorteile schaffen.
- Besteht die Gefahr, dass der potenzielle Partner zum Wettbewerber wird? Diese Gefahr darf gerade auf asiatischen Märkten nicht unterschätzt werden.

Auf Basis dieser Kriterien sollte dann der Vertriebspartner ausgewählt werden. Zielsetzung einer Partnerschaft muss immer die Schaffung einer Win-Win-Situation sein. Nur wenn beide Partner in der Kooperation einen klaren Nutzen sehen, kann eine konstruktive und langfristige Zusammenarbeit entstehen. Für den Fall, dass die Zusammenarbeit nicht funktioniert, muss es Regeln für die Auflösung der Partnerschaft geben, die schon bei Vertragsabschluss zu definieren sind.

Partnerschaft basiert auf Verträgen und Vertrauen

Wenn der Partner gefunden ist, sollte man ihn kennenlernen und sich mit seiner Denk- und Arbeitsweise vertraut machen. Oft besteht dieses Kennenlernen nur aus den Vertragsverhandlungen und den Diskussionen über einen Geschäftsplan – wichtige Themen, die aber für sich noch keine erfolgreiche Partnerschaft begründen.

Bei der Zusammenarbeit mit Partnern in asiatischen Ländern nehmen das gesprochene Wort und das persönliche Vertrauensverhältnis häufig einen hohen Stellenwert ein. Bei asiatischen Partnern muss der Fokus stärker auf dem Kennenlernen des Unternehmens und der handelnden Personen liegen, um zu verstehen, wie der Partner arbeitet. Dies bedeutet: nicht drängen und keinen zu engen Zeitplan aufstellen – Vertrauensbildung braucht Zeit! Außerdem ist eine hohe Verlässlichkeit im Hinblick auf getroffene Absprachen absolut notwendig.

Ein gut ausgehandelter und schriftlich fixierter Vertrag muss immer die Basis der Zusammenarbeit bilden. Aber man muss sich auch im Klaren sein, dass ein solcher Vertrag in bestimmten Ländern nur eine eingeschränkte Bedeutung hat, weil die lokalen Gerichtssysteme häufig für Ausländer schwer zu durchschauen sind und nicht immer unseren rechtsstaatlichen Vorstellungen entsprechen. Zur Lösung eventueller Vertragsstreitigkeiten bieten sich daher außergerichtliche Schiedsverfahren vor internationalen Instituten an. Wirtschaftsrechtlich versierte Anwälte kennen hier die entsprechenden Optionen.

Netzwerk-Strukturen sind Sternen überlegen

Das klassische Modell der Zusammenarbeit in einem international tätigen Unternehmen wird geprägt durch eine Zentrale oder ein Stammhaus. Hier wird gerne unterstellt, dass die Zentrale alles (besser?) weiß und daher entsprechende organisatorische und fachliche Anweisungen geben kann. Eine Kommunikation der nachgeordneten Gesellschaften untereinander findet selten statt und wenn, dann nur auf der Führungsebene. Die einzelnen Geschäftsbereiche und Funktionen sind von Entscheidungen der Zentrale abhängig – diese Entscheidungen haben dann quasi Gesetzeskraft.

Bei solchen „sternförmig" angelegten Organisationen besteht die große Gefahr, dass das in den einzelnen Bereichen vorhandene fachliche und technische Know-how nicht zusammengefasst und verbunden wird. Die technische Lösung eines Problems im französischen Werk wird beispielsweise in der deutschen Zentrale ignoriert und das brasilianische Werk, das von dieser Lösung profitieren könnte, weiß nichts davon. Dieses Risiko kann deutlich reduziert werden, wenn ein echtes Netzwerk der Fachfunktionen, speziell der Experten, geschaffen wird.

Dazu ist es notwendig, die vorhandenen Experten in den verschiedenen Standorten in einer Expertenübersicht mit Angabe ihrer speziellen Kompetenzen und Kontaktdetails zu erfassen. Diese Liste kann z. B. im Intranet allen Standorten zur Verfügung gestellt werden. Aber eine solche Liste reicht zur Schaffung eines Netzwerks mit dem Ziel, Wissen auszutauschen, nicht aus.

Für einen effizienten Know-how-Austausch ist der persönliche Kontakt zwischen den Experten notwendig – das gilt auch in Zeiten knapper Kassen. So organisieren einige Unternehmen auf Werksebene Konferenzen, an denen sich alle Werkleiter und der für die Produktion zuständige Geschäftsführer regelmäßig (drei- bis viermal im Jahr) für einen Tag an wechselnden Standorten treffen. Ein halber Tag wird für Präsentationen geplant, um von den lokal Verantwortlichen zu erfahren, was an neuen Lösungen erfolgreich oder auch weniger erfolgreich eingeführt wurde. Die zweite Tageshälfte wird für Werksrundgänge reserviert. Diese Rundgänge sollten nicht als große Gruppenführung organisiert werden, sondern einzeln oder in kleinen Gruppen mit den lokal Verantwortlichen. Auf diese Weise ist es einfacher zu erörtern, wie in dem betreffenden Werk spezifische Probleme gelöst werden.

Mit einem solchen Vorgehen wird auch meistens die „not-invented-here"-Problematik gelöst. Der Standort, der eine Schwierigkeit aus eigener Kraft nicht meistern oder eine Kennzahl nicht erreichen kann, findet im Verbund der Standorte oft eine Lösungsunterstützung. Außerdem wird so der interne Wettbewerb angeheizt. Dies erfolgt nicht durch ein Verheimlichen der eigenen Lösungen, sondern durch stolzes Vorzeigen.

Von besonderer Wichtigkeit ist bei diesen Konferenzen die gemeinsame Abendveranstaltung mit der Möglichkeit, sich informell (auch privat) auszutauschen. Auf diese Art wird festgestellt, dass der Gegner nicht der benachbarte Werkleiter, sondern der externe Wettbewerber ist.

Corporate Identity verstehen und mit Augenmaß durchsetzen

Wenn man die Landesgrenzen überschreitet, zeigen sich schnell die unterschiedlichen Geschmäcker und die verschiedenartigen ästhetischen Empfindungen der Menschen anderer Länder.

Analog dazu verhält es sich mit der Corporate Identity. Briefpapier, Visitenkarten, Internetauftritt und Broschüren einer ausländischen Gesellschaft spiegeln (z. B. nach einer Akquisition) den Geschmack des jeweiligen Landes, aber meist nicht das Erscheinungsbild eines internationalen Unternehmens wider.

Es kostet Zeit und sehr viel Überzeugungsarbeit, das öffentliche Auftreten einer internationalen Unternehmensgruppe zu harmonisieren. Im Interesse der Wahrnehmung als einheitliche Gruppe durch die Kunden, ob lokal oder international, ist jedoch eine Harmonisierung notwendig.

Die Vorgehensweise darf jedoch nicht sein, beispielsweise die US-amerikanische Tochtergesellschaft zu zwingen, das DIN-Format bei den Briefbögen einzuführen. Vielmehr geht es darum, mit einer guten Agentur ein international einheitliches Erscheinungsbild zu erarbeiten. Die Tochtergesellschaften müssen in diesen Prozess eingebunden und das Ergebnis dann für alle Mitarbeiter und Gesellschaften der Unternehmensgruppe verbindlich sein.

Die Umsetzung eines einheitlichen Erscheinungsbilds ist in den Tochtergesellschaften, die die Zentrale selbst aufgebaut hat, vergleichsweise einfach. Viele Unternehmen haben aber ihre ausländischen Gesellschaften über Akquisitionen erworben. Grundsätzlich muss nach außen klar zu erkennen sein, dass das neu akquirierte Unternehmen im Besitz des Mutterunternehmens ist. Hier gilt es aber, die Balance zwischen Entmündigung und Laisser-faire zu wahren. Der Weg dahin führt über das gemeinsame Verständnis als eine Familie. Der Nachname kommt von den Eltern, der Muttergesellschaft, an der sich auch die Corporate Identity festmacht. Der Vorname entspringt den Wurzeln des Unternehmens, berücksichtigt die Empfindlichkeiten der lokalen Mitarbeiter und ermöglicht es nicht zuletzt dem lokalen Management, seine Rolle bei der Erklärung der Strategie im Hinblick auf lokale Aspekte zu spielen.

Weltweit mit den gleichen ethischen Geschäftsprinzipien arbeiten

Das Thema Ethik in der Wirtschaft hat heute zu Recht einen hohen Stellenwert. Teilweise werden Standards vom deutschen oder lokalen Gesetzgeber vorgegeben. Aber viele Mittelständler mit ihrer starken Prägung durch den Eigentümer verfolgen ethische Prinzipien, die über die gesetzlichen Vorschriften deutlich hinausgehen.

Für ein internationales Unternehmen entsteht die Frage, ob diese Prinzipien auch in den ausländischen Tochtergesellschaften anzuwenden sind. Im Interesse der Schaffung einer einheitlichen Unternehmenskultur und einem entsprechenden Zusammengehörigkeitsgefühl ist dies grundsätzlich zu bejahen, wobei natürlich die lokalen Gesetze stets zu beachten sind. Die lokale Gesetzgebung stellt sozusagen den Minimalstandard dar, über den das Unternehmen entsprechend seinen eigenen Standards hinausgehen kann. Allerdings sollte die praktische Ausgestaltung dieser Prinzipien im betrieblichen Alltag auf die landesspezifischen Gegebenheiten Rücksicht nehmen.

Die Anwendung dieser Prinzipien in Tochtergesellschaften in Entwicklungsländern hat für westliche Unternehmen oft einen großen Vorteil auf dem lokalen Arbeitsmarkt. Sie werden im Vergleich zu einheimischen Unternehmen als attraktivere Arbeitgeber angesehen, weil ihre Belegschaften besser behandelt werden und die Mitarbeiter über bessere Arbeitsbedingungen verfügen.

4.2.3 Personalthemen

Lokale Manager brauchen Erfahrung mit der westlichen Kultur

Wenn lokale Führungskräfte eingesetzt werden, hat dies den großen Vorteil, dass solche Manager über die notwendige Landes- und häufig auch Marktkenntnis verfügen. Aber sie sind mit der deutschen Denk- und Arbeitsweise nicht vertraut und dürfen nicht bei jeder schnellen Entscheidung oder bei jedem brüsken Wort verschreckt reagieren. Sie müssen in der Lage sein, die Inhalte der Kommunikation in der richtigen Sprache und Diktion den lokalen Kollegen und Mitarbeitern zu vermitteln. Der Manager ist nicht nur Sprachübersetzer, sondern auch Vermittler von Botschaften, die je nach Land und Region unterschiedlich überbracht werden müssen, um die gewünschte Wirkung zu erzielen.

Dabei besteht trotz guter Sprachkenntnisse die Gefahr großer Missverständnisse, wie das folgende Beispiel zeigt: Ein deutscher Manager, der die französische Sprache recht gut beherrscht, schlägt dem französischen Werkleiter vor, eine Angelegenheit mit seinen Mitarbeitern zu besprechen. Der Umgang untereinander ist angenehm, fast freundschaftlich. Der Deutsche sagt deshalb: „Il faut que tu le discutes avec tes mecs." Das Gespräch kühlt merklich ab. Tage später fragt der Franzose den Deutschen, warum er seine Mitarbeiter als „Zuhälter" bezeichnet hat. Da erst wird dem Deutschen klar, dass er den Begriff „Jungs" bzw. „Kumpel", den er vor Jahrzehnten beim Schüleraustausch gelernt hatte, im Geschäftsleben nicht mehr anwenden sollte.

Für die lokalen Führungskräfte ist es wichtig, die Denk- und Arbeitsweise im Stammland zu verstehen, um Konflikte zu vermeiden. Dies bedeutet keineswegs, dass die lokalen Manager in den verschiedenen Ländern „deutsch" denken und sich „deutsch" verhalten müssen. Es bedeutet aber sehr wohl, dass die Führungskräfte in den Auslandsgesellschaften mit der Unternehmenskultur der Zentrale und der deutschen Kultur vertraut sein sollten.

Wie kann man dies erreichen? Ein sehr guter Ansatz besteht darin, nur lokale Führungskräfte einzustellen, die mindestens einen Teil ihres Studiums in einem westlichen Land absolviert haben. Vor allem in den asiatischen Ländern ist es heute durchaus möglich, solche Personen zu finden. Sie haben allerdings auch ihren Preis und verlangen in der Regel ein höheres Gehalt als jemand, der nur in dem betreffenden Land gelebt hat.

Ein zweiter Ansatz besteht darin, lokale Führungskräfte für einen längeren Zeitraum nach Deutschland zu transferieren und im Stammwerk oder in einer größeren Tochtergesellschaft mit Hilfe eines Trainee-Programms gezielt auszubilden. Dies gilt übrigens auch für die oben erwähnten Führungskräfte mit einem Studium in einem westlichen Land – das Trainee-Programm kann hier unter Umständen kürzer ausfallen.

Beide Lösungen sind sinnvoll, aber sie kosten Geld und vor allem Zeit. Deshalb ist eine systematische Planung des Auslandsengagements wichtig. Nur dann können die notwendigen Managementkapazitäten auch rechtzeitig bereitgestellt werden.

Führungskräfte auf den Auslandsaufenthalt vorbereiten

Es ist immer wieder zu beobachten, dass Unternehmen ihre Führungskräfte und Experten weder mit ausreichenden Kenntnissen noch einer adäquaten Vorbereitung zu Auslandsaufenthalten entsenden. Der klassische Fall ist der Ingenieur, der „Hals über Kopf" für zwei oder drei Jahre nach China entsandt wird und bereits nach einigen Monaten völlig frustriert wieder zurückkommt. Das Unternehmen hat dann viel Geld ausgegeben für den Transfer und außerdem viel Zeit verloren. Die geplanten Projekte verzögern sich weiter; wichtige Aufgaben bleiben ungelöst. Dies passiert gerade mittelständischen Unternehmen, die nicht über entsprechende Systeme und Fachabteilungen verfügen, um solche Auslandsaufenthalte langfristig vorzubereiten.

Zur Vermeidung dieser Probleme sollte das Unternehmen im Vorfeld die zu entsendende Person sorgfältig auswählen, um das Interesse an einem Aufenthalt in einem spezifischen Land sowie die kulturelle Sensibilität dieser Person besser zu verstehen. Auf dieser Basis müssen dann die notwendigen Maßnahmen geplant werden, wie beispielsweise eine Vorbereitungsreise, Sprachausbildung oder der Erwerb von Kenntnissen über die Landeskultur. Bei diesen Aufgaben können entsprechende Beratungsunternehmen wertvolle Hilfestellungen geben.

Erfahrene, sozial kompetente Mitarbeiter entsenden

Jedes Unternehmen, das einen neuen Standort entweder über eigene Aktivitäten oder eine Akquisition im Ausland aufbauen will, muss seine „Gene" an den neuen Standort transferieren. Das Produkt muss für die Kunden (häufig die gleichen wie im Stammland) unverkennbar das eigene Produkt sein und der Marktauftritt muss auf die Gemeinsamkeit hinweisen. Weiter müssen Produktionsprozesse und Abläufe optimiert werden.

Um standortübergreifend die Qualität und die Wirtschaftlichkeit der Produktion, aber auch der Verwaltung sicherzustellen, werden erfahrene Mitarbeiter/Führungskräfte aus der Zentrale als so genannte „Expatriates" in die neue Einheit entsandt. Sie sollen Technik, Marketing und Verwaltung entsprechend den Vorgaben aus der Zentrale einführen und so lange vor Ort bleiben, bis diese Vorgaben sicher erfüllt werden können. Dabei ist es wichtig, die „richtigen" Mitarbeiter und nicht „viele" Mitarbeiter hinzuschicken. Hierfür sprechen nicht nur Kostengründe. Vor allem muss erreicht werden, dass die lokale Einheit schnell auf eigenen Füßen stehen kann.

Manchmal werden wenig teamfähige Mitarbeiter, die man schon in der Zentrale nur schwer integrieren konnte, in die neue Einheit entsandt. Diese Mitarbeiter, die oft auch nur geringe interkulturelle Kompetenzen besitzen, können vor Ort ein Desaster anrichten. Sie sind zwar hervorragende Fachleute, wenn es um Produkte, Produktion oder Verwaltung geht, aber sie schaffen es nicht, eine eingespielte Mannschaft zu hinterlassen oder einen geeigneten Nachfolger aufzubauen – und brüsten sich dann noch damit, dass es eben ohne sie nicht geht. Wenn vor der Entsendung diesen Mitarbeitern noch unverantwortliche Versprechungen für die Zeit nach der Rückkehr gemacht werden, entstehen später weitere Probleme in der Zentrale.

Grundbedingung für eine Entsendung ist die charakterliche Stabilität des Kandidaten – andernfalls tauchen schnell Alkohol- und andere Probleme auf. Weitere wichtige Kriterien bei der Auswahl sind das Interesse an anderen Kulturen, ein hohes Toleranz- und ein geschicktes Durchsetzungsvermögen. Dann erst kommt die Fachkompetenz.

Der Expatriate kehrt selten erfolgreich heim

Bei der Rückkehr von Expatriates entstehen selbst bei sorgfältiger Auswahl oft Probleme. In mittelständischen Unternehmen fehlt häufig ein Karriereplan – solche Pläne gibt es weder für die Führungskräfte in der Zentrale noch den Entsandten, der auf die Einlösung der ihm gemachten Versprechungen pocht. Vermutlich hat sich die Organisation der Muttergesellschaft verändert und es gibt nun keinen geeigneten Platz für den Rückkehrer, der zudem wahrscheinlich erhebliche Einbußen im frei verfügbaren Einkommen verkraften muss und möglicherweise mindestens eine, wenn nicht gar zwei Hierarchiestufen (vom Standortleiter zum Abteilungsleiter) heruntergestuft wird. Damit verliert er die Möglichkeit des weitgehend selbständigen Arbeitens und muss wieder lernen, sich in die klassischen Abläufe der Zentrale einzufügen.

Eine Faustregel lautet: Etwa ein Drittel der Rückkehrer verlässt spätestens ein Jahr nach Beendigung des Auslandseinsatzes das Unternehmen. Ein weiteres Drittel wird wieder in einen anderen Standort im Ausland entsandt. Von dem verbleibenden Drittel gibt es einige erfolgreiche Führungskräfte, die weiter aufsteigen, und viele, die in die „innere Emigration" gehen. Um solche Probleme zu vermeiden, müssen die zu entsendenden Mitarbeiter sehr sorgfältig ausgewählt und mit einem Karriereplan für ihre Rückkehr versehen werden.

4.3 Corporate Governance

4.3.1 Beirat

Auch im Mittelstand sind Corporate-Governance-Regeln zu beachten

Regeln zur Corporate Governance, also Regeln zur effizienten Führung und Kontrolle von Unternehmen, gibt es nicht nur für Großunternehmen, sondern selbstverständlich auch für mittelständische Unternehmen, wobei die Schwerpunkte sich unterscheiden.[74] Für größere, insbesondere kapitalmarktorientierte Unternehmen mit einer häufig unüberschaubaren Anzahl von Kleinaktionären muss die Corporate Governance sich schwerpunktmäßig darauf ausrichten, potenzielle Interessenkonflikte zwischen Fremdmanagement, Mitarbeitern und Aktionären zu adressieren. Diese Diktion prägt sehr stark den Corporate Governance Codex.[75]

Dagegen müssen sich im familiengeführten Mittelstand die Regeln vor allem auf die Führung des Unternehmens sowie dessen Existenzsicherung im Falle eines unerwarteten Ausfalls des Unternehmers richten. Denn gerade die Mitarbeiter und deren Familien haben ein (moralisches) Recht darauf, dass ihre Arbeitsplätze und damit letztlich ihre Existenz durch eine vorausschauende Unternehmenspolitik gesichert werden. Die Klärung der Nachfolgefrage muss daher wesentlicher Eckpfeiler aller Corporate Governance-Überlegungen sein.

Idealer Sparringspartner des Unternehmers ist ein Beirat

In der Praxis ist oft zu beobachten, dass dem Eigentümer-Unternehmer geeignete Diskussionspartner fehlen, mit denen er offen und vorbehaltlos wichtige anstehende Entscheidungen erörtern kann. Mitarbeiter oder Führungskräfte können dieses Vakuum kaum füllen, denn von ihnen ist oft bei Unternehmern mit einer starken Führungspersönlichkeit großes diplomatisches Geschick gefordert, wenn sie dauerhaft im Unternehmen tätig sein wollen. Es liegt verständlicherweise nicht in ihrem Interesse, die Akzeptanz des Eigentümers durch ein forsches, offenes Vertreten der eigenen Meinung zu verspielen. Den Beratern des Unternehmers (Wirtschaftsprüfer, Steuerberater, Rechtsanwälte oder Unternehmensberater) fehlt meist entweder das Branchen-Know-how oder sie haben selbst ein großes Interesse an einer konfliktfreien Zusammenarbeit, so dass auch von dieser Seite selten offene und ehrliche Kommentare zu erwarten sind.

---

[74] Vgl. Hausch (2004)
[75] Die aktuelle Textversion des deutschen Corporate Governance Kodex findet sich zum Download unter www.corporate-governance-codex.de.

Zur Lösung dieser Situation bietet es sich an, einen Beirat im Unternehmen einzurichten, dessen Aufgaben sich grundsätzlich auf die Beratung des Unternehmers fokussieren. Ein solcher Beirat benötigt keine gesellschaftsrechtlichen Kompetenzen nach dem Vorbild eines aktienrechtlichen Aufsichtsrats, so dass der Unternehmer nicht befürchten muss, dass ihm das Heft des Handelns aus der Hand genommen wird. Echte, d. h. kompetente und „eigeninteressenfreie" Beratung sowie konstruktive Diskussionen sind wichtig, aber die Entscheidungskompetenz sollte derjenigen Person vorbehalten bleiben, die letztlich die positiven oder negativen finanziellen Konsequenzen der Entscheidungen tragen muss – und das ist der Unternehmer selbst!

Die Beratungsfunktion umfasst operative und strategische Themen. Neben der Diskussion der aktuellen Geschäftsentwicklung und den daraus resultierenden Fragen (adäquate Rentabilität, Produktionseffizienz, Kundenzufriedenheit etc.) spielen also Fragen zur mittel- bis langfristigen Produkt- und Marktstrategie, Globalisierungsherausforderungen, die Investitionspolitik oder das Thema M & A eine Rolle. Auch bei der Auswahl wichtiger Führungskräfte ist die Erfahrung der Beiratsmitglieder gefragt, beispielsweise als zweite Meinung zu Kandidaten in der Endauswahl.

Die Funktion als Sparringspartner kann vielfältig ausgestaltet werden, so dass die Tätigkeit in diesem Gremium auch ohne gesellschaftsrechtliche Funktionszuweisungen an den Beirat attraktiv ist. Damit sollte es möglich sein, unabhängige Persönlichkeiten für einen solchen Beirat zu gewinnen und längerfristig zum Wohle des Unternehmens tätig werden zu lassen.

Beiräte professionell besetzen und vergüten

Auch für die Vergütung eines Beirats gilt die Regel: „If you pay peanuts, you get monkeys." (vgl. S. 41) Fachkundige Beiratsmitglieder, die „ein Händchen" für mittelständische Unternehmenskulturen haben, sind gegenwärtig in Deutschland nicht im Überfluss vorhanden – aber es gibt sie! Um diese Personen zu finden, genügt es in der Regel nicht, nur im engeren Unternehmensnetzwerk zu suchen – dort trifft man häufig ohnehin auf die bekannten Berater oder persönlichen Freunde. Und diese sollte man nur in Ausnahmefällen in den Beirat berufen. Es bietet sich an, auf professionelle Hilfe zurückzugreifen. Zum einen gibt es (kostenfreie) Plattformen wie die Initiative MittelstandPlus, die entsprechend qualifizierte Personen in ihrem Datenpool verfügbar haben (vgl. S. 160). Zum anderen bieten auch Personalberatungen als spezialisierte Dienstleistung die Suche von Beiratsmitgliedern an. Hier sollte man sich ein Angebot unterbreiten lassen; Gegebenenfalls kann man die Suche auch aufteilen, beispielsweise können für einen dreiköpfigen Beirat zwei Mitglieder über eine kostenfreie Plattform und eines über eine Personalberatung gesucht werden.

Die Beiratsmitglieder erwarten für ihre Tätigkeit neben einem Ersatz ihrer Sachaufwendungen (in der Regel die Reisekosten zur Teilnahme an den Sitzungen) eine pauschale Vergütung. In mittelständischen Unternehmen sollten – je nach Unternehmensgröße bei einer Sitzungsfrequenz von drei bis vier Sitzungen pro Jahr – ca. 10 000 EUR bis 30 000 EUR Jahresvergütung pro Beiratsmitglied gezahlt werden. Vergleicht man die Beiratsvergütung umgerechnet auf Tagessätze (inkl. Sitzungsvor- und -nachbereitung, Sonderthemen etc.) mit dem Honorar anspruchsvoller Unternehmensberater, so liegt die Beiratsvergütung im üblichen Rahmen. In der Praxis hat sich gezeigt, dass man sich besser einen kleineren, aber angemessen bezahlten Beirat (drei bis vier Personen) leisten sollte als einen zu großen. Die Sitzungseffizienz ist in kleineren Beiräten deutlich größer und jedes Beiratsmitglied wird dem Unternehmer auch außerhalb der Sitzungen zur Diskussion aktuell anstehender Fragestellungen gerne zur Verfügung stehen. Darüber hinaus ist die Vergütung eines mit reiner Beratungsfunktion ausgestatteten Beirats steuerlich voll abzugsfähig. Der Aufwand für einen mit gesellschaftsrechtlichen Kompetenzen versehenen Beirat ist dagegen nur hälftig abzugsfähig.

Inwieweit im Unternehmen zusätzlich entstehende Kosten für die Vorbereitung der Sitzungen oder die Zusammenstellung eines monatlichen Berichtspakets direkt dem Beirat zuzuordnen sind, ist fraglich. Im Grunde sollten diese Informationen ohnehin im Unternehmen vorhanden sein. Der Abschluss einer kostspieligen „Directors & Officers"-Versicherung[76] ist entbehrlich, weil die reine Beratungsfunktion Haftungsproblematiken gar nicht erst aufkommen lässt.

Bezogen auf den durch einen Beirat im Allgemeinen geschaffenen Nutzen können die damit zusammenhängenden Kosten als durchaus moderat gewertet werden.

Keine persönlichen Freunde in den Beirat berufen

Soll der Beirat wirklich als kompetenter Sparringspartner dienen, dürfen ihm keine persönlichen Freunde des Unternehmers angehören. Denn was sollen diese Freunde bewirken? Wenn es dem Unternehmen gut geht und alle Weichenstellungen für die Zukunft richtig vorgenommen werden, so können sie als Claqueure für das Ego des Unternehmers nützlich sein. Wenn es dem Unternehmen schlecht geht, kommen alle Beteiligten in große persönliche Zwänge.

Das folgende Beispiel illustriert diese Situation: Ein Mittelständler berief seinen langjährigen Freund, einen selbst sehr erfolgreichen Unternehmer, in seinen Beirat. Dieser erkannte nach kurzer Zeit, dass viele Abläufe im Unternehmen nicht ausreichend professionell organisiert waren und dringend verbessert werden sollten. Auf „moderate Hinweise" reagierte der Mittelständler nicht, sondern tat die Überlegungen als „Konzernverblendung" ab. Nachdem die Ergebnissituation sich weiter verschlechterte und auch die Bankverschuldung eine bedenkliche Größenordnung annahm, wurden die Diskussionen im Beirat deutlich schärfer geführt. Der mittelständische Unternehmer fühlte sich von seinem Freund vorgeführt und berief ihn als Beiratsmitglied ab. Daraufhin zerbrach auch die Freundschaft.

Mit der Benennung wirklich fremder Dritter kann der Mittelständler auch in schwierigen Unternehmenssituationen mit dem Beirat völlig offen umgehen und er kann echten Rat einholen, ohne sich persönlich für Misserfolge rechtfertigen zu müssen. Ebenso besteht auch die

---

76 Organ- oder Managerhaftpflichtversicherung für Vermögensschäden („D & O"-Versicherung)

Möglichkeit, ohne große Konsequenzen einmal ein Beiratsmitglied auszutauschen. Dies wird ohnehin gelegentlich notwendig sein, wenn sich die Unternehmenssituation im Hinblick auf Größe, strategische Ausrichtung oder Marktumfeld ändert und damit auch die Anforderungen an das Profil eines Beiratsmitglieds anzupassen sind.

Beiratsarbeit muss ernst genommen werden

Auch bei einem nur freiwillig eingerichteten Beirat ist es für alle Betroffenen wichtig, die Arbeit ernst zu nehmen. Dies gilt sowohl für die formalen und insbesondere auch für die inhaltlichen Aspekte der Arbeit.

Es muss selbstverständlich sein, dass für jede Sitzung vorab zeitgerecht eine Agenda, abgestimmt zwischen Geschäftsführung und Beiratsvorsitzendem, erstellt und an die Beiratsmitglieder verschickt wird. Zumindest zu den wesentlichen Tagesordnungspunkten sind verständlich aufbereitete Unterlagen hinzuzufügen. Auf dieser Basis können (und müssen) die Beiratsmitglieder sich auf die Sitzung vorbereiten. Der Beiratsvorsitzende muss dann die Sitzung geordnet und zeitgerecht durchführen. Er muss für jeden Tagesordnungspunkt entsprechend der tatsächlichen Bedeutung für das Unternehmen mehr oder weniger Diskussionszeit einräumen und sicherstellen, dass eindeutige Beschlüsse gefasst werden. Diese sind in einem Ergebnisprotokoll zu dokumentieren, das zeitnah allen Beiratsmitgliedern zuzusenden ist.

Darüber hinaus sollten die Beiratsmitglieder monatlich, mindestens jedoch quartalsweise, wesentliche Unternehmenskennzahlen (z. B. Gewinn- und Verlustrechnung, Liquiditätsauswertungen, Soll-Ist-Vergleiche, Auftragseingang/-bestand) erhalten, um jeweils über die aktuelle Unternehmenslage informiert zu sein.

Neben diesen formalen Aspekten gibt es natürlich einen zentralen inhaltlichen Punkt, der über Erfolg oder Misserfolg eines Beirats entscheidet. Nimmt der Unternehmer den Beirat tatsächlich ernst? Das freiwillig eingerichtete Organ Beirat hat nur dann seine Berechtigung, wenn der Unternehmer sich wirklich inhaltlich mit den Beiratsmitgliedern sowie ihren Diskussionsbeiträgen auseinandersetzt und den Beirat ernsthaft als Sparringspartner nutzt. Damit gibt der Unternehmer seine letztinstanzliche Entscheidungshoheit und -verantwortung nicht ab. Er hat aber die Gewissheit, andere, offen und ehrlich vorgetragene Meinungen zu bestimmten Themen ebenfalls in die Entscheidungsfindung einbezogen zu haben.

Werden diese Regeln nicht beachtet, verkommt ein Beirat schnell zum „Kaffeekränzchen", was keinem Beteiligten wirklich weiterhilft. „Gestandene" Persönlichkeiten werden kaum bereit sein, in einem solchen Beirat mitzuwirken. Und der Unternehmer sollte sich die Kosten und Mühen für einen Beirat sparen, wenn er diesen per se nur als Show-Veranstaltung interpretiert.

Gute Beiräte kennen die wichtigsten Standorte persönlich

Beiratsmitglieder müssen sich regelmäßig umfassend über das Unternehmen informieren, um eine effektive Beiratsarbeit leisten zu können. Dazu gehört auch, wesentliche Standorte außerhalb des Unternehmenssitzes persönlich kennenzulernen. In der Praxis hat es sich als sinnvoll erwiesen, jährlich eine Beiratssitzung nicht am Unternehmenssitz, sondern an einem anderen Standort abzuhalten. Eine solche Vorgehensweise ist – insbesondere wenn der Standort sich im europäischen oder gar außereuropäischen Ausland befindet – nicht mit einer „Lustreise" zu verwechseln. Um wirklich sinnvolle Beiträge innerhalb der Beiratsarbeit zu leisten, also die Funktion des Sparringspartners tatsächlich ausüben zu können, bedarf es fundierter Informationen. Diese sind letztlich nur vor Ort mit einem entsprechenden Besuch zu erhalten (vgl. S. 84).

Als weiteren wichtigen Aspekt bieten solche Reisen, selbst wenn sie nur mit einer Übernachtung verbunden sind, eine ideale Gelegenheit, den Unternehmer, die Beiratskollegen und auch die Führungskräfte des Unternehmens außerhalb des Büros näher kennenzulernen. Damit kann ein wechselseitiges Verständnis und Vertrauen aufgebaut bzw. vertieft werden. Denn nicht nur die reine Faktenlage, wie sie in den Monatsberichten, Planungsunterlagen und Strategiepapieren dokumentiert wird, sondern auch die dahinterstehenden Menschen mit all ihren Emotionen sind entscheidungsrelevant.

Der Beirat kann in Notfällen als Rettungsboot fungieren

Mittelständische Unternehmen sind in der Regel stark auf den Unternehmer zugeschnitten; alle wichtigen Entscheidungen können ausschließlich von ihm getroffen bzw. freigegeben werden. Wenn nun dieser Unternehmer aufgrund eines Schicksalsschlags wie Krankheit oder Unfall plötzlich für längere Zeit oder sogar dauerhaft ausfällt, entsteht im Unternehmen ein Vakuum. Dieses muss in einer solchen Notfallsituation umgehend gefüllt werden, um nicht die wirtschaftliche Existenz des Unternehmens zu gefährden.

Der Beirat kann hier eine wichtige Rolle übernehmen. In der Satzung des Unternehmens kann festgelegt werden, dass der Beirat normalerweise lediglich eine Beratungsfunktion des Unternehmers übernimmt, aber über keine echten Entscheidungskompetenzen verfügt. Wenn der Unternehmer vorübergehend nicht in der Lage ist, seine Funktionen auszuüben, können dem Beirat echte Kompetenzen ähnlich denen eines Aufsichtsrats einer Aktiengesellschaft übertragen werden. Damit obliegen dem Beirat vor allem die Besetzung der Geschäftsführung und die Überwachung der dort getroffenen Entscheidungen. Somit wird die Handlungsfähigkeit des Unternehmens jederzeit sichergestellt. Eine solche Lösung bietet eine Reihe von Vorteilen:

- Der Beirat hat aufgrund seiner bisherigen Tätigkeit bereits intensive Erfahrung mit dem Unternehmen und kennt seine Herausforderungen. Er muss sich nicht erst langwierig konstituieren und einarbeiten, sondern ist sofort handlungsfähig.

- Mit der Auswahl der Beiratsmitglieder kann sichergestellt werden, dass verschiedene Kompetenzprofile (z. B. Markt, Produktion, Finanzen) vertreten sind, die sich ergänzen und zur Optimierung von Entscheidungen beitragen.
- Der Beirat kann so lange die aktienrechtlich geprägte Aufsichtsfunktion wahrnehmen, bis entweder der Unternehmer seinen Führungsaufgaben wieder nachkommen kann oder eventuell geeignete Mitglieder aus der Familie zur Übernahme der Führungsaufgaben bereitstehen.

4.3.2 Nachfolge

Unternehmer müssen rechtzeitig Nachfolgelösungen erarbeiten

Viele erfolgreiche mittelständische Unternehmen in Deutschland werden von Unternehmerpersönlichkeiten geführt, die das 70., ja sogar teilweise das 80. Lebensjahr bereits vollendet haben. Dies bedeutet, dass die verfügbare Zeitspanne für die Suche nach einem Nachfolger immer kürzer wird.

Es ist schockierend zu erkennen, dass in einer Vielzahl der oben angeführten Fälle kein Nachfolger im Unternehmen vorhanden ist, sondern sich die Führung einzig und allein auf den „Senior" stützt. Dieser Zustand kann nur – auch wenn dies vielleicht übertrieben erscheinen mag – als unverantwortlich, ja ethisch höchst bedenklich bezeichnet werden. Ungeregelte Nachfolgefragen sind nicht eine persönliche Sache des Unternehmers, sondern zeugen von sozialer Verantwortungslosigkeit, und zwar von Verantwortungslosigkeit vor allem gegenüber den Mitarbeitern und deren Familien sowie gegebenenfalls auch gegenüber der eigenen Familie des Unternehmers.

Nur eine geregelte Nachfolge stellt sicher, dass Unternehmen auch über mehrere Generationen hinweg existieren und nicht nur den Unternehmenseigentümern, sondern auch den Mitarbeitern und ihren Familienangehörigen eine sichere Existenz schaffen können. Es ist daher die wesentliche Pflicht eines Unternehmers, sich frühzeitig mit der Nachfolge zu beschäftigen, sich selbst auf diese Situation vorzubereiten, sukzessive „loszulassen", d. h. zu delegieren und Verantwortung im Unternehmen abzugeben und sich Lebensinhalten außerhalb des Unternehmens zuzuwenden. Unternehmer, die dieser Pflicht nicht nachkommen, handeln unethisch und verstoßen in eklatanter Weise gegen die Grundsätze des „ehrenwerten Kaufmanns".

Loslassen ist schwerer als gründen

Eine Reihe von mittelständischen Unternehmern setzt sich rational mit dem Thema Nachfolge auseinander und bemüht sich frühzeitig um eine entsprechende Lösung, sei es familienintern, unternehmensintern oder durch Berufung externer Führungskräfte.

Um sicherzustellen, dass der Übergang dann wirklich reibungslos vonstattengeht, verlangt der Unternehmer von seinem Nachfolger, sich eine gewisse Zeit unter seiner Führung einzuarbeiten. Dies ist sicherlich sinnvoll. Problematisch wird es jedoch, wenn die „Einarbeitungszeit" immer wieder verlängert wird und die vereinbarte Zeit übersteigt. Denn dies zeigt nichts anderes, als dass der Unternehmer nicht wirklich loslassen kann, sondern – trotz aller anderweitigen Bemühungen zur Regelung seiner Nachfolge – letztlich an seiner Rolle klebt. In einigen Fällen erfolgt zwar die offizielle Übergabe an den Nachfolger, aber faktisch versucht der Unternehmer weiterhin, auf das operative Geschäft Einfluss zu nehmen. Mit solchen Verhaltensweisen werden potenzielle Nachfolger schnell verschlissen. Gute Führungskräfte lassen sich ein längeres Hinhalten oder Hineinregieren nicht bieten, sondern suchen sich eine andere berufliche Zukunft.

Wahre Unternehmergröße zeigt sich somit nicht nur bei Gründung und Aufbau des Unternehmens, sondern insbesondere bei der Etablierung einer Nachfolgelösung. Gerade dieses Loslassen fällt vielen Mittelständlern häufig schwerer als der Aufbau ihres Unternehmens. Aber sie müssen sich und ihre Lebensleistung schlussendlich an der Nachfolgefrage messen lassen: Wird diese erfolgreich gelöst, sind sie „wirkliche Unternehmer"; anderenfalls haben sie am Ende doch noch versagt.

Nicht alle Unternehmerkinder sind Unternehmer

Der Traum vieler erfolgreicher Unternehmer besteht darin, dass ihre Kinder einmal in ihre Fußstapfen treten und das Familienunternehmen weiterführen. Dies ist in vielen Fällen sicherlich positiv zu bewerten, weil die Kinder im Allgemeinen von Kindesbeinen an die „Unternehmensluft" schnuppern konnten und eine große Affinität zum Unternehmen, seinen Produkten und vor allem auch zu den handelnden Personen (Mitarbeiter und Führungskräfte) haben. Wenn sich eine solche Konstellation natürlicherweise ergibt, ist die Lösung zu unterstützen.

Allerdings darf der Unternehmer eine solche Familienlösung nicht erzwingen. Zum einen haben viele Kinder von Unternehmern ganz eigene Vorstellungen, auf welche Weise sie ihren Lebensunterhalt bestreiten wollen, sei es als Gründer eines eigenen Unternehmens, als angestellte Führungskräfte oder über ein Engagement im sozialen, medizinischen oder künstlerischen Bereich. In einem solchen Fall sollte der Unternehmer diese Entscheidung respektieren und die Aktivitäten der Kinder außerhalb des unternehmerischen Umfelds unterstützen.

Zum anderen gibt es viele Kinder, die – trotz des Unternehmers als Vater – leider überhaupt kein „unternehmerisches Blut" haben und in einer Führungsfunktion hoffnungslos versagen würden. Sofern Kinder sowie Unternehmer dies erkennen und akzeptieren, stellt eine solche Konstellation kein Problem dar. Diese Kinder können dann ihr persönliches Glück problemlos außerhalb des Unternehmens finden. Verschließt in einer solchen Konstellation allerdings eine Seite – entweder Kind oder Unternehmer – die Augen und glaubt, dass auch Unternehmertum mit der „Muttermilch aufgesogen" werden kann, so stehen die Betroffenen vor einem schwerwiegenden Problem. Dem Kind und/oder dem Unternehmer muss klargemacht werden, dass mittel- bis langfristig durch eine familieninterne Nachfolge der Erfolg des Unternehmens oder sogar dessen Existenz gefährdet wird und daher eine familienfremde Nachfolgeregelung zu etablieren ist.

In einer solchen Konstellation hat sich ein Beirat häufig als sehr hilfreich erwiesen, sofern er mit unabhängigen und objektiv agierenden Persönlichkeiten besetzt ist. Diese haben meist große Erfahrung in der Auswahl von Führungskräften und können deshalb beurteilen, ob ein familieninterner Nachfolger eine geeignete Führungspersönlichkeit ist. Darüber hinaus kann der Beirat einem Unternehmerkind, das für eine Unternehmerlaufbahn offensichtlich ungeeignet ist, dies leichter vermitteln als der Unternehmer und Vater. Der Beirat kann – und muss – in einer solchen Konstellation ganz bewusst offen und klar argumentieren.

Unternehmerkinder müssen ihre Sporen in der Fremde verdienen

Unternehmerkinder haben vielfach die Vorstellung, nach Studium und/oder Ausbildung – Letztere vielleicht sogar im elterlichen Unternehmen – sich ins „gemachte Nest" zu setzen. Dies erscheint auf den ersten Blick angenehm und einfach, ist aber weder für die Person noch für das Unternehmen zu empfehlen.

Der Nachwuchs sollte für fünf bis zehn Jahre in fremden Unternehmen und auch im Ausland arbeiten. Auf diese Weise lernt der Nachwuchs, sich außerhalb des gewohnten Umfeldes durchzubeißen und sich im Wettbewerb mit anderen Mitarbeitern eines Unternehmens zu messen. Neben den fachlichen Inhalten ist vor allem die Erfahrung, geführt zu werden, besonders wichtig. Im Umgang mit Vorgesetzten verspürt man selbst, wie gute und gegebenenfalls auch weniger gute Personalführung von Untergebenen empfunden wird. Darüber hinaus entsteht ein Gespür dafür, was man selbst unter guter Führung versteht. In diesem Zusammenhang können auch wichtige Erfahrungen im Delegieren von Aufgaben gesammelt werden. Gerade Unternehmer, die sich selbst hochgearbeitet haben, tun sich oft schwer damit, bestimmte Aufgabengebiete an Mitarbeiter vollverantwortlich abzugeben. Hat eine angehende Führungskraft einmal selbst erfahren, welche Motivation die Mitarbeiter aus der verantwortungsvollen Delegation von Aufgaben schöpfen, so ist diese Führungskraft viel eher bereit zu delegieren, anstatt alles selbst zu entscheiden.

Für das Unternehmen ist wichtig, dass der künftige Unternehmenschef in den Lehr- und Wanderjahren eine Vielzahl von Eindrücken und Erfahrungen sammeln und nutzbringend in das eigene Unternehmen einbringen kann. So wird auch das allseits bekannte „Das haben wir schon immer so gemacht"-Syndrom überwunden.

Sollte sich nach Beendigung der Lehr- und Wanderjahre herausstellen, dass das Unternehmerkind nicht die ihm ursprünglich zugedachte Position im elterlichen Unternehmen übernehmen will, so ist dies auch kein Problem. Denn damit können eine potenzielle Fehlbesetzung sowie möglicherweise eine zukünftige negative Entwicklung von Unternehmen und/oder Unternehmerkind vermieden werden. Bevor ein wenig motiviertes oder gar ungeeignetes Kind das elterliche Unternehmen übernimmt, ist es sinnvoller, eine externe Führungskraft zu engagieren.

Auch ein Unternehmensverkauf kann eine Nachfolgelösung sein

Ergibt sich aus den Nachfolgediskussionen in der Unternehmerfamilie oder der Erstellung einer Familienstrategie, dass innerhalb der Familienmitglieder langfristig weder an einer aktiven (z. B. in Geschäftsführung oder Beirat) noch an einer passiven (z. B. als Gesellschafter) Begleitung des Unternehmens Interesse besteht, dann kann der vollständige Verkauf eine sinnvolle Lösungsalternative darstellen. Einem solchen Verkauf haftet keinesfalls etwas Negatives an – auch wenn dies oft anderes dargestellt oder wahrgenommen wird. Es werden weder Ansehen oder Reputation des Unternehmensgründers beschädigt noch wird das Erbe verschleudert oder die oft langjährigen Mitarbeiter des Unternehmens „verraten".

Ganz im Gegenteil: Die Erbengeneration kann per se nichts dafür, dass sie in die Unternehmerfamilie hineingeboren wurde. Insofern muss man auch ihr die Freiheit zugestehen, selbst über ihre Lebensplanung zu entscheiden. Es verdient daher höchsten Respekt, wenn Gesellschafter gemeinsam zum Ergebnis kommen, dass sie weder das Interesse noch die Fähigkeiten haben, im Unternehmen zu agieren, und infolgedessen das Unternehmen in andere, fremde Hände geben. Vielmehr kann dies dem Unternehmen und damit auch den Mitarbeitern positive Entwicklungsmöglichkeiten eröffnen. Ein sorgfältig ausgewählter neuer, engagierter Gesellschafter mit Know-how und Kapital hat deutlich mehr und oft auch bessere Optionen, das Unternehmen in eine positive Zukunft zu führen.

4.3.3 Familiengesellschafter

Erben frühzeitig als Gesellschafter an das Unternehmen binden

In mittelständischen Unternehmen mit einem überschaubaren Gesellschafterkreis ist es eine Selbstverständlichkeit, dass die nachwachsende Generation engen Kontakt zum Unternehmen hat. Die Eltern nehmen die Kinder immer wieder einmal mit in den Betrieb, sie kennen durch Gespräche in der Familie aktuelle Probleme etc.

Anders stellt sich die Situation dar, wenn der Gesellschafterkreis sich nach 50 oder 100 Jahren in verschiedene Familienstämme verzweigt und sich aus einer Vielzahl von Gesellschaftern mit häufig nur geringen Gesellschaftsanteilen zusammensetzt. In der Öffentlichkeit werden mit solchen Konstellationen meist Familiennamen wie beispielsweise Haniel oder Röchling verknüpft. Selbst wenn in mittelständischen Unternehmen Strukturen mit mehr als 100 Gesellschaftern wohl eher die Ausnahme sind, so treten Fälle mit mehr als 20 oder 30 Gesellschaftern häufiger auf.

In solchen Gesellschaften nehmen allenfalls einzelne Gesellschafter noch operative Aufgaben im Unternehmen wahr bzw. begleiten die Unternehmensentwicklung über Beiratsmandate. Alle anderen Gesellschafter kommen meist nur über die jährlichen Ausschüttungen mit dem Unternehmen in Kontakt. Damit haben sie in der Regel eine geringe emotionale Bindung an das Unternehmen – sie betrachten die (ererbten) Gesellschaftsanteile als reine Finanzbeteiligung. Selbst wenn durch unattraktiv gestaltete Ausstiegsklauseln im Gesellschaftsvertrag (Abschläge bei Unternehmensbewertungen, Vorkaufsrechte etc.) die Fungibilität der Anteile reduziert wird, gibt es doch immer wieder Mittel und Wege, eine einmal gefasste Verkaufsabsicht zu realisieren. Und gerade hier muss zur Sicherung der langfristigen Stabilität des Gesellschafterkreises frühzeitig gegengesteuert werden.

In der Praxis hat sich gezeigt, dass eine konsequente Betreuung der Gesellschafter und ihrer Kinder eine hohe Bindungswirkung an das Unternehmen erzeugt. Dazu bietet es sich an, die jährliche Gesellschafterversammlung nicht nur als rein juristisch zwingende Aktivität zu verstehen. Neben der rein formellen Abwicklung sind auch strategische Fragestellungen (Marktentwicklungen, neue Produkte, künftige Strategien usw.) von der Geschäftsführung den Gesellschaftern nahezubringen. Darüber hinaus sollte stets versucht werden, in einer geeigneten Weise die eigenen Produkte oder Dienstleistungen für die Gesellschafter „fassbar" zu machen. Bei produzierenden Unternehmen kann das in Form von Besichtigungen der eigenen Fertigungsstätten (z. B. auch durch wechselnde Wahl der Orte für die Gesellschafterversammlungen), bei Dienstleistungsunternehmen gegebenenfalls auch durch Besuche bei Kunden gestaltet werden. Wichtig ist, die aktuelle sowie die kommende Gesellschaftergeneration über einen regelmäßigen Kontakt mit dem Unternehmen emotional an das Unternehmen zu binden, um einen langfristig stabilen Gesellschafterkreis zu sichern.

Jede Unternehmerfamilie sollte eine Familienstrategie erstellen

Jede Unternehmerfamilie muss sich rechtzeitig darüber klar werden, welche Entwicklung das ihr gehörende Unternehmen einschlagen soll und welchen Beitrag dazu die einzelnen Familienmitglieder leisten wollen und können. Solange der Unternehmensgründer die Unternehmensführung inne hat, gibt es keinen Zweifel, wer die notwendigen Unternehmensentscheidungen trifft. Sobald jedoch Anteile am Unternehmen auf Familienmitglieder der nächsten Generation übertragen werden, beginnt das Dilemma. Aus der Eindeutigkeit der Entscheidungszuständigkeit wird plötzlich ein Entscheidungspluralismus mit unabsehbaren Konsequenzen. Jeder Familiengesellschafter hat – ob offen ausgesprochen oder nur versteckt gehegt – bestimmte Vorstellungen darüber, was mit dem Unternehmen geschehen soll und wie er sich selbst in die Unternehmensentwicklung einbringen will – sei es als aktiver Teil der Unternehmensführung, als Begleiter der Unternehmensentwicklung über ein Aufsichtsgremium oder lediglich als Teilnehmer an der jährlichen Gesellschafterversammlung. Diese persönlichen Einstellungen der Gesellschafter können mit vielen Konflikten verbunden sein – z. B. haben zwei Familienmitglieder gleichzeitig den Wunsch, den Vorsitz der Unternehmensführung zu übernehmen, aber es kann nur einen Vorsitzenden geben.

Diese vielfältigen Probleme lassen sich lösen, wenn die Familie sich frühzeitig mit der Erstellung einer Familienstrategie auseinandersetzt:[77] In dieser Familienstrategie wird gemeinsam niedergeschrieben, wie die Mitglieder der Familie mit dem Unternehmen umgehen wollen, wie sie es gemeinsam weiterentwickeln wollen, nach welchen Regeln einzelne Familienmitglieder in den Beirat oder die Geschäftsführung berufen werden und wie möglicherweise auftretende Konflikte im Familienkreis sachgerecht gelöst werden können. Insgesamt sichert eine solche Familienstrategie die Handlungsfähigkeit der Familie und gewährt letztlich auch die Freiheit des Unternehmens. Insofern sollte eine Familienstrategie dann entwickelt und vereinbart werden, wenn sich die Familienmitglieder untereinander verstehen und prima vista gar kein Anlass zu einer solchen Maßnahme besteht. Doch ist es hier wie mit einem guten Ehevertrag: Wenn alles perfekt läuft, kann man den Vertrag in der Schublade liegen lassen und benötigt ihn nicht. Harmonieren die Eheleute aber nicht mehr, kann man sich glücklich schätzen, eine vertragliche Absicherung zu besitzen, mit der sich die Probleme eindeutig und rasch lösen lassen.

---

[77] Vgl. Baus (2007)

Weiterführende Quellen zum Mittelstand

Die in diesem Kapitel aufgeführten überregionalen Institutionen und Verbände konzentrieren sich auf den Mittelstand. Sie bieten Informationen und Unterstützung für kleinere und mittelständische Unternehmen. Diese Liste beruht auf einer subjektiven Einschätzung der Autoren und erhebt keinen Anspruch auf Vollständigkeit.

Betriebswirtschaftliches Forschungszentrum für Fragen der mittelständischen Wirtschaft an der Universität Bayreuth

Das Betriebswirtschaftliche Forschungszentrum hat das Ziel, mittelständischen Unternehmen betriebswirtschaftliche Forschungs- und Transfermöglichkeiten zu erschließen. Das Institut arbeitet an der Erforschung, Entwicklung und Einführung von effizienten Methoden und Instrumenten der Unternehmensführung für die mittelständische Wirtschaft. Das Forschungszentrum bietet Basisberatung zu betriebswirtschaftlichen Fragestellungen an und offeriert eine Reihe von Veranstaltungen zu aktuellen Themengebieten.

Betriebswirtschaftliches Forschungszentrum für Fragen der mittelständischen Wirtschaft e. V. an der Universität Bayreuth Parsifalstraße 25 D-95445 Bayreuth	Tel.: +49 921 55-7076 & -7077 Fax: +49 921 55-7070 www.bfm-bayreuth.de

Bundesverband mittelständische Wirtschaft (BVMW)

Der BVMW ist ein berufs- und branchenübergreifender, parteipolitisch neutraler Unternehmerverband, der die Interessen der kleinen und mittleren Unternehmen gegenüber Politik, Behörden und Gewerkschaften mit dem Ziel der wirtschaftspolitischen Verbesserung vertritt. Der BVMW verfügt über mehr als 200 Geschäftsstellen in Deutschland sowie eine steigende Anzahl von Vertretungen im Ausland.

Er bietet persönliche Ansprechpartner, die bei Geschäftskontakten im In- und Ausland, in betrieblichen Fragen, bei Verhandlungen mit Banken, im Informationsmanagement und bei lokalen wie überregionalen Behörden helfen. Darüber hinaus bietet er Außenwirtschaftsinformationen.

Er verfügt über eine Akademie für die mittelständische Wirtschaft, die eine Reihe von Bildungsangeboten bereithält. Zusätzlich offeriert er Beratungsleistungen über den BVMW-Consulting Pool. Unterschiedliche Serviceleistungen (z. B. Veranstaltungsservice, Recht, Versicherungen) werden von der Servicegesellschaft durch ortsansässige Dienstleister im Ausland vermittelt.

BVMW-Bundesgeschäftsstelle Mosse Palais Leipziger Platz 15 D-10117 Berlin	Tel.: +49 30 533206-15 & -33 Fax: +49 30 533206-50 www.bvmw.de

Deloitte.Mittelstandsinstitut an der Universität Bamberg

Das Deloitte.Mittelstandsinstitut verfolgt das Ziel, den Bedarf an fundierten, speziell auf mittelständische Unternehmen zugeschnittenen Forschungsergebnissen zu den Themen Unternehmensführung und Controlling, Personal, Corporate Governance, Wertmanagement etc. zu decken.

Otto-Friedrich-Universität Bamberg Lehrstuhl für Betriebswirtschaftslehre, insbesondere Unternehmensführung und Controlling Feldkirchenstraße 21 D-96045 Bamberg	Tel.: +49 951 863-2507 Fax: +49 951 39705 www.uni-bamberg.de/dmi/

Deutscher Mittelstandsbund (DMB)

Der Deutsche Mittelstandsbund vertritt die wirtschaftlichen und politischen Interessen mittelständischer Unternehmen. Der Bund hat zurzeit etwa 16 000 Mitgliedsunternehmen. Diese werden regelmäßig mit Informationen für die Unternehmenspraxis versorgt, haben Zugriff auf exklusive DMB-Fachpublikationen und können des Weiteren auf attraktive Rahmenverträge der DMB-Partnerunternehmen mit Sonderkonditionen zurückgreifen.

Deutscher Mittelstandsbund (DMB) e. V. Tonhallenstraße 10 D-40211 Düsseldorf	Tel.: +49 211 179257-0 Fax: +49 211 179257-19 www.dmb-ev.de

Europäisches KMU-Portal

Dieses Portal wurde von der EU geschaffen, um einen zentralen Zugangspunkt zu Informationen über politische Maßnahmen, Programme, Projekte, Werkzeuge und Dienstleistungen der Europäischen Union für kleinere und mittelgroße Unternehmen einzurichten. Von besonderem Interesse sind die Seiten „Unterstützung und praktische Hilfen für KMU", die weitere themenspezifische Links enthalten:

- *International tätig werden* – Leitfäden, Programme, Datenbanken und Netzwerke zur Unterstützung der Internationalisierung sowohl innerhalb der EU als auch über die Grenzen der EU hinaus.

- *Online-Hilfe* – Spezielle Online-Seiten und Internet-Tools für Fragen, die Unternehmen unmittelbar betreffen, wie etwa zu Gesetzen, Politik und Initiativen der EU.

- *Europaweite Dienste* – Engagierte, mit erfahrenen Experten ausgestattete Dienste mit europaweiten Kontakten zur Unterstützung von KMU bei der Entwicklung neuer Produkte und Märkte.

- *KMU-Finanzierung durch EU-Mittel* – Informationen zur EU-Politik, zum verbesserten Zugang zur Finanzierung für KMU sowie eine Online-Hilfe, die die wichtigsten europäischen Finanzierungsprogramme für KMU vorstellt.

Europäische Kommission GD Unternehmen und Industrie Referat R4 Kommunikation und Information Brey 13/092 B-1049 Brüssel	Tel.: 00800 67891011 http://ec.europa.eu/enterprise/sme/index_de.htm

The Family Business Network

Dies ist eine Organisation in der Schweiz, die breite Unterstützung für Familienunternehmer anbietet. Sie stellt sich selbst als generationenübergreifendes Non-Profit-Netzwerk dar. Die Vermittlung von Wissen und Best Practices, die Unterstützung der nächsten Generation Familienunternehmer und die Lobbyarbeit gegenüber Regierungen bildet den Schwerpunkt ihrer Arbeit.

The Family Business Network 23, Chemin de Bellerive B.P. 915 CH-1001 Lausanne	Tel.: +41 21 6180605 Fax: +49 228 36780-69 www.fbn-i.org

IHK-Netzwerk Mittelstand

Das IHK-Netzwerk Mittelstand vertritt und fördert die politischen und öffentlichen Interessen des Mittelstands. Dabei setzt das Netzwerk auf freiwilliges Engagement der Mitgliedsunternehmen sowie dezentrale Organisation. Der Kontakt zwischen Unternehmen der verschiedenen Regionen soll gefördert und das Thema Mittelstand in der Öffentlichkeit stärker dargestellt werden.

Die Mitglieder werben für den Mittelstand und eine Kultur der Selbständigkeit. Sie organisieren Veranstaltungen zu mittelstandspolitischen Themen, tauschen über die IHKs Informationen im Sinne von Best Practices zu Aktivitäten des IHK-Netzwerkes Mittelstand aus und erhalten aktuelle Informationen zur Wirtschafts- und Mittelstandspolitik.

	www.dihk.de/inhalt/download/ansprechpartner_mittelstand.pdf

Inmit – Institut für Mittelstandsökonomie an der Universität Trier

Im Vordergrund stehen die wissenschaftliche Forschung sowie die praxisorientierte Beratung. Das INMIT fördert als unabhängiges Wirtschafts- und Forschungsinstitut die Zusammenarbeit von Wissenschaft und Wirtschaft. Dabei agiert es nicht nur auf Bundesebene, sondern auch international.

Das INMIT arbeitet unter anderem an Projekten aus den folgenden Bereichen: Wirtschaftsstrukturanalysen/Branchenanalysen, Gründungsforschung, Unterstützung und Ausbildung von Existenzgründern und Nachfolgern, Unternehmensführung, Nachfolge, Vereinbarkeit Beruf und Familie, Personal, IT/E-Business, Industrie, Handwerk, Kommunen, Mittelstandsfinanzierung und Förderprogramme.

Inmit – Institut für Mittelstandsökonomie an der Universität Trier e. V. WIP – Wissenschaftspark Trier Max-Planck-Straße 22 D-54296 Trier	Tel: +49 651 14577-0 Fax: +49 651 14577-11 www.inmit.de

INQA-Mittelstand – „Offensive Mittelstand – Gut für Deutschland"

In der Initiative INQA-Mittelstand arbeiten über 50 Partner aus Wirtschaft und Behörden zusammen, um die Erfolgsaussichten des Mittelstands zu verbessern. Angeboten werden ein Leitfaden „Guter Mittelstand: Erfolg ist kein Zufall", ein Mittelstands-Check, der Zugang zu Praxishilfen und regionalen Netzwerken, Training für Berater und Imageaktionen für den Mittelstand.

INQA-Mittelstand „Offensive Mittelstand – Gut für Deutschland" Theodor-Heuss-Straße 160 D-30853 Langenhagen	Tel.: +49 511 7257-755 Fax: +49 511 7257-791 www.guter-mittelstand.de

Institut für Mittelstandsforschung (IfM) Bonn

Das IfM hat die Aufgabe, Lage, Entwicklung und Probleme des Mittelstands zu erforschen und die Forschungsergebnisse der Öffentlichkeit zugänglich zu machen. In seiner Forschungstätigkeit ist das Institut unabhängig. Neben der institutionellen Forschung nimmt das IfM auch Forschungsaufträge Dritter entgegen.

Das IfM hat sein Forschungsprofil auf Basis seiner fachlichen Kernkompetenzen inhaltlich in vier Programmbereichen gebündelt:

- *Mittelstandsstatistik/laufende Wirtschaftsbeobachtung* – Stetige Aktualisierung diverser statistischer Daten zum Mittelstand.
- *Mittelstand und Gesellschaft* – Zusammenspiel von Wirtschaft, Staat und Gesellschaft und der (wechselseitigen) Abhängigkeit der Unternehmen von den rechtlichen, politischen, ökonomischen und auch sozialen Umfeldbedingungen.

- *Unternehmenslebenszyklus* – Bedingungen für die Entstehung von Unternehmen, den Einflussfaktoren auf die Entwicklung von Unternehmen sowie der Übergabe von Unternehmen; Forschungsfelder: Gründungsforschung, Wachstumsschwellen, Wachstumskrisen und Insolvenzen sowie Unternehmensnachfolge.
- *Unternehmensführung* – Fragen der Unternehmensführung im Allgemeinen sowie einzelbetriebliche Fragestellungen aus den Bereichen Personal, Finanzierung, Innovation bzw. Forschung und Entwicklung sowie Beschaffung/Absatz.

Institut für Mittelstandsforschung Bonn Maximilianstraße 20 D-53111 Bonn	Tel.: +49 228 72997-0 Fax: +49 228 72997-34 www.ifm-bonn.org

Institut für Mittelstandsforschung an der Universität Mannheim

Das Institut für Mittelstandsforschung führt Forschungsvorhaben zu aktuellen und strukturellen mittelstandsbezogenen Themen durch. Seine besondere Stärke liegt in der interdisziplinären Ausrichtung und der Brückenfunktion zwischen Wissenschaft und Praxis. Die Arbeit ist sowohl national als auch international ausgerichtet. Daueraufgaben sind die Beratung politischer Gremien im In- und Ausland in mittelstandspolitischen Fragen und die Bereitstellung von statistischen Eckdaten zum Mittelstand sowie der Wissenstransfer zwischen Wissenschaft und Wirtschaft.

Die folgenden Items enthalten einige wichtige Forschungsschwerpunkte des Instituts:

- *Managementkonzepte im Mittelstand* – Anwendbarkeit von modernen Management-Konzepten für die besonderen Gegebenheiten von KMU.
- *Internationalisierung im Mittelstand* – Motivation und Formen der Auslandsengagements von KMU, Organisation der Internationalisierung.
- *Innovationen im Mittelstand* – Wirkungen der Innovationsfördermaßnahmen der Politik und Entstehung von Innovationen in Netzwerken und Clustern mittelständischer Unternehmen.

Institut für Mittelstandsforschung Lehrstuhl für Mittelstandsforschung und Entrepreneurship L 9, 1-2 Universität Mannheim D-68161 Mannheim	Tel.: +49 621 181-2894 Fax: +49 621 181-2892 www.ifm.uni-mannheim.de

KfW Mittelstandsbank

Die KfW Mittelstandsbank bündelt alle Angebote für Gründer sowie kleine und mittlere Unternehmen. Sie fördert Investitionen deutscher Unternehmen im In- und Ausland. Die Förderkredite der KfW Mittelstandsbank sind in die drei Säulen Fremdkapital, mezzanines Kapital und Eigenkapital strukturiert. Die KfW Mittelstandsbank bietet verschiedene Förderprogramme an:

- *ERP-Beteiligungsprogramm* – Beteiligungskapital für Mittelständler. Zielsetzung ist die Stärkung der Eigenkapitalbasis von mittelständischen Unternehmen. Kapitalbeteiligungsgesellschaften, die kleineren und mittleren Unternehmen Haftungskapital zur Verfügung stellen, erhalten aus dem Programm Refinanzierungskredite.

- *KfW-Genussrechtsprogramm* – Eigenkapital für den breiten Mittelstand. Das KfW-Genussrechtsprogramm dient der Stärkung der Eigenkapitalbasis von kleinen und mittleren Unternehmen. In Zusammenarbeit mit bei der KfW akkreditierten Beteiligungsgesellschaften wird nachrangiges Genussrechtskapital bereitgestellt, das bei den Unternehmen als bilanzielles Eigenkapital anerkannt wird.

- *KfW-Risikokapitalprogramm* – Garantien für Kapitalbeteiligungsgesellschaften. Die KfW Mittelstandsbank garantiert anteilig Beteiligungen von Kapitalbeteiligungsgesellschaften. Zusätzlich bietet die KfW Förderbank die folgenden speziellen Förderprogramme an: wohnwirtschaftliche Programme, Umwelt- und Klimaschutzprogramme, Infrastrukturprogramme und Bildungsförderung.

Beratungszentren zu allen Förderprogrammen der KfW	
Beratungszentrum Berlin Behrenstraße 31 D-10117 Berlin	Tel.: +49 30 20264-5050 Fax: +49 30 20264-5779
Beratungszentrum Bonn Ludwig-Erhard-Platz 1-3 D-53179 Bonn	Tel.: +49 228 832-8003 Fax: +49 228 831-7149
Beratungszentrum Frankfurt am Main Bockenheimer Landstraße 104 D-60325 Frankfurt am Main	Tel.: +49 69 7431-3030 Fax: +49 69 7431-1706 www.kfw-mittelstandsbank.de www.kfw-foerderbank.de

MittelstandPlus – Das starke Expertennetzwerk

MittelstandPlus – eine Initiative unter der Schirmherrschaft des Bundesministeriums für Wirtschaft und Technologie – unterstützt mittelständische Unternehmen bei der Suche nach Kandidaten für ihren Bei- bzw. Aufsichtsrat. Mit Hilfe einer Online-Plattform, die aus einer Zusammenarbeit des Deutschen Industrie- und Handelskammertages, des Beratungsunternehmens McKinsey & Company, der KfW-Bankengruppe, der IKB Deutsche Industriebank AG und des Magazins „Wirtschaftswoche" entstand, können Unternehmen unentgeltlich in einem Expertenpool nach geeigneten Kandidaten suchen.

MittelstandPlus Postfach 20 06 09 D-40103 Düsseldorf	Tel.: +49 180 1 677587 Fax: +49 211 8828327 www.mittelstand-plus.de

Wittener Institut für Familienunternehmen (WIFU) an der Universität Witten/Herdecke

Das WIFU wurde 1998 als deutschlandweit erstes universitäres Kompetenz- und Forschungszentrum für Familienunternehmen gegründet. Das Institut hat sich zum Ziel gesetzt, die Chancen und spezifischen Risiken dieser Unternehmensform näher zu beleuchten, einen substanziellen Beitrag in Theoriebildung, Forschung, Lehre und Weiterbildung zu leisten und mit zahlreichen Aktivitäten die Zukunftsfähigkeit von Familienunternehmen zu stärken. Zu erwähnen ist vor allem der jährliche Wittener Kongress für Familienunternehmen, der im deutschsprachigen Raum eine einzigartige Plattform für die Wissensvermittlung und den Erfahrungsaustausch zwischen Unternehmen und Wissenschaftlern darstellt.

Wittener Institut für Familienunternehmen Alfred-Herrhausen-Straße 50 D-58448 Witten	Tel.: +49 2302 926-515 Fax: +49 2302 926-555 http://wifu.uni-wh.de

Zentrales Innovationsprogramm Mittelstand (ZIM) – BMWi

Das ZIM (Bundesministerium für Wirtschaft und Technologie BMWi) ist ein bundesweites, technologie- und branchenoffenes Förderprogramm für KMU und mit diesen zusammenarbeitenden wirtschaftsnahen Förderungseinrichtungen. Ziel ist die nachhaltige Unterstützung kleinerer und mittlerer Unternehmen in den Bereichen Innovationskraft und Wettbewerbsfähigkeit, um Wachstum und Arbeitsplätze zu schaffen und zu sichern.

Ausgewählte Spezialthemen

Kooperationsprojekte
FuE-Projekte mit dem Ziel der Entwicklung innovativer Produkte, Verfahren oder technischer Dienstleistungen ohne Einschränkung auf bestimmte Technologien und Branchen.

Gefördert werden:

- FuE-Kooperationsprojekte von mindestens einem KMU und einem weiteren Unternehmen.
- FuE-Kooperationsprojekte von jeweils mindestens einem KMU und einer Forschungseinrichtung.
- Technologieübergreifende Verbundprojekte von mindestens vier KMU und zwei Forschungseinrichtungen.
- FuE-Projekte von KMU mit der Vergabe eines FuE-Auftrags an einen Forschungspartner.
- Einstiegsprojekte: Einzelbetriebliche FuE-Projekte bisher nicht innovierender KMU.

Netzwerkprojekte
Zielsetzung ist die Förderung von Management- und Organisationsdienstleistungen zur Entwicklung innovativer Netzwerke mit mindestens sechs Unternehmen ohne Einschränkung auf bestimmte Technologiefelder und Branchen.

Gefördert werden Leistungen des Netzwerkmanagements zur Erarbeitung der Netzwerkkonzeption und Etablierung des Netzwerks (Phase 1) sowie für die anschließende Umsetzung der Netzwerkkonzeption (Phase 2).

Kooperationsprojekte Projektträger AiF	
Geschäftsstelle Berlin Tschaikowskistraße 49	Tel.: +49 30 48163-451 Fax: +49 30 48163-402
D-13156 Berlin	
Netzwerkprojekte Projektträger VDI/VDE-IT	
VDI/VDE Innovation + Technik GmbH Steinplatz 1 D-10623 Berlin	Tel.: +49 30 310078-380 Fax: +49 30 310078-102 www.zim.bmwi.de

Abbildungsverzeichnis

Abbildung 1:	KMU-Definition des IfM Bonn (seit 01.01.2002)	15
Abbildung 2:	KMU-Schwellenwerte der EU (seit 01.01.2005)	15
Abbildung 3:	Überblick „Tipps für die Praxis"	19
Abbildung 4:	SWOT-Matrix	22
Abbildung 5:	TOWS-Matrix	22
Abbildung 6:	Ansoff-Matrix	23
Abbildung 7:	Auswirkung von Preissenkungen	69
Abbildung 8:	Auswirkungen von Preiserhöhungen	70
Abbildung 9:	Absolute Deckungsbeiträge versus relative Margen	111

Literaturverzeichnis

ABELE, EBERHARD/KLUGE, JÜRGEN/NÄHER, ULRICH (HRSG.): Handbuch Globale Produktion, 2. Auflage, München/Wien 2006

ACHTERT, PEIK: Dynamische Darlehenskonditionen mit bonitätsabhängigen Zinsänderungsklauseln und Covenants, Frankfurt am Main 2007

AMLING, THOMAS K./ULRICH BANTLEON: Handbuch der internen Revision – Grundlagen, Standards, Berufsstand, Berlin 2007

BAUS, KIRSTEN: Die Familienstrategie – wie Familien ihr Unternehmen über Generationen sichern, 2. Auflage, Wiesbaden 2007

BERENS, WOLFGANG/BRAUNER, HANS U./STRAUCH, JOACHIM (HRSG.): Due Diligence bei Unternehmensakquisitionen, 5. Auflage, Stuttgart 2008

BLÄSING, JÜRGEN P./HÄCK, STEFAN: Fehler mit Poka Yoke vermeiden – Nullfehlerstrategie für qualitätsbewusste Manager, Ulm 2005

Brokamp, Jürgen/Ernst, Dietmar/Hollasch, Karsten/Lehmann, Georg/Weigel, Klaus: Mezzanine-Finanzierungen, München 2008

BULLINGER, HANS-JÖRG: Technologiemanagement – Forschen und Arbeiten in einer vernetzten Welt, Berlin et al. 2001

COPELAND, THOMAS E./KOLLER, TIM/MURRIN, JACK: Unternehmenswert – Methoden und Strategien für eine wertorientierte Unternehmensführung, 3. Auflage, Frankfurt am Main/New York 2002

FOX, JEFFREY J.: How to Become a Rainmaker – the Rules for Getting and Keeping Customers and Clients, London 2000

GLÄßER, LOTHAR: Open-source-Software, Erlangen 2004

GROYSBERG, BORIS/NOHRIA, NITIN/NANDA, ASHISH: Wenn Stars verglühen, in: Harvard Business Manager, Januar 2005, S. 34 – 46

HASTEDT, UWE-PETER/MELLWIG, WINFRIED: Leasing – rechtliche und ökonomische Grundlagen, Heidelberg 1998

HAUSCH, KERSTIN T.: Corporate Governance im deutschen Mittelstand, Wiesbaden 2004

HAYN, SVEN/WALDERSEE, GEORG GRAF: IFRS, HGB, HGB-BilMoG im Vergleich, 7. Auflage, Stuttgart 2008

HENZLER, HERBERT A.: Das Auge des Bauern macht die Kühe fett – ein Plädoyer für Verantwortung und echtes Unternehmertum, München/Wien 2005

HERING, EKBERT ET AL.: Kanban, in: Taschenbuch der Logistik, hrsg. von Reinhard Koether, München 2004, S. 109 – 120

JAEGER, TILL/METZGER, AXEL: Open-source-Software – rechtliche Rahmenbedingungen der freien Software, 2. Auflage, München 2006

KÄSTNER, ERICH: Doktor Erich Kästners Lyrische Hausapotheke, 23. Auflage, München 2008

KATZENBACH, JON R./SMITH, DOUGLAS K.: Teams – der Schlüssel zur Hochleistungsorganisation, Wien 1993

KRIEG, GEORG: Neue Erkenntnisse zu Andlers Losgrößenformel, Arbeitspapier, Katholische Universität Eichstätt-Ingolstadt 2005, abrufbar unter http://www.ku-eichstaett.de/Fakultaeten/WWF/Lehrstuehle/PW/Mitarbeiter/g_krieg/Andlerformel.de, Abrufdatum 31.07.2009

LÜCK, WOLFGANG (HRSG.): Anforderungen an die Interne Revision – Grundsätze, Methoden, Perspektiven, Berlin 2009

MANN, THOMAS: Gesammelte Werke in dreizehn Bänden, Band I: Buddenbrooks, Frankfurt am Main 1990

MARTIN, ALBERT/BARTSCHER-FINZER, SUSANNE: Die Führung mittelständischer Unternehmen – zwischen Defizit und Äquivalenz, in: Praxishandbuch des Mittelstands – Leitfaden für das Management mittelständischer Unternehmen, hrsg. von Wolfgang Krüger et al., Wiesbaden 2006, S. 203 – 217

MEFFERT, JÜRGEN/KLEIN, HOLGER: DNS der Weltmarktführer – Erfolgsformeln aus dem Mittelstand, Heidelberg 2007

MOXTER, ADOLF: Betriebswirtschaftliche Gewinnermittlung, Tübingen 1982

MOXTER, ADOLF: Bilanzrechtsprechung, 6. Auflage, Tübingen 2007

NIEHUS, RUDOLF J.: IFRS für den Mittelstand? Warum eigentlich? in: Der Betrieb, 59. Jahrgang (2006), S. 2529 – 2536

OHNO, TAIICHI: Das Toyota-Produktionssystem, 2. Auflage, Frankfurt am Main/New York 2009

PAUL, HERBERT: Wachstum beginnt beim Management, in: Harvard Business Manager, Dezember 2004, S. 67 – 73

PAWELZIK, KAI UDO: IFRS-Abschlüsse im Mittelstand – Warum eigentlich nicht? in: Der Betrieb, 59. Jahrgang (2006), S. 793 – 797

PETER, LAWRENCE J./HULL, RAYMOND: Das Peter-Prinzip – oder die Hierarchie der Unfähigen, 9. Auflage, Reinbek bei Hamburg 2001

PETERS, THOMAS J./WATERMAN, ROBERT H.: Auf der Suche nach Spitzenleistungen – was man von den bestgeführten US-Unternehmen lernen kann, 9. Auflage, Frankfurt am Main 2003

SCHRÖDER, ERNST F.: Modernes Unternehmens-Controlling – Handbuch für die Unternehmenspraxis, 8. Auflage, Ludwigshafen (Rhein) 2003

SEIBERT, SIEGFRIED: Technisches Management – Innovationsmanagement, Projektmanagement, Qualitätsmanagement, Stuttgart/Leipzig 2006

SIMON, HERMANN: Hidden Champions des 21. Jahrhunderts – die Erfolgsstrategien unbekannter Weltmarktführer, Frankfurt am Main/New York 2007

SIMON, HERMANN: 33 Sofortmaßnahmen gegen die Krise – Wege für Ihr Unternehmen, Frankfurt am Main/New York 2009

TIETJEN, THORSTEN/MÜLLER, DIETER H.: FMEA-Praxis – das Komplettpaket für Training und Anwendung, 2. Auflage, München 2003

TOWNSEND, ROBERT: Organisation ist fast alles – wie das Management lernt, die wichtigen Positionen mit den richtigen Mitarbeitern zu besetzen, München 1985

WINDAU, PETER VON/SCHUMACHER, MICHAEL: Strategien für Sieger – Erfolgsgeheimnisse mittelständischer Unternehmen, Frankfurt/New York 1996

WOLF, JOCHEN: Controlling-Tipps für die Praxis, in: Unternehmenssteuerung – Ökonomie, Controlling, Rechnungslegung und Recht, Festschrift für Professor Dr. Hans G. Bartels zum 65. Geburtstag, hrsg. von Yvette Bellavite-Hövermann, Burkhardt Liebich und Jochen Wolf, Stuttgart 2006, S. 51 – 69

ZELAZNY, GENE: Wie aus Zahlen Bilder werden, 6. Auflage, Wiesbaden 2005

ZÜND, ANDRÉ: Zum Begriff des Controlling – ein umweltbezogener Erklärungsversuch, in: Controlling – Integration von Planung und Kontrolle, hrsg. von Wolfgang Goetzke und Günter Sieben, Köln 1979, S. 15 – 26

Die Autoren

Dr. Jochen Wolf

Nach dem Studium der Betriebswirtschaftslehre an der Johann Wolfgang Goethe-Universität, Frankfurt am Main, hat Jochen Wolf (geb. 1961) als Assistent am dortigen Lehrstuhl für Operations Research gearbeitet und wurde 1988 promoviert. Zeitgleich hat er ein Zusatzstudium in Wirtschaftspädagogik abgeschlossen. Danach arbeitete er für fünf Jahre für McKinsey & Company in Frankfurt am Main. 1994 wechselte er zur Kolbenschmidt AG, Neckarsulm, als Leiter des Zentralbereichs Controlling. Nach 3 Jahren wurde ihm die kaufmännische Geschäftsführung des Kolbenherstellers KS Kolbenschmidt GmbH übertragen. Im Jahr 2000 übernahm er die Position des Finanz- und Personalvorstands bei der Mummert Consulting AG, Hamburg.

Seit 2002 ist er Geschäftsführer der BWK GmbH Unternehmensbeteiligungsgesellschaft, Stuttgart. Die BWK engagiert sich langfristig vor allem mit Minderheitsbeteiligungen an mittelständischen, meist familienorientierten Gesellschaften und begleitet aktiv deren Entwicklung. Insgesamt hat die BWK rund 500 Millionen EUR investiert. Jochen Wolf nimmt in diesem Zusammenhang mehrere Aufsichtsrats- und Beiratsmandate wahr, unter anderem auch als Vorsitzender von Aufsichtsräten und Prüfungsausschüssen. Das Spektrum umfasst dabei Unternehmen mit einem jährlichen Umsatz von 20 Millionen EUR bis zu rund 3 Milliarden EUR. Neben seiner Tätigkeit bei der BWK unterstützt er über Beiratsmandate weitere mittelständische Unternehmen.

Professor Dr. Herbert Paul

Nach dem Studium der Betriebswirtschaftslehre in Mainz hat Herbert Paul (geb. 1957) ein MBA-Studium an der Indiana University in Bloomington, Indiana, USA abgeschlossen und wurde 1985 an der Justus Liebig-Universität in Gießen promoviert. Danach arbeitete Herbert Paul für den Pharma-Konzern Roche in Basel und war dort verantwortlich für Venture-Capital-Projekte und Akquisitionsanalysen. Es folgte eine fünfjährige Tätigkeit für McKinsey & Company, in Düsseldorf und in Stockholm. Von 1994 bis 1998 war er Mitglied der Geschäftsleitung der deutschen Tochtergesellschaft des Medienunternehmens Egmont.

1998 wurde Herbert Paul als Professor für Unternehmensführung und Internationales Management an die Fachhochschule Mainz berufen. Neben seiner Tätigkeit als Hochschullehrer hat er eine Reihe von Beratungsprojekten für mittelständische Unternehmen durchgeführt. Von März 2005 bis Februar 2007 hat Professor Paul in Bangkok für dz card (International), eine mittelständische Unternehmensgruppe, als Senior Vice President Business Development gearbeitet.

Zurzeit lehrt Professor Paul an der Fachhochschule Mainz, außerdem ist er Dozent für Strategisches Management an der TiasNimbas Business School in Utrecht und Gastprofessor für Strategisches Management an der Assumption University in Bangkok.

Dr. Thomas Zipse

An der Universität Stuttgart hat Thomas Zipse (geb. 1956) Maschinenwesen studiert und am Fraunhofer-Institut für Produktionstechnik und Automatisierung (IPA), Stuttgart, gearbeitet. Promoviert wurde er 1986. Seine ersten industriellen Stationen waren die SKF GmbH, Schweinfurt, und die Motorenwerke Mannheim AG mit der Verantwortung für Materialwirtschaft und Einkauf. Bei der Brose Fahrzeugteile GmbH & Co. KG, Coburg, leitete er zunächst die Logistik und übernahm später die Werkleitung des Stammwerks in Coburg. Er gewann mit diesem Werk 1997 in der Sparte Kundenzufriedenheit den Wettbewerb „Fabrik des Jahres". Es folgte die Übernahme der Gesamtverantwortung für Produktion und Entwicklung beim Kolbenhersteller KS Kolbenschmidt GmbH, Neckarsulm. In der gleichen Funktion war Thomas Zipse bei der Demag Cranes & Components GmbH, Wetter, wesentlich für den kompletten Turnaround des Unternehmens verantwortlich. 2006 war er maßgeblich am erfolgreichen Börsengang des Unternehmens (Demag Cranes AG) beteiligt.

Seit Mitte 2007 arbeitet Thomas Zipse als selbständiger Unternehmensberater (GroundLook Consult, Lindau). Er hält eine Reihe von Mandaten als Mitglied oder Vorsitzender der Aufsichtsgremien großer Automobilzulieferer und Start-up-Unternehmen.

Kommentare werden von den Autoren gerne entgegengenommen.
Die Autoren sind erreichbar unter: kontakt@erfolg-im-mittelstand.de

Zusammenstellung der Tipps für die Praxis

Führung
  Strategie
    Strategieentwicklung
      Mehr Zeit nehmen für strategische Themen 20
      Das Selbstbild extern verifizieren 21
      Eine SWOT-Analyse bildet die Basis für die Strategieentwicklung....................21
      Mit bestehendem Know-how neue Märkte bearbeiten 23
      Über die Kontroverse zur Strategie finden....................24
      Berater sorgfältig auswählen, einsetzen und überwachen....................24
    Strategieumsetzung
      Strategie heißt konzentrieren statt verzetteln 25
      Mit Schwächen bewusst umgehen 26
      Schlechtem Geld kein gutes nachwerfen....................27
  Organisation
    Struktur
      Sach- und personenbezogene Lösungen zulassen 28
      Delegieren will gelernt sein....................29
      Regelmäßig hierarchie- und funktionsübergreifend kommunizieren....................29
      Die Organisation lebt....................30
    Kultur
      Unternehmen unterscheiden sich durch Menschen, nicht durch Technik....................30
      Weg mit den Leitbildern – „Just do it!"....................31
      Den Streit der Spezialisten kanalisieren....................32
      Konstruktive Querdenker ernst nehmen....................33
      Individuell führen statt bürokratisch regeln 33
  Personal
    Personalbeschaffung und -einsatz
      Bei der Personalauswahl mehrere Mitarbeiter einbinden 34
      Interne Personalbeurteilungen extern überprüfen 35
      „Goldfischteich" mit Nachwuchsführungskräften anlegen....................36
      Im ländlichen Raum Kooperationen mit Hochschulen suchen 37
      „High Potentials" im Unternehmen halten....................37
      Für Führungspositionen klare Stellvertreterregelungen schaffen 38
      Führungspositionen primär intern besetzen....................39
      Fach- und Führungslaufbahnen sind gleichwertig 39

    Projektmanager brauchen Unternehmens- und Führungserfahrung 40
  Entgeltregelungen
    „If you pay Peanuts, you get Monkeys!" 41
    Vergütungs- und Bonusmodelle einfach und transparent gestalten 41
    Keine Bonusbegrenzungen nach oben oder unten festlegen 42
    Ziele sind erreicht oder nicht erreicht 42
    Dienstwagen frei wählen lassen 43
 Systeme
    IT-Standardlösungen sind langfristig besser 44
    Keine „Rucksäcke" bei Standard-Software zulassen 45
    Die Muttergesellschaft entscheidet über die Auswahl der DV-Systeme 46
    Ältere Programmversionen erfüllen auch ihren Zweck 46
    Open-Source-Programme sind eine echte Alternative 47
    Privates Mailen, Surfen und Telefonieren klar regeln 48

Operative Kernfunktionen
 Forschung und Entwicklung
  Innovation
    Innovationen entscheiden über die langfristige Zukunft 49
    Den Innovationsprozess systematisch betreiben 50
    Kunden in die Entwicklung einbinden 51
    Projektauswahl und -abbruch mit klaren Kriterien steuern 51
    Innovation messbar machen 52
  Entwicklung
    Jede FMEA ist „bottom-up" aufzubauen 53
    Produkt, Produktionseinrichtung und Logistik simultan planen 54
    Module sind der Schlüssel für eine finanzierbare Produktpalette 54
  Zusammenarbeit
    Entwickler und Fertigungsplaner montieren Prototypen gemeinsam 55
    Varianten möglichst spät im Produktionsprozess herstellen 56
    Ohne Produktbereinigung erstickt die Fabrik 57
    Freigabe von Neu- und Normteilen ist Pflicht und Chance zugleich 57
 Marketing und Vertrieb
  Marktforschung und Segmentierung
    Marktforschung muss nicht teuer sein 58
    Marktforschung führt nicht zu absoluter Sicherheit 59
    Erfolgreiches Marketing verlangt eine klare Segmentierung 60
  Kundenorientierung und Kundennutzen
    Kundenorientierung nicht nur propagieren, sondern wirklich leben 60
    Kundennähe muss erarbeitet werden 61
    Regelmäßige Kundenbesuche sind auch Chefsache 61
    Kunden mit hohem Potenzial verdienen eine intensive Betreuung 62
    Globale Kunden zentral als Key Accounts betreuen 63
    Synergien existieren nur, wenn dafür auch bezahlt wird 63
    Nicht Produkte, sondern Problemlösungen verkaufen 64
    Kundennutzen stets in Euro darstellen 65

Zusammenstellung der Tipps für die Praxis

Beschwerdemanagement als Wettbewerbsvorteil begreifen 65
Marketing- und Vertriebssteuerung
    Bestandskunden ausbauen ist einfacher als Neukunden gewinnen 66
    Referenzen gezielt für neue Kunden nutzen 67
    Vertriebsprovisionen an Deckungsbeiträgen orientieren 67
    Was einfach ist, funktioniert in der Vertriebssteuerung 68
    Nur Aufträge mit Mindest-Deckungsbeitrag akzeptieren 68
    Für den erfolgreichen Verkauf zählt am Ende die Unterschrift 69
    Preissenkungen sind gefährlich 69
    Deckungsbeitragsgeschäfte pflastern den Weg zur Insolvenz 71
    Technische Änderungen und Nachträge steuern 72
    Splitten von Aufträgen nur bei Bezahlung zulassen 73
    Geschäfte müssen beiden Seiten Spaß machen 73
    Im Marketing kooperieren: „More Bang for your Buck!" 74
    Verlorene Aufträge und Angebote sorgfältig analysieren 74

Einkauf
  Prozesse
    Einkaufspotenziale regelmäßig und systematisch überprüfen 75
    „Single Sourcing" gibt es nicht ohne Risiko 76
    Einkäufer als Technologie-Scouts nutzen 76
  Methoden
    Logistisches Tagesgeschäft vom Einkauf trennen 77
    Wichtige Lieferanten genau kennen lernen 78
    Der Einkauf muss einen „Lead Buyer" benennen 78
    Vor Fremdvergabe der C-Teile deren Vielfalt reduzieren 79

Produktion und Logistik
  Planung und Steuerung
    Der Kunde bestimmt die Qualität 79
    Realistische Zusagen machen – und diese einhalten 80
    Nicht um Methoden streiten, sondern um Ergebnisse wetteifern 81
    Interne Lieferbeziehungen vermeiden oder über Marktpreise steuern 82
    Technologieentwicklung über internen Wettbewerb betreiben 82
    Kleine, autonome, vernetzte Fertigungseinheiten schaffen 83
  Umsetzung
    Die ganze Realität wird nur direkt im Werk erkennbar 84
    Logistik findet nicht nur am Bildschirm statt 85
    Statt Schlagworte gesunden Menschenverstand nutzen 85
    Zentralfunktionen müssen bezahlt werden 86
    Nur die Arbeit für den Kunden wird bezahlt 87
    Jede Kapazitätsrechnung geht von 365 Tagen/24 Stunden aus 88
    Engpässe identifizieren, Probleme dauerhaft lösen und verfolgen 89
    Verfügbarkeitsoptimierung schlägt Taktzeitverbesserung 89
    Automatisierung maßvoll einsetzen 90
    Flexible Maschinen werden aus dem Bestandsabbau bezahlt 90
  Überwachung
    Beim Benchmarking ebenfalls Veränderungen bewerten 91
    Notwendige Regeln diszipliniert einhalten 92

Audits sind Hilfe zur Selbsthilfe statt lästige Pflicht..................................... 93

Finanzielle Steuerung
  Finanzierung
    Auswahl der Finanzpartner
      Auf mehreren Beinen steht man besser – auch bei Banken............... 94
      Für besondere Finanzierungen verschiedene Partner ansprechen 95
      Mezzanine-Kapital ist langfristig teurer als Fremdkapital 95
      Leasingfinanzierungen sind kritisch zu hinterfragen........................ 96
    Zusammenarbeit mit Finanzpartnern
      Die Zusammenarbeit mit mehreren Banken folgt klaren Spielregeln 97
      Offenheit gegenüber Geldgebern ist oberste Pflicht........................ 97
      Jede Bank erhält die gleichen Informationen 98
      Bei der Verhandlung von Kreditkonditionen auf „Covenants" achten 98
      Keine Möglichkeit des Verkaufs von Verbindlichkeiten zulassen............... 99
      Mittelständler sollen sich mit der IFRS-Bilanzierung beschäftigen............ 100
      Das uneingeschränkte Testat unter dem Jahresabschluss ist wichtig 100
    Liquidität
      „Profit is an Opinion, Cash is a Fact!" 101
      Für Ausschüttungen zählt „Cash", nicht das IFRS-Ergebnis 102
  Controlling
    Selbstverständnis
      Controlling wird mit „C", nicht mit „K" geschrieben 103
      Keine unangekündigten Fragen in großer Runde stellen................. 103
      Ein Telefonat kann viele Probleme klären................................ 104
    Planung und Budgetierung
      Klare Planungsprämissen setzen und dokumentieren........................ 105
      Ein verabschiedetes Budget wird nie verändert............................. 105
      Gerade in wirtschaftlich unsicheren Zeiten ist Planung wichtig 105
      Immer nur ein Budget erstellen 106
      Kalkulatorische Größen möglichst konstant lassen........................ 106
      Nicht zu viel Aufwand in Wechselkursprognosen stecken 107
    Reporting
      Auch beim Reporting gilt: Konzentration auf das Wesentliche 107
      Plan/Ist-Vergleiche auf Basis der Plan-Wechselkurse durchführen............ 108
      Bereichsergebnisse bis zum Vorsteuer-Ergebnis durchrechnen................. 109
      Für das laufende Reporting nur einfache Zielgrößen verwenden................. 109
      Eine monatliche Konzernergebnisrechnung ist leicht realisierbar 110
      Die Kundenergebnisrechnung ist ein wichtiger Teil des Reportings 110
      Mit absoluten Deckungsbeiträgen steuern................................. 111
    Tochtergesellschaften
      Kleine Feuer sofort löschen 112
      Gute Informationen gibt es vor Ort – wenn man sich Zeit nimmt 112
      Controller in Tochtergesellschaften brauchen „Stallgeruch" 113
    Investitionsprojekte
      Ohne Verantwortlichen gibt es kein Geld 114

Zusammenstellung der Tipps für die Praxis 175

        Alle Projekte mit einem „Preisschild" versehen 114
        Die Wirtschaftlichkeitskontrolle indirekt realisieren 115
        Wirtschaftliche Vernunft kommt vor Steuersparen 115
Revision
        Revision und Controlling ergänzen sich 116
        Die Revisionsfunktion eignet sich zum Outsourcing.....................................116
        Klare Spielregeln bilden die Basis für das Outsourcing 117
        Revisionsaufgaben sind langfristig zu planen 118

Ausgewählte Spezialthemen
  M & A und Due Diligence
    Grundfragen
      Kaufpreiserwartungen realistisch einschätzen 119
      Die Festlegung der Kaufpreiselemente erfordert Kreativität 120
      Der Jagdtrieb darf die Sinne nicht vernebeln 121
      Akquisitionen ersetzen internes Wachstum nicht 121
    M & A-Prozess
      Der Verkaufsprozess muss professionell gesteuert werden 122
      Bei der Auswahl des Beraters ist das „Bauchgefühl" wichtig 123
      Es muss klar sein, wer den Berater bezahlt 124
      Bei Anwälten und Beratern auf Profis bestehen 124
      Bei der Verhandlung von Garantiezusagen Augenmaß wahren 125
    Due Diligence-Prozess
      Das Kennenlernen der Personen ist ein wichtiges Ergebnis 126
      Fragenkatalog: Das Rad nicht neu erfinden 126
      Die Unterstützung durch Berater wohl dosieren 127
      Pensionsrückstellungen durch Drittvergleich plausibilisieren 128
    Integration
      Jede Integration folgt festen Regeln 129
      Den Integrationsplan frühzeitig festlegen und konsequent umsetzen 130
      Ein Management-Audit schafft Transparenz und Objektivität 130
  Internationalisierung
    Internationalisierungsstrategie
      Internationalisierung sorgfältig planen...131
      Nicht zu viele Länder zur gleichen Zeit neu bearbeiten................................132
      Je ferner das Land, desto wichtiger sind gute Berater...................................133
    Steuerung und Umsetzung
      Produkte an die regionalen Märkte anpassen...134
      Anpassungen möglichst lokal durchführen..135
      Eine gute Vertriebspartnerschaft erleichtert den Markteinstieg.....................135
      Partnerschaft basiert auf Verträgen und Vertrauen 136
      Netzwerk-Strukturen sind Sternen überlegen 136
      Corporate Identity verstehen und mit Augenmaß durchsetzen 138
      Weltweit mit den gleichen ethischen Geschäftsprinzipien arbeiten...............138
    Personalthemen
      Lokale Manager brauchen Erfahrung mit der westlichen Kultur...................139

Führungskräfte auf den Auslandsaufenthalt vorbereiten 140
Erfahrene, sozial kompetente Mitarbeiter entsenden 140
Der Expatriate kehrt selten erfolgreich heim 141

Corporate Governance
  Beirat
    Auch im Mittelstand sind Corporate-Governance-Regeln zu beachten 142
    Idealer Sparringspartner des Unternehmers ist ein Beirat 142
    Beiräte professionell besetzen und vergüten 143
    Keine persönlichen Freunde in den Beirat berufen 144
    Beiratsarbeit muss ernst genommen werden 145
    Gute Beiräte kennen die wichtigsten Standorte persönlich 146
    Der Beirat kann in Notfällen als Rettungsboot fungieren 146
  Nachfolge
    Unternehmer müssen rechtzeitig Nachfolgelösungen erarbeiten 147
    Loslassen ist schwerer als gründen 148
    Nicht alle Unternehmerkinder sind Unternehmer 148
    Unternehmerkinder müssen ihre Sporen in der Fremde verdienen 149
    Auch ein Unternehmensverkauf kann eine Nachfolgelösung sein 150
  Familiengesellschafter
    Erben frühzeitig als Gesellschafter an das Unternehmen binden 150
    Jede Unternehmerfamilie sollte eine Familienstrategie erstellen 151